岩波文庫

33-140-9

津田左右吉歴史論集

今井　修編

岩波書店

目次

学究生活五十年

学問上の閲歴のようなものを書けという『思想』の編輯部からの話があった。これまでもあちこちから同じことをしばしば勧められたが、いつも書く気になれなかった。人に語るほどの閲歴もないし、久しい前のことは記憶もはっきりせず、その上に、じぶんのことを書くのは書きにくくもあるので、筆をとりかねたのである。それに、ぼくがいくらか学問上のしごとをしたとするにしても、その大部分は一般の学界とは殆《ほとん》どかかりあいのないものであったから、ぼくの閲歴はぼくだけの閲歴であって、それによって学界の動向などが知られるわけでもなく、従ってそれを書くことに大した意味はない、という理由もあった。しかし書かないことを固執するにも及ぶまいから、思い出されることを思い出すままに少しばかり書いてみることにする。

学問上の論文らしいものを書いたのは明治時代の末からであるが、書物の形でそれを公にしたのは、『朝鮮歴史地理』と『神代史の新しい研究』とがはじめであって、何《いず》れも大正二(一九一三)年の出版である。しかし、かなり前から長い間かかってしたしごとをまとめたものは、大正五(一九一六)年から十(一九二一)年までに四巻を出した『文学に現はれたる我が国民思想の研究』である。それから後にも、『古事記』や『書紀』についての考《かんがえ》や日本の上代史上のいくつかの問題を取扱ったものを書いたことはあるが、大正時代の末ころから後のおもな著作は、シナ思想に関するものであって、初から単行本で出したものもあるが、その多くは、『東洋学報』とか『東洋文庫論叢』とか、または東大文学部出版の名義になっている『満鮮地理歴史研究報告』とか、または早大のぼくの研究室から出した『東洋思想研究』とか、そういうもので発表した。それで、どうしてこういうようなしごとをするようになったかということであるが、それには『国民思想の研究』のことから始めるのが便宜であろう。

『国民思想の研究』という書名は、出版まぎわにつけたものであるし、ああいう形でああいうものを書こうという構想のほぼまとまったのも、大正のはじめのころであったろうと思うが、手をつけはじめたのは、それよりも十二、三年前のことである。たしか明治三十三(一九〇〇)年であったように記憶するが、その前の二、三年ほどの間、地方の中学の教師をしていたのを、この年に東京に帰って獨逸学協会学校につとめることになった。同じようなしごとではあるが、いくらか新しい気分にもなったので、この機会に明治維新のことを、主として思想の方面について、少し考えてみようと思いついた。どうしてそういうことを思いついたかは忘れたが、フクチ　オウチの『幕府衰亡論』、

キムラ　カイシュウの『三十年史』、タナベ　レンシュウの『幕末外交談』、その他、旧幕臣たちの著書を読んでいたので、それに誘われたところがあったのであろうか。トガワという人の『幕末小史』や『旧幕府』という月刊雑誌の出たのも、このころであったかと思うが、もしそうならば、それらもいくらかの刺戟になったかも知れぬ。あるいはまたいわゆる勤王論のような立ちばからのみ維新を考えることに物足らぬ感じを、前からもっていたようにも思われるので、そういうことから導かれたところがあったかとも考えられる。何れにしても、じぶんのことながらはっきりは思い出されぬ。それはともかくも、そのころには幕末期における幕府のしごと、特にヨウロッパの文物を学び取ろうとして努力したことに、最も多く興味がひかれ、その方面に関係のある書物で手に入り易いものをいろいろ読んでみた。ところが、何につけても疑問が起って、わからないことばかり出て来た。そうして、もっと広くその時代の、また溯《さかのぼ》ってエド時代の初期からの、文化上社会上の情勢を知らなくては、小さい疑問も解けないことに、だんだん気がついて来た。それで、そういうことを知るために役にたちそうな書物を何によらず読んでみることにしたが、そのころには、版本でも現代式の活字本の覆刻が少ししかできていず、また写本のままで伝わっているものが多かったので、読みたいものを手がるに手に入れることができなかった。勿論、珍本とか人の知らないようなものとかも読もうとしたのではなく、だれでも一応は読むべきはずの、ごくありふれた本を見ようとしたのであるが、貧乏生活をしていたので、そういう書物を買う余裕すらもなかったのである。それで、ウエノの図書館を利用する外に方法がないと思い、学校から帰ると、夜にかけて、殆ど毎日のようにそこに通った。三十三年から三十六年ころまでそれが続いたように思う。図書館が音楽学校の前にあって、小さな木造の閲覧室をもっていたころのことである。ただいわゆるエド文学に関するものは、活字の覆刻本がかなり出ていたので、そういうものだけはどうかこうかじぶんの書物でまにあわせることができた。

ここでしばらくこの時から十年あまり前のことをふりかえってみる。ぼくは明治二十三(一八九〇)年に東京に出て来て、今の早大の前身である東京専門学校の政治科に入り、一年半ばかりいて、翌二十四年にそこを卒業したことになっている。数え年で十八、九の時であったし、そのころの学校も学校であったから、学問というようなことは何もわからなかった。ところが、そのころ博文館から『日本文学全書』というものが出、版元は忘れたが近松や西鶴芭蕉などの廉価な覆刻本もいくらかずつ現われて来たので、そういうものをぼつぼつ読んでいるうちに、学校の講義などよりはその方がずっとおもしろくなった。それからひきつづいて『日本歌学全書』というものも出版せられるようになり、『源氏』の『湖月抄』もオオサカあたりの書林からか出たので、それらをつぎつぎに読んでいった。これは二十五、六年ころのことであったろうか。独りでかってに読んだのだから、わからぬところもあり、誤解していることも多かったであろうが、とにかくこういうようにして、いろいろの古典やエド時代の文学を少しばかりのぞいて見ることができた。宣長の『古訓古事記』や『書紀』の本文を始めて読んだのも同じころであったが、今から思うと、これらは何のことかわからずに読むことだけをしたものらしい。ぼくは日本の古典などの講義をだれからもきいたことがない。シナのも、小学校時代の外は、同様である。人に交わることが殆どなかったので、こういうことについて話しあう友人というようなものも有《も》たなかった。ただかねてから『国民之友』とか『日本人』とかいうような雑誌は見ていたし、文学雑誌では鷗外の『しがらみ草紙』を特に愛読していたので、そういうものが、古典などを読むにも、おのずから何ほどかの助けとなったであろう。

こんなことをしているうちに、そのころ学習院の新進教授であったシラトリ　クラキチ先生のお宅にときどきうかがうようになった。先生は大学を出られてからまだ二、三年か三、四年かにしかならず、研究の方向もまだはっきりきまってはいられなかった時であったと思うが、いつも学問上の話をせられ、お頼みすると学習院の書物を借り出して来て貸して下された。その時分、ぼくは歴史にいくらか興味をもっていたではあろうが、それは、古典などを読むにつれて昔のことに或る親しみを覚えた、という程度のことであったらしい。もっとも、そのころ世に出た歴史に関する書物を少しは読んだように思うが、それによって何を知ったかは全くおぼえていない。『史学雑誌』とかタグチの編纂していた『史海』とかを見てはいたようであるが、特殊の問題を取扱った論文などは、読んでもよくわからなかったろうし、『国史眼』というものも買ったことは思い出せるが、それを通読したかどうかは忘れている。それからヨウロッパのものでは、たしか著者をフィッシャアといったかと思うが、かなり程度の高い学校の教科書として書かれたものらしかった『世界史』を読んだ。ぶあつなものであったが、書きかたがごたごたしていて、歴史の大すじが却ってつかみにくかったかと思う。特殊のものとしてはマコレイの『イギリス史』を読もうとしたが、ことばづかいがむつかしくてよくわからず、少しばかりでやめてしまった。歴史とはいえないものであるが、カアライルの『英雄崇拝論』を或る感激をもって読んだのは、このころのことであった。このくらいのことしか思い出せない。(まだ東京へ出ない前のことであったが、タグチの『支那開化小史』を読んで、これはおもしろい本だと思ったことを、記憶している。)要するに、学問として歴史を研究しようというような考ができていたのではなく、何かの学問を専門的に研究しようというような考を起すまでには、まだあたまが進んでおらず、気のむくままに手ごろな本を読んでいただけのことである。シュヴェグラアの『哲学史』のイギリス語訳をほねをおって読んだのも、このころであったように思うが、それを読むだけの素養などはなかったに違いないから、読むには読んでも実は何もわからなかったであろう。専門学校で心理学の概論めいた講義を聞いて、それをおもしろく思い、それに誘われてそのころ世に出た心理学に関する書物を二つ三つ読んだことはあるが、哲学史などの講義はなかったようであるから、どうしてこんなものを読もうとしたか、それすらおぼえていない。こんなような読みかたをしていたのである。しかし、シラトリ先生とたびたびお話をするようになってから、学問の匂いとでもいうようなものが、かすかながらに感ぜられたと共に、その学問の一つとして歴史に心がひかれるようにもなって来た。

ところが、二十八(一八九五)年であったかと思うが、先生の中等学校で使う西洋史の教科書の編述のお手つだいをすることになった。先生はそういうものを書くことを好まれず、またそのひまもたれなかったが、或る書肆《しょし》の懇請をことわりきれず、それを引きうけられたのであった。そのころによい教科書がなかったからのことであったらしいが、あるいは、ぼくに一つのしごとをさせようという心づかいが、それに含まれていたかとも思う。ぼくはそれまでは、ヨウロッパの歴史についての知識は殆どないといってもよいほどに貧弱であったので、このしごとのためには、急いでいろいろの書物を読まねばならなかった。どんなものを読んだか、二、三の外は、はっきり記憶していないし、書物の名は思い出されても、この時に読んだのか、その前か後かにであったか、たしかでないものもあるが、その時のぼくとしては読むにほねのおれるものを、かなり多く読み、あとから考えると、どうして短い時間にあれだけの書物を見たかと思われるほどに、勉強はしたらしい。先生の編述の方針としては、これまでの西洋史の教科書は、記載せられた一々の歴史的事実の間に脈絡がよくとれていない嫌《きらい》があるから、大勢の動いてゆく道すじがそれによって説明のできるような組みたてにすること、文芸学術などの文化史上の事実が軽くまた歴史の大勢と離して取扱ってあるから、それを歴史の動きの一つとして叙述すること、東洋また日本との関係が殆ど記してないから、それに力を入れて書くこと、などがそのおもな点であったから、何を読むにも、それに適応する知識を得ることに注意したようにおぼえている。大学の学生時代に聴かれたリースの講義の筆記を先生から借りて通読したのも、この時のことであったかと思う。それで、いよいよ書く段になると、先生の立てられた大体の構想によって、ぼくが草稿を作り、月に二、三回ぐらいずつ先生のお宅にうかがってその検討を乞い、訂正すべきところは訂正し、疑問のあるところは更にそれに関係のある書物を読んで考えなおす、というようにして、ともかくもかなりぶあつなものを書き上げた。出版せられたのは三十年の半ばころであったかと思う。後から見ると、全体が蕪雑でもあり、筆を執ったぼくの知識の足らぬために、著者としての先生の名を辱《はず》かしめることになりはしなかったかと気づかわれもしたが、書いた時には、ぼくとしてはせい一ぱいのしごとであった。

このしごとはぼくにとっては大きな意味のあることであった。教科書の上に明かには書き現わされていなかったと思うが、ごく大ざっぱにではあるけれども、世界の歴史の動きの大すじが、その時のぼくの浅薄な知識の程度で、一とおりわかったように思ったことの外に、政治、経済、社会、宗教、または文芸や学術などの、種々の現象が互にはたらきあって一つの歴史の動きとなっていること、世界は一つの世界であって、多くの民族はその間に、多かれ少かれ、また直接間接に、何らかのつながりがあると共に、民族によってそれぞれの特殊性をもっていること、などを、ぼんやりながら知ったのは、そのおかげであった。また或る歴史上の事件について、今まで普通に行われていた考がまちがっていたり、それとは違った見解があったりすることが、いくらかわかっても来た。こういうようなあたりまえのことが、そのころまだじぶんで研究するということを知らなかったぼくには、新しい発見であった。それから特殊のこととしては、ダットとかいうインド人の書いた『古代インド文明史』を読んだために、それに導かれてインドの文化に興味をもつようになった、というようなこともある。(興味をもったとはいってても、ヨウロッパ人の書いたものや翻訳したもの、または漢訳仏典を、ほんのわずかばかり、おりにふれて読むようになった、というだけのことである。)こういうことを数えあげるとなおいろいろあろうが、一々は思い出されぬ。が、ともかくもこのしごとをしたことによって、いつのまにか歴史というものに親しむようになった。

さて、このしごとが一応かたづいてから二、三年ほどの間、地方の中学の教師をつとめ、それから東京に帰ったことは、前にいったとおりである。中学では歴史とか地理とかいうものを受持っていたと思うが、その間に、どんなものを読んだかは、殆ど忘れてしまった。ただ自然科学に関する知識があまりなかったので、いくらかでもそれを得ようと思ったこと、フランス革命に関するものを一つ二つ読んだこと、などをおぼえているのみである。

ここで話をもとにもどす。エド時代の書物を読みあさっているうちに、いろいろのことがらについて、じぶんだけの考のようなものが、ぼんやりした形においてであるが、いくらかずつ思いうかべられて来た。そうしてそれには、普通にいわれているのとは違ったところがあることに、気がついて来た。一つの例を挙げると、そのころニトベ氏の『武士道』が現われて世間の評判となり、それが武士道についての定説のようにいわれたので、それを読んでみると、ぼくの考とはかなり大きな違いのあることがわかった。しかしぼくの考は、武士道というものを特に問題として研究した結果をいうのではなく、いろいろのものを読んでいるうちに、いつとなくそう感じて来たというような性質のものであった。そのころに思いうかべられたことは、みな同じようなものであり、学問上の見解などといい得られるものではなかった。エド時代の生活状態やその全体の動きというようなことについても、じぶんなりに何ほどかの考がおぼろげにできて来たようであるが、これもまた同様である。しかし後に『国民思想の研究』の「平民文学の時代」で書いたことの大すじは、ほぼこのころに一おうの形を成したように思う。

ところが、エド時代のことをもっとよく知ろうとすると、それより前の時代に溯って考えねばならぬことになり、それを考えることになると、更にその前に溯らねばならず、結局は上代まで溯ってゆくことになるので、実際はそう一々時代の逆の順序に従ってしたのではないが、ほぼこういうふうにして、読んだり考えたりするようになった。そうしておしまいに『古事記』や『書紀』までたどりつくことになったのである。後世の学者の書いたいろいろの古典の注釈を、古典を読むために読まず、時代々々の学者の考を知るために読んだことになっているのも、こういう順序をとったからのことであろうと思う。もっとも、宣長の『古事記伝』などは、この最後の段階に入ってはじめて精細に読んだので、それはこの書の注釈のしかたのためであったらしい。三十七、八(一九〇四―五)年ころから後の数年間は、おもにこんなことをして過したようである。このころになると古書の新刊や覆刻が盛《さかん》に行われたので、後世のものでもまだ読まなかったものが容易に読み得られ、前には大ざっぱに読んだりぬきよみをしたりしたものが、こまかにまた全篇を通読することができるようになったから、そういうものをくりかえして読むこともした。

同じころのもう一つのしごとは、西洋というかヨウロッパというか、そちらの方面の文芸とそれに現われている思想との知識を、一とおりでも得ようとして、それに関する書物を読むことであった。語学は、その才がないのと教師につかなかったのと努力が足らなかったのとで、何をはじめてみてもものにならず、イギリス文のものすら、どうなりこうなり曲りなりにというほどの程度で、一応の意義がわかるくらいの力しかもっていなかったが、とにかく、おもにイギリス人の著作や翻訳で、文学史芸術史文芸評論の類や、いくらかの古典を読むには読んだ。(ぼくの読んだ西洋のものは、いわゆる歴史家の著述よりは、こういうものの方が多かった。)勿論、ありふれた知識を常識的に得ただけのことであり、その理解のしかたも極めてうわつらのものではあったが、それに費した時間と力とはかなり多かったと思う。読んだことはあとからあとから忘れてしまうので、そのままの形では殆ど頭に残らなかったが、ただそれによってぼくの思想を養うには何ほどかのやくにはたったと思う。これと関聯したことであるが、そのころ西洋の音楽をきくことのできる唯一の機関であった明治音楽会の演奏を欠かさず聴きにいったことも、思い出される。この音楽会では第二部として日本の俗曲を演奏することになっていたので、いろいろのそういうもの、たまには平家琵琶などをさえきくことができた。宮内省の楽部の雅楽の演奏、九段の能楽堂で演ぜられた能や狂言も、できるだけ見にいったことを附記しておく。歌舞伎はたびたびは見なかったが、これは費用がかかるからであった。造形芸術の方では、博物館やときどき開かれる展覧会などのおかげを蒙《こうむ》った外、『国華』のようなもので複製品を見ることを楽しんだ。

こんなことをしているうちに、ぼくの学問に新しい道の開かれる一つの機会が来た。四十(一九〇七)年のことであったと思うが、そのころ東京帝大の教授であられたシラトリ先生が、満鉄から費用を出させて、その社内に満韓史の研究室を作られたので、そのおてつだいをすることになった。シナの書物は少しは読んでいたので、それに親しみをもっていたし、現代シナのことをも知ろうとして、康有為や梁啓超がヨコハマで出していた何とかいう紅い表紙の雑誌などを読んでもいたが、満洲とか朝鮮とかいうことは、あまりに縁遠い気がして、そういう方面の研究はできそうにもなかった。ただ始めて地方の中学の教師となった時に、東洋史の教科書に朝鮮のことが書いてあったけれども、あまりわかりにくい書きかたがしてあったので、日本とシナとの中間にはさまっている朝鮮の地位ということを主題とした、この半島の歴史の大すじを簡単に書いてみて、それを生徒に話したことがある。日清戦争後まもない時であったので、こういうことをしてみたかったのであろうが、この主題は、やはりシラトリ先生からうけた示唆がもとになったものであったと思う。『東国通鑑』を学校で買ってもらって、それを主なる資料とし、日本とシナとのことについては、一々原典を見たのではなく、何かの編纂ものによったのであろうが、その書物の何であったかは忘れてしまった。勿論、研究したのでも何でもなく、ありふれた知識をただ少しばかり系統だててじぶんの頭に入れてみようとしたのみのことであったから、その時分のこととしても、まちがいが多かったに違いない。朝鮮についてはこれだけの縁はあるが、それも十年も前のことであったし、満洲のことは何も知らなかったのである。しかし、獨逸学協会学校の方はやめていたし、これは学問的のしごとでもあったので、研究員として満鉄から嘱託《しょくたく》せられるのではなく、シラトリ先生の私的の助手のような形で、それに参加することにした。前にいった『朝鮮歴史地理』はぼくのこのしごととの結果なのである。ぼくはこの時はじめて特殊の問題についての学問的研究、特に原典批評の方法をさとるようになったといってよい。それと共に、日本の歴史を知るについてシナと朝鮮との史籍を用いねばならぬことを、前々よりも痛切に感じたのである。後に記紀のことを考えるようになったのは、これらのことに誘われたところが多い。それからもう一つは、この満韓史研究は十年計画だということであったので、ぼくはぼく自身のしごととして、日本の文学思潮史とでもいうようなものを、やはり十年計画でまとめてみようということを思いたったのである。新しい道の開かれる機会が来たというのは、この意味でのことである。

そこで、これまでエド時代のことから次第に溯って上代のことに及んで来たのを、今度は上代から始めて近代に下ってゆくという順序で、改めて考えてみること、できるならばおもな書物をもう一度読みなおすことを、企てた。ところが上代のことを考えるには、世界の諸民族の神話や、上代の宗教民俗、社会組織など、そういうことに関する現代の学問的研究の状況を一わたり頭に入れてかからねばならぬと考えたので、始めのうちは、それらのことについての書物を読むのに、かなり多くの時間と力とを用いることになった。さて、こういうようにして、明治維新ころまでの文学思潮の変遷についての一応の見当が、どうかこうかついて来たようであったから、試《こころみ》にその初期の部分を書いてみようとしたのが、大正のはじめのころであったかと思う。ところが、書きかけてみると、また考えなおさねばならぬことがいろいろ起って来たり、どういう形でどういう書きかたをすべきかに迷いもしたり、そういうことで筆が進まず、どれだけか書いたものを一たん反古《ほご》にしてしまった。そうして更に初から書きなおしたのが、多分、二年か三年かのことであったろう。そうして四年のいっころであったか、ともかくも「貴族文学の時代」一篇を書きあげ、引きつづいて「武士文学の時代」に手をつけた。そうして「貴族文学の時代」は五年になって世に出すことができた。それから六年に「武士文学の時代」を、八年と十年とに「平民文学の時代」の上巻と中巻とを出した。ところが、その下巻とすることになった明治維新を中心としての一時代の部分は、今なお書かないままでいる。こういうものを書くようになったのは、大正十年からは二十年あまりも前に、維新のことを考えてみようとしたのがそもそもの発端であり、それから引きつづいたしごとであったのに、その最初の出発点まで立ちもどらずして、しごとが中絶したのである。これにはいろいろの事情があったので、出版した書肆が破産したり大震災のために紙型が焼けたりしたことも、その一つであるが、ぼく自身にすべきことが他の方面に生じ、興味の中心がむしろそちらに移ったからでもある。

満鉄における満鮮史の研究は、大正元年だか二年だかに、会社の事情でうちきりとなり、東京帝大の文学部の名で研究報告を続刊し、その出版費を会社から提供する、という形で纔《わず》かにその生命をつなぐことができた。それでぼくも毎年その報告に何かの論文を載せることになり、始めのうちは満洲史上のいくつかの問題を取扱ったものを、そのために書いた。ところが、そういうことをしているうちに、シナ人の思想とか生活態度とかいうことから考えてかからねば、何につけてもほんとうのことがわからぬように思われて来たので、次第に問題をその方に移すようになった。『国民思想の研究』を書いていても、もっとよくシナ思想を知らなくてはならぬことが考えられたので、それもまたこのことを助けた。それから大正六年だか七年だかからワセダ大学で講義をすることになったが、その主題は日本のことであったけれども、シナ文化シナ思想との交渉ということに一つの重点を置いた。これらの事情から、ぼくのしごとの半分またはそれより多くが、シナのこと、特にその古典の研究、に費されるようになって来たのである。それと共に一方では、記紀などの日本の古典をもう少し深く考えてみたいと思ってその方にも少からぬ力を分けた。それで、『国民思想の研究』の最後の一巻を書くことは、おのずからあとまわしになったのである。従ってこの著作に関する話は一《ひと》まずこれできりあげる。

ここで少しくいいそえておく。むかし東京専門学校に、わずかの期間、学生として籍を置きはしたが、その後は学校とは何の関係もなく、名がワセダ大学と変ってからも同様であった。そこの教授諸氏とも何の交渉がなく、面識ある方すらも殆どなかったのである。だから、そういうワセダ大学の講義をひきうけることになろうとは、思ってもみたこともなかった。学校のことをいうと、学問の方ではむしろ帝大の方にいくらかのつながりがあったともいわれよう。しかしそれとても、ときどきそこの東洋史の学会に出席したり、書いたものをシラトリ先生の主宰していられた『東洋学報』に載せたりする、という程度のことであって、国史国文学または漢学の方面には、何の接触もなかった。ぼくは世間でいう私学のものでも官学のものでもなく、ただのぼくであった。学問についていう限りでは、それに私学も官学もないはずであるが、実際ぼくは、そういう別けへだてのあるように感じたことは、一度もない。ワセダに講義をもつことになった後でも、この点は同じであった。ぼくの関係している方面で、ワセダに学問上の特色または伝統というようなものがあったかどうかは知らぬが、よしあったとするにしても、ぼくはそういうことには気もつかず、またそういうものを作ってゆこうという考もなかった。

ワセダの講義は初めのうちは史学科の学生に対してしたのであったが、いつころからかシナ思想に関する特殊問題を取扱った講義をするようになったので、哲学科の学生にもそれをきかせることになり、それが縁となって次には、シナ哲学の講座を担任することになり、史学科とは離れてしまった。大正の末か昭和時代に入ってからかのことと思う。シナ哲学という名は好ましくはなかったが、名などはどうでもよいと思って、それを引うけることにしたので、それから後はぼくの専攻はシナ哲学だということにせられた。事実、大正の末期から後に世に出した論稿や著書は、シナ思想に関するものがその大部分であった。日本のことを忘れたのではなく、『古事記』や『書紀』やその他の古典についての、また上代史上のいろいろの問題に対する、考を時おり世に問いもしたが、最も多く力を費したのは、シナ思想に関することであった。一つのことを考えると、それが縁となって次から次へ新しい問題が起って来るので、次ぎ次ぎにそれを考えることになって来たのである。日本のことについてもこの点は同じであった。従ってぼくのしごとは学界の趨向《すうこう》にも世間の風潮にもかかわりはなく、ぼくひとりの心の動いてゆくままにしたことである。ただその考えかたは、思想を単に思想として取扱うのではなく、それを実生活との関聯において、また歴史的変化ということに力点を置いて、考えると共に、研究の一つの方法として原典の批判をすることに気をつけた。それがために、ぼくの考はどれもこれもこれまでの通説とは違ったところの多いものとなった。従って、シナのことをいえば漢学者のきげんにさわり、仏教のことをいえば仏教家から、日本のことをいえば国学者や神道先生から、叱られる、あるいは変なことをいうとだけ思われる、というようなありさまであったらしい。しかしぼくはそういうことにはさして気もつかなかったし、いくらか気がついても気にはかけなかった。もともと通説に対して意識的に異議をたてようとしたのではなく、儒教や仏教や神道そのものに反抗しようとしたのでもない。ただそういうものを研究の対象とし、自由な態度、自由な考えかたで、それを取扱った結果が、おのずからこれまでの通説とは違った帰結に到着したまでのことである。

以上はぼくのしごとについての、いわば外部的な閲歴である。どうしてここにいったような態度をとることになったか、また著作の上に現われている思想とか気分とか物ごとの見かた取扱いかたとが、どうしてそういうようになって来たか、ということになると、考えてみればいくらかはその来歴のたどられることもなくはないような気もするが、それを一々いうことはむつかしく、もっと切実には、じぶんながらはっきりしないといったほうが当っていよう。もし何かいうことができるとするならば、それは若い時からして来たしごとが長い間にいつのまにかそういう態度をとらせ、そういう気分そういう思想をもたせることになって来たのだ、ということであろう。つまりぼく自身のしごとそのものがぼくの考を次第に作って来たのである。これからさきのことはわからぬが、これまでのことについては、こういっておくより外にしかたがない。ワセダの講義は昭和十五(一九四〇)年にやめたが、それから後もぼくのしごと、ぼくの態度、ぼくの気分には、何のかわりもない。

『思想』編輯部の求められることにあてはまるかどうか知らぬがこれで一応の責をふさぐことにする。平凡なしごと平凡な生活をして来たのであるから、実はことごとしく閲歴などといい得ることがないのである。その平凡な生活のうちでも、ぼく自身としては、しごとの上でわりあいに重要な時期であったと思う大正の末期から後のことについては、却って叙述が粗略になったが、これは何か書こうとすれば著作の内容にふれねばならず、そうしてそれは簡単には書けないことであるのと、その来歴については、上にいったようなことしかいい得られないのとのためである。書き終って読みかえしてみると、もう少し書いてもよかったと思うことが、ないでもないような気もするが、今はこれだけにしておく。

I

史論の流行

奇なるかな世潮の変遷、試《こころみ》に最近数年間の文学界を回顧せば年ごとに流行の一新するあるを見る。二十二年は小説流行のときにして二十三年は和文、漢文の流行は二十四年に始まりてしかして二十五年は史論の盛行を見るにあらずや。もとよりその間に密確なる区劃をなさんは無稽の業に属すといへども大体の状態は概《おおむ》ね此《かく》の如《ごと》きか。これそもそも人心の奇を好むによるか将《は》たその間必然の理勢ありて存するか流行の勢は滔々《とうとう》として氾濫の力を逞《たくまし》くし下土を水にし陵谷を汨《べき》にし天下を挙げて深淵に溺没せざるものは幾稀矣《ほとんどまれなり》。而《しか》も静に前後の事情を通覧すれば流行の推移にも自ら必然の理路は歴々として見るを得るなり。それ称して流行といふ。流行の衣服、流行の結髪、流行の装飾、流行の俗唄、算へ来て而《しか》して之《これ》に対するに流行の学問といふ。寧《むし》ろその当を失するの言なるなからんや。学の類たるや各《おのおの》その分ありといへども而もみなその目的とする所は千古に渉りて朽ちざるにありてその攻究には仔細の考察と静慮とを要するなり。学術に関するに流行の文字を以てす。流行の学術は恐くはこれ真の学術に非《あら》ざるなからんか。而も見よ書籍の出版、学校の設立、雑誌の発刊、学生の趨向《すうこう》その変遷する所を推してしかして称するに流行を以てす必しも不可なるに非ず。しかも世間実に流行の跡を追ふて独り及ばざらんことを恐るるの浮薄の書生尠《すくな》しとせざるなり。此の如きの輩もと学術の何たるを知らざるもの須《すべか》らくその面に唾すべしといへどもまた勢の已《や》むべからざるなきに非ず。けだしその流行の波濤に漂はさるるに際しては読者の趣味概ね泛として定まるところなく批判の能力に乏しくして半銭の価値なきものも喈々《さくさく》して世人の賞粲《しょうさん》に上る。すなはち僥倖を求めて名利を賭するもの雲の如くに起るまた自然の勢なり。而も競争の道はこれ自ら淘汰の法、老者退けられ、羸者《るいしゃ》倒れ残るものは是れ深く蘊蓄するあるの士。しかも此の如きの士もと流行の如何《いかん》に関せざるなり。

しかして世人も漸くその事の真相を知るに至れば復《また》一時の狂呼に任すべからざるを解するなり。ただそれ好奇心の飽《あ》くことを知らざるや何《いず》れの辺にか新奇を求めんとししかして鋭才の輩立てこの機に投ずるあり。茲《ここ》においてか摸倣に巧なるもののその跡を追ふもの起りあるいは平生の究《きわ》むる所偶々《たまたま》好運に会するなり。相和し相唱へて他の新流行は生ずるなり。流行の状概ね然《しか》り。潮引き波去るの後に迨《およ》んで之を覧《み》る塵埃瓦礫《じんあいがれき》紛として八方に散乱するのみ。また些《いささか》の益する所なきが如しといへどもこれによりてその学が世上の注意を惹《ひ》くに至るあるは疑ふべからざるなり。もしそれ真に学に志さんとするものはもとより遠く塵寰《じんかん》を脱して世潮の浮沈を度外に置くを要するや言を俟《ま》たざるなり。

史論は近日の流行物となりぬ。喜ぶべきか喜ぶべからざるか。史籍の梓《し》に上るものその種 甚《はなはだ》尠しとせず。人物論の新聞雑誌に顕はるる殆《ほとん》ど虚日なし。田口氏の『史海』は学生の机上に横行しその発売高ははるかに経済雑誌を超越すと聞く。世人が史学に注目するに至れるは頗《すこぶ》る喜ぶべきの観あり。然れども思へよ、史学の根底は正確なる事実にあり。而も在来の伝説史籍、謬説世を誤り訛《か》伝《でん》真を蔽ひ炯眼の士なほかつ之が弁別に苦《くるし》む。これ実に事実考証の已むなき所以《ゆえん》、而していはゆる事実の考証何ぞそれ旦暮の間に究索するを得んや。材料の蒐集は莫大の時日と労苦とを要すとなす。真偽の鑑定は眼光紙背に徹する底の識見なくんば不可なり。事実の正確は既に得たりとせんか即ちその源因を究め結果を捜りよく蟠根錯節を解きて当時の状況炳焉《へいえん》として眼前に露はるるに至らんこと何ぞそれ談笑一夕の間によくする所ならんや。曰ふ時日と労力とは厭ふところにあらずと。ただそれ識見は如何《いかに》深く人事の細微に通じ広く世間の状勢を知り人心の転化を究め性情の奥秘を悟るに非れば蓋《なん》ぞ以て時世遠く隔り状況遥に異れる史上の真相を観破し得んや。

国史を論ずといふかこれまことに在来国史の間に拘々たるもののよくなす所ならんや。列国数十山を界し海を隔つといへども坤輿の上あに足跡の通ぜざるなしとせんや。すなはち意外の辺において意外の聯絡を発見し以て久しく結《むす》んで解けざりし疑問を氷釈すること尠きにあらず。海外の大勢我国に及ぼす影響は如何。隣国の変乱痛痒相関すること如何。文化の淵源は遠く他国の深山に発するなり。貴重の材料が自国に湮滅して他邦にその跡を存することもあるなり。これをこれ推究せずして何ぞ国史を了解するを得んや。いはんやまた社会進歩の状態自らその軌を一にするものあり。彼此相較し甲乙相照ししかして始めて燎々として事蹟の明なるを致すものあらずや。殊に異種の民族異邦の文化両々相比し来て而後《しかるのち》真に国民の特質文明の真相を発揮するを得るにあらずや。しかしてその異同ある所以のもの更に仔細に之を探究考察せんとす、またまことに難事たり。而もこれ必ず為さざるべからざるの業たるを奈何《いかん》せんや。

英雄の人物を論ずといふか英雄は毀誉褒貶の集まる所尊崇と罵詈と交々至る。しかして時に応じ機に臨み執る所の政略殆ど人意の表に出て神智奇謀測るべからざるあり。しかして英雄の出《いず》るは概ね国家擾乱の際、数百載の下に立《たち》て之を想見す。目眩し胸轟く英雄の人物あにそれ知り易しとせんや。哲士の性情を論ずといふかその胸にはすなはち大慈大悲の霊泉を湛へその腔にはすなはち神妙壮美の世界観を包蔵す。乾坤を覆載し宇宙に徹底し区々の俗情を超絶してしかして悠々として青天の上に飛揚す。雲漢を抉《えぐり》て彼の帝郷に遊ぶなり。哲士の性情あにそれ議し易からんや。

史の言ひ難きや実に此の如し。古来妙齢の哲学者青年の文学者に乏しからずといへども未だ弱冠の史学家あるを聞かざるは理なきに非《あらざ》るなり。想像の富瞻や文藻の壮麗や緻密の考察、推論の正覆此の如きはすなはち単に思考の力に出づといへどもかの歴史家に至ては先づ広漠無量の事実に通ぜざるべからず。しかしてこれ実に時日と労力とを要する所以にして短少の歳月のよく為すなきの理なり。かつ見ずやいはゆる史学家なるもの多くはこれ一時代一国民もしくは一事件の歴史を以てその畢生《ひっせい》の事業となしたるを。いはんや我国の如き極めて史学の幼稚なるに当ては材料の捜索に数層の困難を覚ゆるにおいてをや。限りあるの人生、限あるの能力また已《やむ》を得ざるなり。

ただそれ大史学者は常に踵《きびす》を接して出づるものに非ず。大伝記家の出づる誠に百載にしてしかも一人ならんのみとせば彼《か》の擾々たるものも且《しば》らく以て秋夜の一興に値するものとせんか。而も偏僻の史論牽強附会《けんきょうふかい》の伝記が世人を誤まることあるは容すべきに非ず。いはんや一時の風潮につれて腹にもなきことを筆の先にて誤魔化さんとするものをや。更にいはざるべからざるあり。博士重野某職を史官に奉じその徒と共に考索する所あり。曩《さき》に児島高徳楠木正成僧日蓮の事蹟を云々し頃日《けいじつ》また武蔵坊弁慶を称して後人の仮託に出づとなし公会において之を演じたり。是《ここ》において議するものあり曰く国家の俸禄を食《は》む史家は誤謬の索捜を勉めて国史の美観を損ずと。曰く国庫の資を以て蒐集したる断簡零墨を憑拠として漫《みだり》に賢相名臣の跡を抹殺すと。また曰く考証学の結果にして此の如くんば則ちこれ風教に害ありと。しかして或るものは更に一歩を進めて国体の尊厳に関すと叫ぶ。

嗚呼《ああ》世人史を見ること真に此の如きか。在来国史の謬伝訛説多きは既に論ぜし所、少しく眼を史籍に注ぐものは何人も之を拒む能はざるの事実たり。国史の学は国民の過去に経過し来れる事蹟の実相を究明するの謂《いい》なり。而もそのいはゆる事実にして果して真実ならずとせんかこれただ空中の殿堂、咸陽の宮楼に非ざるも史家は之を一炬に附するを惜まざるなり。すなはち更に荘厳の宮殿を建築せんとす。必ず先づその基礎をして正確ならしめざるべからず。事実の考証はこれ史学の根底なりとす。有を有とし無を無とすまことにこれ当然の理何人が之を拒むものぞ。ただそれ有の果して無たらず無の果して有たらざるか否かはこれ史家の識見とその方法との如何に関するのみ。曰ふ断簡零墨以て国史を疑ふべからずと。断簡零墨尽く以て信ずるに足るとせず。然れども賤人の私記却而《かえつて》浩瀚の史籍より史学上の価値を有すること尠しとせず。修史の学は近代の進歩にかかるといへども而も動かすべからざる原則は以て千万の史書を批判するに足ること疑ふべからず。二に二を加ふれば四なるは千古に渉りて争ふべからざるが如く先天の原理より演繹し来れる修史の原則は何人も拒む能はじ。いやしくも憑《よ》るべきの原則あらば半片の故紙も以て勅撰の国史を抹殺するに憚からず。何ぞ一ヶの武蔵坊弁慶をや。今それ国費を以て史書を編輯せしむるの可否は別箇の問題に属ししかしてかの重野某及その属僚が果して史家たるの能力を備ふるか否かは余の知らざる所従而《したがって》その説く所の果して首肯すべきか否かは暫く論ぜず。反証を挙げて学術上の攻撃をなすことを勉めずして漫に之を嘲罵するの如きはこれ学問の何たるかを知らざる没理性漢なり。史家はこの輩に向て解説を勉むべしといへども決してそれが為めに拘束せらるべからず。世人の口碑に伝唱して誇称したる美話佳談が一朝にして抛棄せらるるは人情惜むべきが如きも事実は奈何ともする能はず。仮令《たとい》弥縫以て一時を瞞着するも史学の進歩は何の時にか之を看破せずして止まん。かつそれ訛伝の抹殺せらるると同時に一方においては深く隠蔽せられてその事あるを知らざるも美事が史学の光輝に照らされてその真相を顕《あら》はすことなしとい ふべからず。世人は之を拒まんとするかその自家矛盾なるを奈何せん。またかの楯を国家に託して跡を国体論に隠るるが如きは顧るに足らず。我大日本の国体は此の如き羸弱なるものに非ず。列聖の鴻業偉徳と祖宗が洪蹟とは炳として天日とその光を争ふ。何人か之を議するものぞ。

史あにそれ言ひ易からんや。事は数千載の上下と数万里の東西とに蟠延し源は深く人心の幾微に発し細に社会の深淵に伏す。事理を剖析《ほうせき》し状情を探究し以て因果の在る所を解明す。まことに学術上の最難事たり。而も軽忽に之を論断し苟且《こうしょ》に之を言説して顧みず揚々として得色あるが如きもののあるはそもそも何の心ぞ。

仏教史家に一言す

歴史家に要する資格のさまざまあるが中に、公平といふことがその重要なるものの一なるは争ふべからず。公平とは読んで字の如く一見甚だ明かなるが如くなれど、細かに考ふれば真に公平を保つは容易のことに非《あら》ず。公平とは私偏を挟まぬこと、即ち事実を観察するに予め成見を抱かず、議論をなすに故意の造作を為さざること等にして、これらは史家の心掛け次第にて、随分避くるを得べしとす。されど人々の偏見は故意ならぬ所にも甚だ多し。単に人の性質の上より見むも、君子の胸臆は小人の忖度《そんたく》する能はざる所、英雄の心事また凡人の測知し難き分ならずや。理窟をいはば如何様《いかよう》にもいはるるものにして、人の意見とか議論とかいふもの、表面はいかめしき理論や証拠やの物具もて固めをるといへども、その裏面を探れば、極々の奥底は概してその人の性質・経験等より出でたる偏狭なる、自家一箇の感情に過ぎず。而《しか》もかくの如きは人の多く自覚せざる所、いはゆる知らず識《し》らずの間にかくなりゆくものにして、自らはつゆばかりも私情を挟まざる公明なる理論をなすと確信しをるなり。あるいは智識と感情とは往々衝突するものにして、理窟は右なりと思へど感情の為に左せらるること多しといふものあり。かかる場合もなきにあらねど、概していはば、智識と感情とはかく明かに分ち得べきものに非ずして、寧《むし》ろ両者の知らず識らず一致しをるを常なりとすべし。さらに人々の境遇・経験の異なれる割合には、その議論の存外に同じきやうに見ゆるは、その根本たる人情の一般に相通じをるが故といふべからむか。われらが日常、他人の言ふ所、為す所を見て、何故にかく人々の思慮に差異ありやと驚かれ、我が思ふこと、述ぶることの他人に通ぜざるに逢ひては、如何なればかく人のこころは同じからざるかと怪しまるるは、所詮その感情の甚だしく懸隔せるが故に外ならず。此《かく》の如《ごと》きは政治上の議論にも、社交上の談話にも常にあることとなるが、宗教家といふものに至りては殊に甚だしとす。宗教家の理窟は理窟として当てにならぬもの甚だ多く、之《これ》に向って公平を求むるは寧ろ誤れるに非ざるかの観ありとす。

されどかくいふは故意ならぬ、即ち知らず識らずして陥《おちい》れる偏頗《へんぱ》に対するものにして、多少これを恕せむとするもまた已《や》むを得ざるに出づといへども、もし為にする所ありて、故《ことさ》らに偏私の言をなすものあらば、われらは断じて之を詰責せざるを得ず。殊に公平を第一義とする史学に喙《くちばし》を容《い》るるものに在りては、この点において最も厳格ならむことを要す。今の仏教史を口にするもの、よく此の如きなきを必し得るか。われらはいま一々世上の史論を捉へ来《きた》りて之を議するの遑《いとま》なしといへども、概していはば、今の仏教史家と称するものが、故意の偏私をその間に挟まんとする傾向あるは、ここに断言を憚《はばか》らざる所なりとす。いはゆる「誤魔化し」の手段は今の史家においてわれらが往々認むるところなり。

思ふに我が邦の歴史が一に国学者もしくは儒者の手に収められたりし時代にありては、その仏教に関するものは概《おおむ》ね圏外に抛擲《ほうてき》せらるるに非ざれば、すなはち過度もしくは見当違ひの非難を受くるに過ぎざりしが、近時新史学の研究せらるるに及びて、次第にその偏見なりしを発見し、史上の事実も漸くその真相を看破せられて、久しく奈落の底に堕落せられたりし仏教もまた地平線上に現出するに至りたれば、その状恰《あた》かも仏教累世の仇敵たる史学が一朝その方向を転じて我が味方となりたるが如く感ぜられ、仏教家なるもの頗《すこぶ》る得意の色を現はし、あるいは更にこの機に乗じて仏教を九天の上に昇らしめんと勉むるに至りぬ。国体も仏教の擁護によりて鞏固《きょうこ》なりき、忠孝の思想は仏教の涵養によりて堅実となれり、仏教は文学を生み、美術を生み、その他の学術の進歩に与《あず》かりて甚だ力ありきとは、今の仏教史家の口癖なるが如し。げに仏教が我が国文明の一要素となり、またその影響が社会の全般に行きわたれるは何人も争ふべきに非ずといへども、仏教とて必ずしもかくの如く善き側をのみ有するには非ず、その政治上・社会上に及ぼせる弊害また決して浅少といふべからざるものあり。いはゆる仏教史家は、何すれぞこれを顧みずして彼のみを誇称し、あるいは時に彼を以てこれを蔽塞せんと勉むるが如き女々しき挙動をかなす。人ややもすればすなはち護法と称するも、此の如き苟且《こうしょ》の手段に依るに非ざれば以て仏教を保護する能はずとせば、保護したりとて何の効かあらむ。もし仏教の価値にして永世滅せず、機に応じてますます顕揚せらるべきものなりとせば、区々たる曲庇遂に何するものぞ。かつて一たび史家の為に地獄に落とされし仏教の新たに娑婆に還りたるを思へば、卿らが軽挙して天上界に浮かばせんと勉むるものも、遂には再び下界に沈み来るべし。われら頃日《けいじつ》二、三の仏教史論を読み、その公平の見を欠くを歎じ、一言以て仏教史家といふものに贈る。

芸術と社会

芸術のための芸術と一口にいってしまえば、社会との関係などは初から論にならないかも知れぬ。けれども芸術を人生の表現だとすれば、そうして、人が到底社会的動物であるとすれば、少くとも芸術の内部におのずから社会の反映が現われることは争われまい。芸術の時代的、または国民的特色というのも畢竟《ひっきょう》ここから生ずるのである。まして、芸術の行われる行われない、発達する発達しないというような点となると一般社会の風俗や思潮やに支配せられないはずはない。

日本のような、何時《いつ》でも外国の文化を学んでいる国民では新来の芸術が国民と同化するまでには相応な時間がかかる。そうして、その同化しない間は、芸術品は単に芸術品として製作せられ、享受せられるのみで、国民の日常生活から遊離している。従って、作家も享受者も、その人の全体としての心的生活、全体としての気分を以て之《これ》に対するよりも、智識の力、頭脳の力でそれを取り扱うという傾がある。例えば**ピヤノ**を弾く人も聴く人も、あるいは上野あたりの楽堂で管絃楽を奏する楽家も満堂の聴衆も、胸に漲《みなぎ》る情の波が指頭に迸《ほとばし》って絃に触れるのでもなければ、空に漂う楽のねに心上の琴線が共鳴するのでもない。欧洲人の思想や感情の行き方を領解しているものが、頭の上で、その興味を領解するのか、さもなくば、純粋に技巧として之に対するのである。要するに西洋楽は西洋楽であって、まだ日本の楽にはなっていない。音楽は世界共通だとはいうものの感情の動き方にもその表現法にも国民的特性があるから、欧洲楽が我々の情生活にピタリと合わないのは当然である。しかし、一方からいうと、我々の情生活そのものが、欧洲の文芸や学術の影響を受けまた欧洲と同じような社会状態が生ずるために、随分激しく変化してゆくから、この間の溝渠は段々狭くなるには違いない。

Ruskinであったか、智識ある社会になればなるほど国民的特性が失われてゆくというようなことをいっていたと記憶するが、今の我が国ではその傾向が時に著しい。けれども情生活の方で国民的特色がまるでなくなることは決してない。だから外来の芸術でも智識で領解する部分の多いものはその興味を解することも容易である。翻訳劇の盛行するのは一つはこの故であろう。絵画になると、西洋画でもその題材が多くは何人も目で見ることのできるものであり、景色画にしても風俗画にしても初から日本画と違ってはいわすことの出来るものであるから、技巧と材料とが在来のいわゆる日本画と違ってはいるものの、それを看《み》て欧洲楽を聴くほどに疎遠な感じはしない。自然に対する見方がまるで違っているとか、光線や空気の取り扱い方が思いもかけぬものであるとかいう点になると、例えばMonetの作がはじめて世に現われた時驚きの目と嘲笑の声とを以って時のフランス人に迎えられたほど、西洋画が日本人に不思議がられなかったかも知れない。絵画はそれだけに世界的、普遍的分子が多い。西洋画というものが、単に技巧上の或る性質を示す語としての外は、まるで無意味の称呼となっているほど世に行われるようになったのは当然である。

しかし、ここに一つの障害がある。その障害は、ほんの外部的のものであって、純芸術としての絵画から見れば、どうでもよいことではあろう。が、絵画の社会的方面においては看過すべからざることである。そうして、それは極めて平凡なことであるに拘《かか》わらず、芸術家の方では一向念頭に置いていないらしい。何かというと日本の家屋建築が今のような状態である間は、絵画は大体において展覧会芸術としてのみ取り扱われるだろうということである。

絵画は装飾品ではない。けれども社会的需要の点からいえば、少くともその半面に、装飾としての意味が存することを否むことはできまい。また、絵画を純粋な芸術品として見れば、置かれた場所や、かけられた位置によってその芸術的価値が増減せられたるものでもない。けれども、作品とその置かれた室の全体の空気と、シックリ調子が合った時、はじめて看る者の美意識が満足することも事実である。野外に立てる銅像の類ですら、その位置とか台石の高さとかいうことが像そのものの感じを動かすではないか。ところで従来の日本風の室では、その広さや構造やまたは光線の取り方などが、どうしても西洋画の額面をかけるに適しない。趣味の相異とか、調子の合わないとかいう点を考えるまでもなく、第一、適当に画面を看ることのできる位置にそれをかける場所がないのである。よし、どこかの壁にかけて見たところが、調子はずれになって折角落ちついている室の空気が掻き乱される。だから、今日、日本間に西洋画をかけているものがあれば、それは、まるっきり趣味性の欠けているものか、さもなくば、画を画としてのみ見ようとする専門家、**アマチュア**、もしくは特殊の嗜好をそれに有《も》っているもののみであろう。全く趣味のないものは初から話にならないから、それは芸術の進歩や発達には何の力もない。

周囲の空気にかまわず、日常生活の調子にも無頓着で、芸術の天地にのみ身を置く芸術家は芸術家としては立派であるが、その代りその芸術を国民生活の一要素として発達させてゆくという点については甚だ不十分のものであり、国民の芸術趣味を訓練し誘導してゆく点にも力の足らない憾《うらみ》があろう。芸術の発達はどうしても国民全般の趣味、国民の日常生活の内部にその基礎がなくてはならないからである。

極めて平凡な問題に仰山らしい言葉づかいをしたので、**カラ**理窟をもっているように聞こえるが、平たくいうと、西洋画を真に発達させるには、もっと、それを我々の日常生活に接近させるようにしなくてはならぬということである。勿論我々の思想は旧時代のいわゆる日本画とはあまりに懸隔している。また近頃の、日本画を土台にした新しい試みにも、あまり、感服しない。我々の情生活の絵画的表現にはいわゆる西洋画を要する。しかし種々の事情から在来の日本式家屋で生活している我々は日常生活の一要素として西洋画を取り扱うことが出来ない。ここに大なる矛盾があるのではなかろうか。そうしてこの矛盾は何とかして融和させねばならぬものではなかろうか。僕はそれについて芸術家の意見を聴きたいと思う。

偶　言

一

日本人の趣味は淡泊である、清楚である、または軽快である、濃艶な、重くるしい、はでやかな、または宏大なものは好まない、だから、——というような話が今でもまだ或る程度まで真実らしく、いわれもし聞かれもしている。日本人の趣味が淡泊とか軽快とかいう言葉でいいあらわし得るものであることが、よし過去において、間違のない事実であったにせよ、「だから」という接続詞をそのあとにくっつけて、現在、または未来もそうでなくてはならぬといおうとするのは、まるで無意味である。個人にとっても、民族にとっても、趣味はその人、その民族の内的生命の発露である。その人、その民族が真に生きている人であり民族であるならば、刻々に新しい生命を自ら造ってゆく。その生命の表現せられた趣味もまた日々に新しくなってゆかねばならぬ。勿論、一方には遺伝とか、または自然界なり社会的事情なりの環境とかいう制約があって、急激に突飛な変動をさせないようにする傾もあるが、一方には絶えず新しい生命を造り出そうとする強い内部の力が活潑に動いて、そういう制約を折伏してゆく。それができないものは個人としても民族としても死んだものである。日本人は生きている。生きている日本人の国民性も民族的趣味も決して固定したものではない。だから、過去の趣味は歴史的事実として真実であっても、将来の規範とせらるべきものではない。日本人が淡泊で、清楚で、軽快な趣味をこれから後も持続しなければならぬという理由はどこにもない。今さららしくいうまでもないことであるが、世間にはまだ、凝固した国民性というものがあり、またなくてはならぬように思っている人もあるから一言して置くのである。

　のみならず過去の日本人の趣味が淡泊とか軽快とかいう方面にのみ向いていたということ、そのことが第一怪しいのである。遠い昔の平安朝を見たまえ。『源氏』や『枕』や、今は殆《ほとん》ど遺っていないが当時の宮廷や貴族の調度に用いられた屏風絵に現われている濃艶華麗な服装を。肉感的逸楽の気が沁み渡っていた浄土教の宗教画として今も伝わっている弥陀来迎の図などの**コッテリ**した色彩を。胡粉も落ち、臙脂も褪《さ》め、緑青の色もあせた今から見れば、かの高野山の二十五菩薩の大幅も、いかにも落ちついた、和かい色調のように見えるが、画かれた当時は艶麗双《なら》びなきものであったであろう。しかし頽廃的空気の裡《うち》に力のない生活を営んでいた平安朝の大宮人の趣味は濃艶ではあるが活気もなく底力もなく、徒《いたず》らに塗抹せられた強烈の色彩から感覚的刺戟を受けるのを喜んでいたに過ぎなかったというのか。それならば目を転じて関東武士を見たまえ。うちものの響き、矢叫びの声の間に目さむるばかり鮮かな馬上の行装を。鎌倉には金碧燦爛たる永福寺の七堂伽藍があったではないか。東夷の基衡《もとひら》が建てた中尊寺の光堂は今も遺っている。殺伐な武人が調子の強い、はでやかな色彩を好んだのは当然である。足利武士にもてはやされた田楽や猿楽は鋭い鼓笛の音と華やかな衣装とで成り上り者の粗大な官能を刺戟したものであった(当時の猿楽は今の能のような落ちついた、また型にはまったものではなかった)。桃山式の豪放な装飾芸術はいうまでもなかろう。わる固まりに固まった徳川初期の日光建築は、せせこましく、気のつまるようなうちにも、**コッテリ**した華やかさだけは失われずにある。光琳にあらわれた元禄時代。あるいは友禅の京都、懐月堂の江戸。いわゆる浮世絵の世界はいわずもがなである。淡泊とか清楚とかいう面影は、少くとも、これらのものには見られない。

日本人の芸術上の趣味が淡泊とか軽快とかいう方面に偏しているように思われたのには種々の理由がある。芸術が公衆的翫賞に供せられずして私人的であるために小規模のものとなり、従って調子の低い、また小器用なものが尚ばれたこともその一であろう。四畳半式芸術とも名づくべきものが何《いず》れの方面にもある。それから、徳川時代の固定した社会において、すべて刺戟性の少いものが上品として考えられたこともその一であろう。その他、割合に安らかな生活を送って来た国民であるがため、全体に力強いところのないためもあろう。しかしながら、戦国時代、その後に現われた豊臣時代、または或る意味においては元禄時代の如く、気力の横逸し、生命の緊張した時代には随分力の強い、規模の大きい芸術が生まれている。過去ですら、そうであった。おとなしい、いわゆる上品な、さっぱりした趣味のみを将来に期待するのは大なる誤りである。

二

芸術の真味は高い趣味を有《も》っている少数人のみに解せられる。芸術は貴族的(無論思想上の意味でいう)のものだという考《かんがえ》もここから起り、「俗物(多数人)に何がわかるか」という高踏的態度もここから生ずる。なるほど、それは尤《もっとも》である。芸術は群衆心理に支配せられるべきものでもなければ、投票の多寡で価値の決まるものでもない。おしつめていうと芸術品は作家自身専有の芸術品なのであろう。しかし、これは既に出来上った芸術家、またはその作品から見た一面観であって、そういう芸術家を生み出す社会的要因を閑却した考である。「天才は生まる、作られず」といったところで、如何《いか》なる天才も沙漠の中に**ヒョックリ**生まれるものではない。生まれるにしても生まれるだけの種子が、もしくはその種子の発育すべき地盤が、当時の社会になくてはならぬ。芸術的素地のない社会に偉大な芸術家は現われぬ。ここに芸術の根柢に潜む民衆《デモクラチック》的要素がある。

肥沃の土地には雑草が茂る。雑草が茂るところでなくては、美しい樹木も、よい穀物も発育しない。芸術も同様である。千百の凡庸芸術家があって、そうしてその間に真の芸術家が一、二出るのである。そうしてこの千百の凡庸芸術家が生まれるには社会全体に芸術的空気が漲《みなぎ》っていなくてはならぬ。芸術家の向上心と善い意味での激励の言とは別として、**ピアノ**の鍵盤を叩くものが皆な音楽家らしい音楽家でなくてはならず、**パレット**を握るものが皆な画家らしい画家でなくてはならぬと思うものがあるならば、それは誤《あやまり》である。新しい劇団によい俳優がないとか、帝劇の女優がなっていないとか真面目になって騒ぐのも、こういう見地から観ると、あまりに性急すぎた話である。Sarah Bernhardt や Eleonora Duse が、そんなに無雑作に、そんなに沢山に、またそんなに突然に、この貧弱な日本の劇界に現われるものでない。一人の Duse が生まれるには千百のいい加減な女優が舞台に現われては舞台から葬られねばならぬ。どの芸術でも同様である。だから僕はこの意味で一人でも多く絵の具を**カンバス**になすりつけるものが出て、一人でも多く石膏や粘土をつくね上げるものが出るのを希望する。勿論それが皆な芸術家だとは思わない。ただ芸術の種子を播《ま》く地面がそれによって作られるのである。

○

日本人が色彩について有する趣味は頗《すこぶ》る貧弱である。特に欧洲の思想が入って来ない前の近代において、それが甚しい。衣服住屋に色彩の重んぜられないのは勿論、調度器具の類にも色彩の見るべきものが甚だ少い。熟視してわざとならぬ光沢の目に入るものはあっても、色としては極めて貧しい。友禅のような複雑な色を集めてあるものも、全体としての効果が少しもひきたたぬ。けれども、平安朝の貴族の間にはそれがよほど発達していた。『枕草紙』の開巻第一「春は曙、やうやう白くなりゆく山際、すこしあかりて、紫だちたる雲の細く棚引きたる」と見た色彩の観察を見給え。同じ書の「なほ世にめでたきもの」の条下にある「正月十日、空いと暗う」という一節は庭上の色彩が極めて微細に写されてあるが、「桃の木若かだちて、いとしもとがちにさし出でたる、片つ方は青く、いま片枝は濃くつややかにて蘇枋《すおう》のやうに見えたる」というのは光線の効果が目にとまったものらしい。「心にくきもの」の条に「長すびつにいと多くおこしたる火の光に御几帳の紐のいとつややかに見え」といい、「いひにくきもの」の条に「有明の月のありつつもとうちいひて、さし覗きたる髪のかしらにもよりこず、五寸ばかりさがりて火ともしたるやうなる月の光」というような繊細の観察もある。言語上の機智を弄《ろう》するのみで、芸術的価値の甚だ尠《すくな》い和歌には一向こういうものが現われないが、『源氏』などの散文物語では何れにも多少はこの色彩の記述がある。尤も空の色などは大抵「浅みどり」位で簡単にかたをつけているが、ともかくも、日本の文学でこの時代の作ほど色彩の観念に富んだものはあるまい。どうしてこんな思想が養われたかというと、彼らの日常生活の舞台が色彩を施したもので満たされていたからであろう。例えば「かさねの色」という観念が衣服の色彩に対する趣味の如何に深かったかを示している。

この色彩の趣味が絵画に現われては、あの艶麗な「作り絵」となった。ただその絵画が室内的玩弄品として用いられる場合には小規模の絵巻物か、たかだか屏風絵ぐらいに止まっているが、寺院の壁画や装飾に用いられるとやや規模が大きくなり、従って、或る距離を隔てて画面を見る必要上、遠近法なども多少発達し全体としての色調という観念も生ずるようになって、かの高野山の二十五菩薩の大幅の類が現われて来たのである。遺品も尠く作者も解らないが、もし我が国の絵画史に色彩家《カラリスト》と名づけられるような作者の出る見込があった時があるとすれば、まずこの時代であったろう。そうして、それは当時の社会に色彩に関する趣味があったからである。こんな一部分の現象についてでも芸術上に民衆的要素のあることは察せられる。

一体墨画は自然界の多種多様の色彩美を写し得ぬという不便はあるが、一方また他の彩画よりも材料の駆使において自由な処がある。彩画では絵具をパレットで合す間、パレットの上に眼を移すことを余儀なくされて画家の思想の統一が乱れる憂いもあるが、素描にはそういうことがない。木炭などは削りもせずにすらすらと何時までも使うことが出来る、鉛筆にしても短時間の略画なら、その間に心を削り出さずとも優に一枚を描き終ることは出来る、すなわち感興の赴くままに何の休憩もなしに心と手とを続けさまに動かすことが出来る。其処《そこ》が素描の長処である。(石井柏亭氏著『我が水彩』所載)

三

つい近ごろの新聞に、何とかいう露西亜《ロシア》人は音楽を色彩であらわすことに成功したという話があった。何でもピヤノの鍵盤を叩くとその音律に応じた色が白布の上に映し出されるようになっているらしく、旋律の流れに従って色彩が種々に変化してゆくのであろう。詳しいことが書いてなかったから、**リズム**や**アクセント**をどうして現わすのか、音の上の**ハアモニイ**を色でどう示すのか、まるでわからないが、そういうことに芸術上どれだけの価値があるか、疑わしいものである。

官能の交錯はめずらしいことではない。**イスラア**が青と銀色との**ノクタアン**だとか白の**シムフォニイ**だとかいう名をその作品につけたのは音楽の術語を絵画にかりて来ただけのものであろうが、**リムバウ**が母音の色をきめてAは黒、Eは白、Iは赤、Oは青、Uは緑だといったのは単純な理窟ではなくて、彼みずから実際耳に聴くこれらの音によってそれぞれの色を幻視したのかも知れぬ。だから人によっては音の高低を色で感じることができないにも限るまい。けれども**リムバウ**が見る母音の色は**リムバウ**自身だけのことで他人にとってはAが白でEが赤だと感ずるかも知れない。あるいは全く音によって色を見ることのできないものもあろう。従って音と色とのこんな配当は畢竟《ひっきょう》勝手次第の独りぎめであって、何人にも同じように感じさせる普遍性がない。だから芸術の資料としては価値の少いものである。

しかし、これは一つの音と一つの色との関係であるが、音が変化しつつ連続して旋律をなす場合に、それに応じて色が絶え間なしに変ってゆくとしたら、旋律としては耳に快い音の連続が、色に化した場合に目に快いかどうか。旋律には調子があり音程があり、また**リズム**があって、それで変化しつつも統一せられてゆくが、絶えず変化する色彩にそういう統一ができるかどうか。多分は目茶苦茶なものになりそうである。本来目に見る色は共存的関係において諧調が成り立つものであって、音声のように連続的な旋律をなすべきものでないからである。そうして急激に色が変ってゆくと目は一々の色をそのままに感受することができないものであるから、それから受ける印象は混乱を極めると共に甚だ茫漠たるものであろう。

これは新聞の雑報を読んだ時にふとおもったままのことである。それをここへ持ち出したのは近頃の或る新しい一派の画がやはり之《これ》に似たような傾向を有っているらしく思われるからである。活動、活動と連呼する未来派の作は静止している絵に時間を加えようとして、吾々普通の官能を有っているものから見ると色調もなければ形もなく、いろいろの色を**ゴチャゴチャ**と画布にぬりつけるようになったのではあるまいか。そうしてこの未来派にせよ、あるいは立体派にせよ、あるいは例の**カンジンスキイ**にせよ、特殊な訓錬を経た彼らの官能、あるいは彼ら特有の一種の論理の上にその芸術の基礎があるではあろうが、それは丁度Aは黒だとかOは青だとかいうのと同様、彼らのひとりぎめのものであって普通人の心理的事実として承認せられているものではなかろう。**トルストイ**の芸術論のように芸術の俗衆化を主張するのではないが、またもとより天才的芸術家の特殊の官能を尊重することを否むものではないが、芸術の基礎は普通人の心理的事実の上に据えなくてはならないものではあると思う。

芸術と国民性

芸術史家、または芸術の批評家が或る個人の作品を観てそこにその作家の属している国民全体の趣味なりまたは物の見かたなり現わし方なりの或る傾向が見えるというのは尤《もっとも》な話である。しかし芸術家が製作をするに当って「おれは日本人だから日本人の趣味を現わすのだ」というようなことを意識してかかるものがあるならば、それは飛んでもない見当ちがいの話である。芸術家が製作するに臨んでは渾身ただ燃ゆるが如き製作欲があるばかりである。はちきれんばかりに充実している或るものが内にあって、ただそれに形を与えて外に現わそうとすることに向ってのみ全意識が集中せられねばならぬ。出来上がった作品をとおして外部から見ればそこに日本人らしい何物かがあるかも知れぬ。けれどもそれは作家の関知するところではない。作家はただ自己の現わそうとするところを現わすのみである。あるいはまた作家がその国の古芸術を研究してその間から何らかの暗示を得、または一種の**インスピレエション**を得ることもあろう。そうしてその作家の作品にはおのずからその国の古代芸術の面影が現われ、あるいは一道の霊光が両者の間に相感通するということもあろう。しかし、そんな詮索は批評家のすることである。作家はただ自己の求めて未だ得ざるところ、現わさんとして未だ現わし得ざるところを古芸術において暗示せられたまでである。言を換えていうと自分と古芸術とが偶々《たまたま》何処かにおいて一つの契合点を得たのである。あるいは古芸術において自分の反映を認めたのである。そうしてこの場合においても一度《ひとた》び製作に臨んではその古芸術は全然意識の外に消えてしまわねばならぬ。

製作の材料を撰ぶのも同様である。例えば画家が水彩画を作る。それはその画家のその時に現わそうとすることが油絵よりも**パステル**よりもその他のものよりも水彩を以て現わすことが最も適切だと感ずるからである。もし日本人の趣味には水彩画が調和するというようなことを智力の上で判断して、それだから水彩を取るのだというような考《かんがえ》があったならば、それは画家として最も不忠実なものである。もしくは画家たる資格のないものである。水彩画家はそんな外部的事情のために水彩画を作るのではなかろう。水彩画の生命はもっと奥深いところにあるはずである。あるいはまた彫刻家が日本人の趣味には木彫が合うというようなことを決めて置いて、それがために大理石よりも木を撰ぶというようなことがあるならば、それもまた同様の誤謬である。大理石に適せず、青銅に適せず、木によって始めて適切に表現せられるものであればこそ木を選ぶべきである。製作に当っては自分の現わそうと思うものに最も適切な形を与えようとする外、毫末も顧慮するところがあってはならぬということはいうまでもあるまい。

以上は芸術家の心理からいったのであるが、もし文化史上の事実からいうならば芸術の上にも国民性というものはあろう。しかし、その国民性がどんなものであるかは十分なる歴史的研究を経た上で判断せられるものであって、ちょっとした外観などから軽卒に決めることは出来ない。日本人の趣味が淡泊だとか清楚だとかいうありふれた観察に大なる欠点があるということは僕もかつてこの誌上で述べたことがあると記憶する。茶の湯趣味というものが日本人の国民性に重大な関係があるように説いている人もあるが、これも怪しいものである。普通にいう茶の湯は文化の頽廃期である戦国時代に形を成したもので、その時の頽廃的気分の或る一面に投合したものではあるが、本来趣味というほどのものがあるのではない。そうしてそれが徳川時代に行われたのは趣味の上からではなくして別に社会上の理由がある。日本人は三十一字の歌を作ったり十七字の俳句を作ったりして喜んでいるから、小さな手軽なものが好きだというような観察もあるが、これもまた疑わしいので、歌や俳句の行われる理由は別にあると思う。詳しいことをここでいう余裕はないが、国民性というものをそう簡単に片づけてしまうことの出来ないことだけは明言して置いてよかろう。まして芸術家はそういうあやふやな国民性論を念頭にかける必要があるまい。のみならず、国民性も国民の趣味も決して固定したものではない。要するにそれらは国民の実生活によって養われたものであり、国民生活の反映であるから、国民が生きている限りは生活そのものの変化と共に絶えず変化してゆくものである。それが動かないようになれば国民は死んだのである。ただその国民趣味に新しい形を与え、新らしい生命を注ぎ込んでゆくのは芸術家である。芸術家は意識してそうするのではないが歴史の跡から見るとそうなっている。この点から見ても芸術家は過去の国民趣味に拘泥すべき者ではない。

もう一つ考えると、芸術家も国民である以上、意識せずとも国民性はその人に宿っているはずであるから、どんな芸術家でもその人の真率な作品は取も直さず国民性の現われたものである。国民性というものが現在生きている国民の心生活の外に別にあるものではなく、そうして趣味の方面ではそれが芸術家によって表わされる。趣味の上に新しい生命を得ようとする国民の要求は絶えず新しい境地を開こうとする内的衝動となって芸術家に権化せられる。だから一心不乱に自己を表出しようとする芸術家は即ち無意識の間に国民の要求を実現させつつあるものである。知識として国民性を云々しないでも、生きた芸術として国民性を形づくってゆくのが芸術家である。

II

神代史の研究法

一

今日に伝わっている我が国の最古の史籍たる『古事記』と『日本書紀』との巻頭にはいわゆる神代の巻という部分がある。『古事記』は和銅五年(712 A.D.)『日本書紀』は養老四年(720 A.D.)に出来たもので、何《いず》れも八世紀に入ってからの編纂であるが、神代の巻などは、もっと古くから伝えられていた材料によったものである。ここにその詳しいことを説いている遑《いとま》はないが、その材料は遅くとも六世紀には一と通り出来上がっていたらしい。さてその神代の巻は我が国の開闢《かいびやく》以来の話だといわれ、そうしてそれが我が国の最古の史籍であるというためか、とかく世間ではそれに、我々の民族もしくは人種の由来などが説いてあるように思い、従って神代の巻の記事を強いてそういう意味に解釈しようとする癖があるらしい。例えば高天原ということがあると、それは日本民族もしくはその要素をなしているものの故郷たる海外の何処《とこ》かであると考え、天孫降臨ということがあると、それはその民族がいわゆる高天原の故郷から日本のどこかへ移住して来たことだと説き、そういう考《かんがえ》から天孫人種とか天孫民族とかいう名称さえ作られている。あるいは出雲の大国主神がその国を天孫に献上せられたという話があるところから、天孫民族に対して出雲民族というものがあったようにいう。そうして、そういうような考え方をもっと他にも及ぼし、土蜘蛛《つちぐも》という名が上代の物語に出ていると、それは穴居をしていた異民族の名であるように説く人もある。何でも我が国の昔には種々雑多の異人種・異民族がいたように考えられている。

それからまた民族や人種の問題とは少しく趣がちがうが、神代の物語を一々事実に引きなおして解釈することが行われている。海神《わたつみ》の宮の話があると、それはどこかの地方的勢力、または海中の島国のことであると考える。八股蛇《やまたのおろち》の物語があるとそれは賊軍を征服せられたことだという。あるいは黄泉国《よみのくに》という名が出ると、それは出雲国のことだと説く。あるいはまた八咫烏《やたがらす》が皇軍の道しるべをしたとあると、その八咫烏は人の名であると解釈する。伊弉諾《いざなぎ》・伊弉冉《いざなみ》二神が大八島を生まれたという話は政治的に日本国を統治せられたことだという。要するに神々の物語は悉く歴史的事実たる人間の行為であって、畢竟《ひっきょう》神は人であるというのである。

しかし神代巻の本文を読むと、そんなことは少しも書いてない。天照大神は高天原にいられるとある。神々が高天原へ上ったり高天原から下ったりせられるとある。けれども日本人種・日本民族が海外の故郷から日本に移住したとか、その故郷へ往来したとかいうようなことは何処にも書いてない。出雲の神の話はあるが、出雲の地方に別種の民族がいたとは何処にも記してない。あるいはまた海の底の海神の宮の話はあるが、それが海上の島国であるとは何処にも書いてない。本文をよめば八股蛇はどこまでも蛇であり、八咫烏はどこまでも鳥であって、少しも人間らしい様子はない。然《しか》るに世間で上に述べたような解釈をしているのは甚だ不思議の至である。これは何故であろうか。

他でもない。神代の巻の種々の物語に我々の日常経験とは適合しない不合理な話が多いからである。この不合理な物語を強いて合理的に解釈しようとするから、上記のような説が出るのである。天上に世界があったり、そこと往来したりするのは、事実としてあるべからざることである。海の底に人の住むところのあるのもまたあるべからざる話である。けれども神代の巻にそういう話のある以上は、それに何かの事実が含まれていなければならぬ。と、こう考えたために、表面の話は不合理であるが、裏面に合理的な事実があるものと臆断し、神代の巻が我が国のはじめを説いているというところから、それを日本民族の由来を記したものと考え、あるいは国家の創業に関する政事的経略の事実を述べたものと説くようになったのである。そうしてこの思想の根柢には一種の浅薄な Rationalism が伏在する。すべて価値あるものは合理的のもの、事実を認められるものでなくてはならぬ。然らざるものは荒唐不稽の談である。世にお伽噺《とぎばなし》というものがある。猿や兎がものをいったり桃から子供が生まれたりする。事実としてあるべからざる虚偽の談である。それは愚人小児の喜ぶところであっても、大人君子の見て陋《ろう》とするところのものである。然るに崇厳なる神典にはかかる荒唐不稽の談のあることを許さぬ。だから、それには不合理の語を以て蔽《おお》われている合理的の事柄がなくてはならぬ。こういう論理が存在するのである。

然らば合理的の事実が如何《いか》にして不合理の物語として現われているかというと、一つの解釈は、それは譬喩《ひゆ》だというのである。昔の新井白石の取ったところがそれであって、彼はその譬喩の言から真実の意味を見出そうとして神は人なりという仮定説を捻出し来《きた》ったのである。それから今一つの解釈は、事実の物語が伝誦の間におのずからかかる色彩を帯びて来た、一口にいうと伝説化せられたのだというのであって、今日ではこういう考を有《も》っている人が多いようである。しかし何故に事実をありのままに語らないで故《いたず》らに譬喩の言を以て不合理な物語としたのであるか。神が人であるならば何故に神という観念、神代という思想があるのか。これは白石一流の思想では解釈し難き問題である。また神代の巻の物語を、事実の伝説化せられたものとして、すべてが解釈せられるかどうか、例えば葦芽の如く萌えあがるものによって神が生まれたとあり、最初に天の御中主の神の如きがあるというようなことは、如何なる事実の伝説化せられたものであるか、というと、それは何とも説かれていない。しかしそれだけは事実の基礎がないというのならば、何故に他の物語に限って事実があるというのか。甚だ不徹底な考え方である。そうして譬喩であるというにしても、伝説化であるというにしても、その譬喩、その伝説が不合理な形において現われているとすれば、少くとも人間の思想においてそういう不合理なことが現われること、あるいはそういう心理が人間に存することを許さねばならぬが、それならば、何故に最初から不合理な話を不合理な話として許すことが出来ないのか。こう考えて来ると、この種の浅薄なる Rationalism が自家矛盾によって自滅しなければならぬことがわかろう。

二

こういう考え方に反して昔の本居宣長は神代の巻の話をそのまま文字通りに事実だと信じた。人間の浅智から見れば不合理であるが、神は人智を以て測るべからざるもの、神の代は人の代ではないから、天上に世界があっても、海底に宮殿があっても、神が島を生まれても、草や木がものをいっても、それは事実であったというのである。けれども、こういう考が今人の賛同し難きところであることはいうまでもない。そうして宣長は神代の巻の物語をそのままに事実と見、白石などはその裏面に事実があると見た違《ちがい》はあるが、何れも事実をそこに認めようとしたことは同じである。が、何故に不合理な、事実らしくない話を強いて合理的に解釈してそれを事実と見、あるいはそこに何らかの事実を索《もと》めなければならぬか。一体、人間は不合理なこと事実でないことを語らぬものであろうか。広い世界を見渡して、多くの民族、多くの国民に民間説話があり神話があることを知るものは何人も然りとはいうまい。然らば我々は如何様にそれを取扱うべきであろうか。

別にむずかしいことでもない。第一に、人の思想は文化の発達の程度によって決して一様でない。上代人の思想と今人の思想との間には大なる逕庭《けいてい》があって、それはあたかも今日の小児の心理と大人との間に差異があると同じことである。民間説話などはそういう上代の思想によって作られたものであるから、今日の思想から見れば不合理なことが多いが、しかし上代人の心理においてはそれが合理的と考えられていた。鳥や獣や草や木がものをいうというのは、今日の人に取っては極めて不合理であるが、上代人の心理には合理であったのである。けれどもそれは上代人の心理上の事実であって、実際上の事実ではない。上代でも草や木が物をいう事実はあり得ない。ただ上代人がそう思っていたということが事実である。だから我々はそういう話をきいて、そこに実際上の事実を求めずして、心理上の事実を看取すべきである。そうして如何なる心理においてそういう観念が生じたかを研究すべきである。然るにそれを考えずして草木のものをいうとあるのは民衆の騒擾《そうじょう》することだというように解釈するのは、上代人の心理を知らないため、強いて今人の思想でそれを合理的に取り扱おうとするのであって、上代人の思想から生まれた物語を正当に理解する所以《ゆえん》ではあるまい。

第二に、人の思想はその時代の風習、社会上の種々の状態によって作り出される。従ってそういう風習、そういう状態のなくなった後世において、上代の思想、またその思想から作り出された物語を見ると、不思議に思われ、不合理と考えられる。蛇が毎年処女をとりに来るという話がある。処女を犠牲として神に供えるという風習のなくなった時代または民族から見ると、この話は了解し難いが、それが行われていた社会の話として見れば別に不思議はない。だから我々は歴史の伝わっていない悠遠なる昔の風習や社会状態を研究し、それによって古い物語の精神を理解すべきである。我が神代の巻にも、その神代の巻が記述せられた時代には既になくなっている風俗が実際存在していた遠い昔に作られた話が伝わっていて、それが神代の巻に現われているということも有り得べき事情である。ところがそれを理解しないで蛇とは異民族のことだとか賊軍だとかいうのは、全然見当ちがいの観察ではあるまいか。

第三には、人智の発達した後において生じた詩的想像の産物が古い物語に少なくないことを注意しなければならぬ。神話というものには多かれ少かれこの分子が含まれている。天上の世界とか地下の国土とかの話は、その根柢に宗教思想なども潜在しているであろうが、それが物語になって現われるのはこの種の想像の力によるのである。事実としてはあり得べからざる、日常経験から見れば不合理な、空想世界がこうして造り出されることは、後世とても同様であって、普通にロオマンスというものにはすべてこの性質がある。それを一々事実と見て高天原という天上の世界は実は海外の某地方のことだなどと考えるのが無意味であることはいうまでもなかろう。蓬萊山が熊野だとかいうような考え方もこれと同様である。何人も浦島太郎の噺《はなし》も竜宮を実際の土地とは考えまいが、それにもかかわらず、但馬守《たじまもり》の行ったという常世国が南方支那だとか、神代の巻の海神の宮が琉球だとか博多地方だとか説くのは不思議である。

三

以上は神話や民間説話の一々についてのことであるが、もしそういうような物語が一つの大なる組織に編み上げられている場合には、そこに何らかの意図がはたらいていることを看取しなければならぬ。支那の尭舜から禹湯文武に至る長い物語は支那人の政治道徳の思想によって構成せられているから、それがために事実とは考えられないことが多く現われている。それを思わずしてあの古代史を一々事実と見ようとすれば牽強附会に陥《おちい》ることはいうまでもない。我が神代の巻はそれと同様に見るべきものではないかも知らぬが、それに事実らしくない不合理なことが含まれているとすれば、我々は、その語るところに如何なる歴史的事実が潜んでいるかというよりは、寧《むし》ろそこに如何なる思想が現われているかを研究すべきではなかろうか。この思想そのものが国民の歴史に取っては重大な事実である。

談はやや抽象的になって来たが、神代の巻を一読すれば、このことは自然にわかろう。しかし今日こういう観察を神代の巻に加えるのは、広く世界諸民族の神話や古くから伝わっている民間説話やまたは上代史などの性質が我々に知られ、また近時の諸種の学術的研究によって上代人・未開人の風俗や習慣や思想や彼等の心理状態やが知られて来たからである。説話そのものにおいても、神代の巻、及びその他『古事記』や『日本書紀』に見えるものと同じような物語が、人種も全く違い、交通もなく関係もない他の多くの民族に存在していることがわかっていて、そういう説話の起源や由来も西洋の学者によって種々に研究せられている。幾多の人類学者・宗教学者、あるいは心理学者によって行われた最近二、三十年間の研究はこの方面に大なる進歩を促したので、日本の神代の物語を解釈するにも幾多の重要なる暗示がそれによって与えられる。彼らの説が悉く正鵠に中《あた》っているとはいい難く、彼らの間にも種々意見を異《こと》にしている点が少なくなく、特に彼らの考察に日本とか支那とかいう東洋諸国民についての材料が乏しいために我々から見れば種々の不満足を感ずることもあるが、ともかくもその研究の方法は我々が学ばねばならぬものである。

こう考えて来ると、昔の白石などが、上代人の心理状態を解することが出来ないために、それを強いて後世の思想で解釈しようとしたのも、不合理な話を合理的に見ようとし、事実らしくない話に事実を求めようとしたのも、無理のないことである。彼らは多分神代の巻に見えるような不思議な話は日本ばかりのことと思ったのであろう。そうしてこんな不思議な話はそのままに事実とは信ぜられないから、その裏面に何か事実が潜んでいるものと考えたのである。もとよりそれには、一種の尚古思想、一種の支那式 Rationalism があるのであるが、ああいう物語が世界到るところにあることを知ったならば、もっと他に考えようもあったのであろう。

然るに今日においてもなお彼らと同じような考を以て神代の巻を見ているもののあるのは、我が国の学界において不思議な現象といわねばならぬ。彼らは神代の物語をそのままに上代史だと考えている。けれども民族のあるいは人類の、歴史的発達において、何処に神代という時代を置くことが出来ようか。連続している歴史的発達の径路においてどこに人の代ならぬ神の代があったとすることが出来ようか。神代というものが歴史上の事実でなくして思想の所産であることは、これだけ考えて見てもすぐにわかることではなかろうか。歴史家は神代という観念の作られたことを思想史上の一現象として取扱うべきはずであって、神代と称せられる時代が歴史的に存在したと考えることの出来ないことは、今日の学術的智識においては明白のことではなかろうか。もとより神代の巻の物語には上代の歴史的事実がいくらか絡まっているかも知れぬ。しかしその事実の事実たることを知るには、別に方法がある。

例えば仮に日本の人種や民族の由来が神代の巻の物語に伏在していはしないかと考えて見る。ところが人種や民族の異同などが文献上の徴証を有たぬ場合には、それを推知するには明《あきらか》に科学的方法が具わっている。即ち比較解剖学・比較言語学上の研究を主とし、それを補うにその民族に特殊なる生活上の根本条件、民族心理上の諸種の現象を以てすべきである。そういう研究によって我が国の上代に種々の異った民族のあったことが証明せられ、そうしてそれによって知られた各民族の分布や範囲や盛衰興亡の状態を以て、神代の巻の何かの物語に対照し、それが互に符合するか、無理のない比定が出来るかという場合があるならば、その時始めて神代の巻にそういう分子の含まれているという仮説が、一つの解釈法として容認せられるのである。ただここに注意すべきことは、こういう研究は全然神代の巻の物語から離れて独立にせられねばならぬということである。人種や民族の問題でなくとも、神代の巻に歴史的事実があるかどうかを考えるには、全然その物語の外に立って、それには毫末の関係なく、あるいは確実なる史料(支那の史籍がその重要なる役目をつとめる)により、あるいは後世の事実から確実に推定せられる事柄により、またあるいは純粋なる考古学上の研究の助をかりて、それを試みねばならぬ。初から神は人なりというような臆見成心を有っていて、それによって神代の物語を改作したり、その物語と遺跡や遺物との間に曖昧《あいまい》な妥協的結合を試みたりするのは、決して科学的の研究ということは出来ぬ。このことについては、もっと具体的に説明しなければ自分の真意を読者に伝えることが出来ないかと思うが、談が余りに長くなったから、それはまたの機会をまつことにする。

四

之《これ》を要するに神代の巻の研究はそれがすぐに上代史の研究ではなく、また勿論民族や人種の研究ではない。その研究の方法は何よりも先ずそれに含まれている物語を文字のままありのままに読みとって、その物語の意味を考うべきである。高天原はどこまでも天であり、神はどこまでも島を生まれたのであり、海神の宮はどこまでも海底の別世界であり、草木がものをいうならばどこまでも草木がものをいうのである。ワニは話のままにワニであり、蛇や鳥は文字通りに蛇や鳥である。神は神であって人ではなく、神代は神代であって人の代ではない。こういうように読み取って而《しか》して後はじめて真の研究に入ることが出来るのである。

流れ行く歴史の動力

諸君、私は二ツの道と題して置きましたが、二ツの道とは何であるか、それはこの社会、世の中の進歩に就て確かに二ツの道があるというのであります。社会の種々なる現象は絶えず動いており、その流転し動揺し行くのが即ち歴史であるが、この流転動揺は如何《いか》にして起るものであるか、歴史進展の動力如何という事に就いて一面の観察を為して見たい。私のこれより述べようとする事は決して歴史発達の道程における全観察ではないのであります。故に述べんとする一面観を以て、歴史の全道程が説明し得るというのではありませぬ。一個人に就いて考えてもその人格には色々な特色がある。一個の人格の生成は決して一方面のみより見る事は出来ない。幼時あるいは幼稚な社会においてはその観察は比較的容易であるが、人が成長し歴史が進展するに従って、その観察方法は次第に困難を呈して来る。一個の事業でも見様《みよう》によっては、なかなか複雑なものとなる。昔しの人はこれらの事に対する考《かんがえ》は頗《すこぶ》る呑気であってあの人は良い人であるとか、忠良であるとか、すべて簡単な様式で片附けてしまったのでありますが、これは社会の組織があまり複雑ならざる時代においても偏頗《へんぱ》なる観察であります。いわんや今日をやである。

すべて社会あるいは国家の――個人でも同じであるが――成立しておる所以《ゆえん》のものは一の組織があって、それに固定した力と秩序とがあるからであります。この組織は必ずしも政府あるいは法律と限られた訳ではないが何らかの秩序、何らかの道徳的規準がなければならぬ。犬猫の如きですら細胞が一の組織を為し秩序ある生理的作用が行われずには彼らは生を保つ事が出来ない。一ツの秩序乃至《ないし》組織は国家、社会に取って甚だ大切なるものであります。

しかしながら単にこれあるのみでは未だ充分なる個人、国家、社会ではありません。これをその内部より動かして行く力がなければならぬ。組織の中より旧分子を去り新分子を加えて行かねば国家社会の進歩はない。秩序が固まれば死んでしまう。ある存在がその存在と同時に成長し発展し進化して行くには必ず以上二個の力を要するのでありま す。然《しか》るにこの二個の力は時によって良く調和することと然らざる事とがあります。もし良く調和結合する時は永くその存在を持続し、かつ発展進歩向上することが出来るのでありますが、これに反してもしその調和を欠くにおいては、煙山君の言葉を借りていえば隠居型ともなりまた夭折型ともなるのである。

或る社会では組織の鞏固《きょうこ》のみに重きを置かれる時代があります。既成の組織を以て絶対のものとなし、個性の自由発展は著しく束縛される。如此《かくのごと》き社会においては年々歳々人相異るも年々歳々事相同じであって、個人の批評性と創造力とは殆《ほと》んど萎縮し、人は制度の奴隷となって、民衆は元気なく空気は沈滞し、社会の進歩発達は遂に望むべからざるに至るのであります。反之《これにはんして》或る場合には恰《あたか》も革命時代の如く組織の如何は比較的閑却せられ、社会の内部における個人のみが盛《さかん》に活躍する時代があります。如此き時代において、世に動揺紛乱の絶ゆる時なく、信仰も道徳も一切の権威を失うのであって、よしんばそれが進化の一過程、過渡時代であるとするも決して健全なる社会状態という事は出来ない。

　国家社会の内容を為すものは個人であるが、国家社会の成立には或る意味において或る程度まで個人の自由を制限せなければなりません。此処《ここ》において一方においては社会生成の為に能う限り個人の自由を制限するものと、反之出来るだけ個人の自由発展を認むる社会との二ツの場合が生じます。これは個人においても同様であって、なるべく自己を抑えて社会に順応せんとするいわゆる順応型の人と、一方には自己の意慾、衝動のみに重きを置いて、社会の組織何かあらんというようないわゆる反抗型の人とが出来る。何故にかく二種の社会、二種の人物が出来るかというに、これには勿論種々なる事情があるに相違ない。色々な理由があるに相違ないがしかし私は今それを論じようとするのではない。これが歴史上に何《ど》う働くかを考えて見たいのであります。

私は先日来徳川時代の書物を読んでおりますが、其処《そこ》には右二ツのタイプがあって、学者や詩人にもこの二方面が見えるようであります。先ず学者に就ていって見るに、徳川時代の社会は組織制度にのみ偏った時代でありました。文化頃でありましたか、日本に来たオランダ人が長崎より江戸に旅行せる紀行文を書いておりますが、その中に、もし百年前の日本人が今生れ変って来るならば自分らのかつて生活したりし時代と現代とが、少しの変化もなく全く同一なのを見て定めて驚愕の声を発するであろうと書いてあるが、如何にもその通りであってこの時代の特色は平和と固定であったのであります。然もそれに慣れたる日本人は世に変化あり、社会に変動あるを想像することが出来なかった。今日の人々は社会の変化にのみ心付き、世の中の固定ということは何うしても考えられない。然るに当時の人は全く之に反しておったのでありますから、徳川時代の思想家、学者、指導者らは、要するに世の中は動かぬものである。故に人は社会に順応し適合せねばならぬという風に説く事に一致しておりました。斯《か》く申しますとあるいは不思議に思う方があるかも知れない。何となれば明治維新、即ち徳川三百年の夢漸く醒めて、王政復古の新時代が生れたのは正に世が動いたのであって、而《しか》してそれは尊王論の勃興が原因であり、その尊王論は当時の制度を不可なりとせる国学者が之を主張したのではないか、即ち幕府の倒れたるは源にさかのぼれば実に国学者の力ではないかと考える人が多いからであります。

しかしながら事実は決して左様ではないのであります。これに就ては世間に誤解が多いと考えますから特に申添えて置きますが、当時尊王論を唱え、幕府反抗を説けるが如く思わるる人々は実は当時の社会に順応することのみを説いた人々であります。賀茂真淵の如きは江戸にいたし、殊に幕府の一門たる林家に仕えたのであるから、之によっても幕府に反抗心なかりしを知るに足るのである。彼には東照宮の功績を賞め讃えたる和歌なぞもある位である。彼の高弟たる本居宣長また然りで彼は幕府が倒壊し、もしくは動揺するなぞとは思いやしない。彼は一種の哲学、世界観を持っておって、社会は神の造れるものである。故に人々は之に順応せなければならぬ。人の力は極めて小なるものであるから決して神に逆ってはならぬと考えておったのであります。如此き世界観を有するものが何うして現状打破の叫を挙げましょう。下って平田に至りましてもその考は少しも宣長と違っておりません。世の中に不満な事があり、社会に悪事が行われてもこれ何らか神の深い思召しであろうと考えた。もっとも時代は徐々に変化し、平田の時代に至っては外国との交渉漸くその端を開いたのであります。然るに平田は之を以て甚だ結構なる事としたのであってこれ当時の漢学者と著しく面目を異《こと》にする所であります。

幕末日本においては攘夷開国の論が甚だ盛であって紛々擾々、両々相対して共に降るを欲しなかったのであるが、国学者は寧《むし》ろ開国を以て良い事であると考えたのであります。而して彼らは之を日本の国体に適合するように説明した。即ち日本は本の国、上等の国飛び切りの国であるから坤輿の上、日本王にまさる帝王はない。天皇は万国諸王に冠絶する。此処において外国は神国の威風を慕うて渡来するのだ。彼らに接するに天皇自ら出で給わず、将軍代って之を為すは、正に諸国の王侯が我天皇の下位にあるを立証するものではないかと説明したのであります。故に国学者が徳川時代の組織に不平を抱き之に反抗するような事は全然なかったのであります。

また漢学者は多少異った意味において組織制度は不変なものと思っておりました。由来秩序を保ち地位を定め、世の中を確定不動のものとするのが儒教であります。何事につけても礼礼、というのが即ちそれである。もっとも之には然るべき理由がある。支那は昔より専制政治であって、最近代に至るまで立憲政治あるを知らなかった。彼《かの》国民の眼に映ずるものは単に君主政体のみであって、共和政体の如きは彼らの夢想だもせざりし所であります。孔孟の時代は何《いず》れも封建の時代であって、随って彼らはその他の政体を知らなかったのである。故に孔孟は封建制度を以て唯一最高の組織なりと考え、その中におって是非善悪の論を立てたのであります。然るに我国の江戸時代は、また正に封建制度であったのであるから甚だ孔孟の時代に似ておる。されば何事も孔孟でなければならなかった漢学者流が、当時の制度を以て最高のものなりと考え、之を脚色し、之を弁護し、以てその維持に努めたのは元より当然の事理であります。由来日本の学者は、多く順応型の人間であって頗る融通がきくのである。近来の論壇を見たならばけだし思半ばに過ぐるものがあろうと思う。

さて如此く、徳川時代はとかく組織の維持に重きを置かれた時代でありますが、しかしながら世間は広く人は多い。徳川時代といえども広い社会、多くの人の中には組織の如何に頓着なく、自己で勝手な事をしようとする、自由奔放な気質の人も決して少くはなかったのである。組織制度が余りに堅固で殊にそれが固定するが如き場合においては反って反抗心を刺戟する事情もあります。人は游んでおる程苦痛な事はない。ゲーテの書いたものの中に、太陽は東天より出でて西に沈む、日々夜々同じ事であって誠につまらない、平凡な事を繰返しておるなら寧ろ死するに如かずというので自殺するという物語があるが、現状打破は実に此処より起る。抑えんとして抑え能わざる生の躍動は勢い因習と常規とを打ち破って、遂にそれ自らの天地を切り開くのであります。

何事も制度と型にはまった徳川時代は、生命の躍動を感ずる人々に取っては、実に無聊《ぶりよう》に苦しめられた。無聊に苦しむ人は何をしなければならぬという一定の目的はない。

ただ何か変った事を仕出かしたいのである。後に燎原の火の如く盛になった尊王論も実はこんな事情から起ったのではあるまいか。すべて動機は色々ある。随って尊王論の起れる動機に付ても単に一面よりのみ論ずることは出来ないが、少くとも無聊に苦しむ心、何かしたいという衝動がその大なる動機ではなかったかと思う。如何《なん》となれば尊王論の本尊といわるる彼《か》の高山彦九郎、蒲生君平の如きは、『太平記』を読んで感奮したというのでありますが、『太平記』は戦乱時代、乱離動揺常なき時代の記事であるから、その群雄競い起る活動的な記事に刺激せられてただ何事か仕事をしたくてならなかったのではあるまいか。然らずんば彼らに何らかの計劃、目的を達成する手段方策がなければならぬはずである。然るに彼らには何らの計劃も方策もなく、ただあるものはローマンチックなる奇言奇行のみであります。

竹内式部の如きは公卿に尊王の大義を説き聴かせて、以て天下の改革を行わんとしたといいますが、しかし彼にもまた正確なる実行的計劃はないのであります。彼らは世の太平無事に苦しみ、平凡無為、徒《いたず》らに静止する事が出来なかった人々ではあるまいか。これは私の一面観でありますがあるいはこんな事でないかと思う。

今日、世に知られんとするには、労働問題を説くを便宜とするが如く、当時は尊王論を主張するが対社会の関係において大なるプロパガンダになったのではあるまいか。維新当時尊王論者であった人々が、一転して自由民権論者となりしは如何、これその間の消息を説明するものではありますまいか。

元来歴史上の現象は単に或る一ッの思想があり、之が社会に具体化されて初めて歴史の進動があるように考えられておりますが、これは如何にも尤《もつとも》でありましょう。さりながら歴史を進展せしむる動力は断じてこれのみではないのであります。述べ来《きた》った二ッの力も確かに歴史を動かす動力である。徳川三百年の太平を保ったのは、全く組織の力であってそれが明治維新となって新局面を展開したのは反抗型の人の力である。社会の堅実なる秩序の為には順応型の人も必要であって、その進歩発展の為には物騒なる反抗型の人といえどもまた大いに大切なのであります。

陳言套語

僕のような融通のきかない学究がこういう雑誌に書くということは、甚だ不似合な仕わざであろうと思う。老《おい》の繰言《くりごと》の如き、生彩のない、調子の弱い、従って読者に何の印象をも与えない、贅言をくどくどと列べ立てるのが癖だからである。しかし、是非にということであるから、悪文の見本のつもりで書くことにする。ことわるまでもないことであるが、奇抜な考《かんがえ》をいうのでも新しい説を述べるのでもない。平凡の、ありふれた、当りまえの、ことをいうのである。つまり、いわないでもわかっていることをいうに過ぎないのである。

もう、とっくに、そんなところを通り越している時代だと思うが、それでも今なお世間の一隅には、我が国固有の風俗とか固有の国民的精神または国民性とかいうことを高唱しているものがある。風俗とか国民的精神とか国民性とかいうものが、昔から今まで動かないで固まっていたものででもあるかのように聞こえる。が、そんな考が事実に背《そむ》いていることはいうまでもなかろう。

例えば、我が国は家族主義の国であるという。家族主義ということばの意味は甚だ曖《あい》昧《まい》であるが、世間でいうところを聞くと、徳川時代に行われていたような家族生活の状態を指すのらしい。それならば、それは鎌倉室町時代から徐々に発達し、徳川時代になって出来上がったものであって、決して昔からの有様ではない。上古は勿論のこと、平安朝の貴族どもにおいても、その家族生活は全然いわゆる家族主義とは違ったものであった。また今日の家族生活が徳川時代のに比べて変って来ていることは、明白な眼前の事実である。こういうように、家族生活の状態は歴史的に変遷して来ている。決して固定していたものではない。何らかの形においての家族生活は昔も今もあるが、それは世界の大抵の民族がやはり何らかの形において家族生活をしていると同じほどのことである。

我が国の大なる誇とせられていることについても同様である。その形体は同じでも、その内容をなすところの実際の国民の感情は時代時代において変って来ている。知識としてのその解釈もいろいろであって、古いところですら『古事記』などに説いてあることと、支那の政治思想が入って来てからのとは、全く違っている。今日の我々の生きた感情が『古事記』や支那思想に支配せられていないことは、明白な自己心中の事実である。ただその感情も知識も変化しながら、この形体との調和が失われずに来たのである。そうしてそれはこの形体自身において時勢の推移に順応し得べき特質を具え、また実際、時と共に推し移って来たからである。

この変遷は決して無意味なものではない。人間は、個人としても国民または民族としても、その生活を維持し開展してゆくために、いいかえると、断えず起って来る環境の変化に順応し、またそれを支配しそれを新しい方向に導いてゆくために、断えず生活そのものを改造してゆく。それが即ち歴史の過程である。生活力の強い人間または国民ほどこの運動が盛《さかん》であるので、それが衰えまたは停止すれば、個人としては老衰であり、国民としては亡国である。幸にして日本人は生きていた。また生きている。過去においては頗《すこぶ》る貧弱な生活をして来たものの、ともかくも、こういう歴史を形づくっている。家族制度も種々の政治組織もみなその時々の生活の必要から形づくられ、そうして生活状態の変化と共に、あるいは風習や制度そのものが変化し、あるいはそれが変った意味に考えられて来るのである。さて過去において変化を経て来たとすれば、現在もしくは未来においてもまた同様でなければならぬ。歴史が停止しない限り、国民が滅亡しない限り、この変化はなくてはならぬ。例えば前に述べた如く家族生活の有様は徳川時代に比べて現に大なる変化をなしつつある。あるいは人々がそういう過去の因襲の羈絆から脱しようとつとめている。それでこそ今の社会が動いているではないか。あるいはまた形体の変らぬものにおいても精神は変って来ている。形体は変っても精神は変らぬというのは誤《あやまり》である。新しい国民生活、新しい国民の活動には、新しい国民精神がある。そうしてその変ってゆく精神に順応し得る弾力を具えた形体ならば、精神は無限に変化していっても形体は依然として維持せられる。あるいは旧い形体を断えず新しい精神で活かしてゆくことができる。（之《これ》に反して今日の守旧主義者はこの形体を少しの弾力もないものにしようとしている。はたから見ると甚だ危険である。）

勿論、個人に個性のおのずから生ずる如く、国民にもおのずから国民性が生ずる。そうして、個人について個性の尊重せらるべき如く、国民としてはその国民性を尊重すべき十分の理由がある。しかし、個性があるといっても、そういう特別のものが変転極りなき日常生活の間に立って始終不変に存在するのではなく、生きた人格によって統一せられ、実際生活において具体的に現われるものであると同様、国民性というものもまた、そういう固定したものがあって実生活の変化の上に超然として立ち、実生活の影響を受けずして毅然として存在するというようなものではなく、国民生活そのものに断えざる連続があり、それが一つの生命の流れとして内部的に統一せられていることをいうのである。だから、この個性も国民性も決して、生まれた時から、もしくは国の初から、出来上っていたものではなく、長い間の生活の過程、即ち個人なり国民なりの歴史によって、また生活そのものから、生活そのものにおいて、漸次形づくられ、不断に発展しつつあるものである。昔、支那流の伝記家が人の伝を立てる時には、必ず幼にして大志ありとか、既に大人の気ありとかいうのが常であって、年をとってからの人物が小児の時に既に完成していたかの如く、そうしてそれが何時《いつ》も固定しているかの如く、書いたものである。今日ではこんな考で伝を書くものはあるまい。ただ不思議なことには、国民性とか国民的精神とかいう場合になると、やはりこの筆法でゆく論者が多い。が、今日の国民性が国家統一のはじめから完成していたはずのないことは、いうまでもなかろう。のみならず、今日とても我々の国民性は決して完成せられているのではない。限のない未来を有《も》っている我々の国民にとっては、過去の千四、五百年は、個人に比較していうと、極めて短い幼童期であろう。さすれば我々の国民性は、これから後の生活において、漸次形成せられ開展せられてゆくべきものである。今日において国民性が完成せられていると思うのは、五、六歳の幼童期に人物が完成せられていると思うのと同様である。こんな未熟な国民性がそのままに固定してよかろうはずがない。短い過去にのみ執着するよりは、無限に長かるべき未来に向って眼を開かねばならぬ。

我が国の過去に固定した風俗や国民性があるように考え、そうして将来もそれをそのままに保存してゆかねばならぬように思うのが間違である、ということは、これだけでも明《あきらか》であろう。こういう間違った考を有っている人々は歴史に重きを置いているように自らも思い人にも思われているらしいが、実は全く歴史を知らぬものである。少くとも歴史的発展ということを解しないものである。またこういう人たちは、昔の思想や風俗がそのままに近ごろまで行われていたように思っている位であるから、現在の新しい思想を考えるについても、それと同じものが昔にもあったように説く。今日の立憲政体は神代史にも現われている我が国固有の政治思想の発現であるという。あるいは、聖徳太子の憲法にデモクラシイの精神があるなどという。まるで昔の時代をわきまえず、その時代の精神をも解せざるものである。のみならず、現在の事実をも知らぬものである。

一体、日本人には、事実の如何《いかん》を顧みないで、勝手次第な独断説を唱え、それがさも明白な事実であるかの如くに説く癖がある。かつて日本と支那とは同文同種の国だというような言葉の流行ったことがある。同文は明にうそである。漢文を解するものが日本人の一小部分にあったとて、どうして同文といい得よう。同種というのは黄色人種とか亜細亜人種とかいう茫漠たる意味でいうならば差支がなかろうが、その代り、実際上、何らの意味のない同種である。言語を異《こと》にし、習慣を異にし、気風を異にし、生活を異にする日支人が、事実上、同人種らしき親しみを有っていないことは事実ではないか。近ごろはまた、日韓人は同一民族だということがいわれている。これも学問上まだ肯定せられていないことであるのみならず、事実上、日本人も朝鮮人も相互にそういう感じを抱いていなかったではないか。種々の密接な関係があった上代においてすら、同一民族であるという親しい感情を有っていなかったことは歴史の明に語るところではないか。上代に朝鮮半島の全部もしくは大部分が日本に従属していたようにさえいうものがあるらしいが、それが事実でないことは明白である。あるいはまた日本民族は一家族から分れたものだという。そんなことのあり得べきはずがないことは、少し考えて見れば直にわかろうではないか。ところが世間では、こういう事実に背いている言説を前提として、だから日支は一致しなければならぬ、だから朝鮮人は日本に服従すべきものである、だから――というような説法をする。よしこの前提が間違っていないにしても、この「ある」から「しなければならぬ」を抽き出すことが、また甚だ怪しい論法であるが、それはそれとしても、前提そのものが既に間違っているのである。日本と支那とが協力すべきものであるならば、それにはそれだけの実際的な理由があるべきはずである。日韓併合にも当時の形勢上、そうしなければならぬ実際上の必要があったからであろうと思う。虚構を基にした空疎な説法をする必要はない。日本は家族制度の国だとか、日本人の国民的精神は『古事記』で定まっているとかいうようなことも、畢竟《ひっきょう》これと同じ性質のものである。現在の事実、現に人々の心を流れている生きた感情を基礎とせずして、空疎な理窟を構造し、それによって人を支配しようというのは、徳川時代の学者などの通弊であったが、今日でもなおそれが行われている。そんな理窟に何の権威があろう。あるいはまた、日本人は日本人として考え、日本人として行動しなければならぬ、というようなことをいうものがある。ちょっときくと甚だ実際的の論のようであるが、実はこれほど空疎な言はない。我々が或る考を抱くのは、自分の現実の生活がそう考えさせるからである。我々がある行動をするのも、現実の生活がそれを要求するからである。外部から観察すれば、それがおのずから日本人らしい考、日本人らしい行動であるかも知れぬ。しかし考えるもの行動するもの自身に一々そんな意識があってのことでないことは、明白な日常の事実ではなかろうか。

しかし日本々々と絶叫する人々の考に空疎な論が多いと同様、世界の大勢々々と呼号する人々のいうことにも、やはり空疎な点がある。日本の国民生活も世界共通の状態を有っている、だからその点において世界共通の要求を生ずる、というのならば異議はない。が、日本と世界というものを対立させた上で、世界の風潮だから日本もそれに従わねばならぬ。というのならば、それは日本は家族制度の国だから云々というのと大差のない論である。我々は現在の社会や政治の状態に対して大なる不満足を感じ、それを改革しようという強い要求を有っている。欠陥だらけの社会や政治の状態が、我々国民の生活を圧迫し脅嚇するからである。だからこの要求はすべてが自分らの現実の生活そのものから出ている。書物の上から得た知識のためでもなく、異国人の運動のためでもない。ただこの生活と、そこから生ずる内心の要求とが、世界共通の生活状態、従ってそれから生ずる世界共通の要求と一致する時において、始めて世界の大勢ということに、意味が生ずる。大勢に順応するということは、こういう意味からでなければならぬ。その根柢に人間としての共通の要求があることは勿論である。ところが、この点において世間の大勢順応論には頗る曖昧なものがあるようである。例の外来思想論も、その欠陥を見つけて起ったものといえばいわれよう。

デモクラシイの要求をも、軍国主義に対する反対をも、社会問題をも、労働問題をも、すべて外来思想という語の下に一括し去ろうとしている一派の人々の考が、事実に背いていることは、いうまでもなかろう。これらはすべて我々の現実の国民生活が生み出したものである。それが定まった形となるについては、知識として与えられた外国人の考やその運動が資料を供給したことは明であるが、我々国民はそういう知識を有っているためにそういう要求をするのではない。我々国民は官僚政治や軍国主義や資本家の跋扈《ばっこ》する現在の経済状態に対して、内心から痛切なる嫌厭と不満足とを感ずる。だから、それを改めようとするのである。それは我々の現実の生活が生み出した我々自身の要求であって、決して外人から教えられたのではない。外人から種々の知識を得てはいるが、それとても我々の生きた思想となるについては、おのずから取捨が行われている。即ち我々の内心の要求、我々の現実の感情に適合することのみが了解せられ摂取せられるのである。(単純なる知識は決して人を動かし得るものでも生きた感情を支配し得るものでもない。あるいはまた現実の生活、生きた感情と没交渉な思想は知識としても真に了解し得られないのである。外国の文化や思想を学ぶについて昔からいわれているような抽象的な採長補短は事実あり得ないことであるが、こういう意味での取捨は必然的に行われている。)しかし世間には現在の状態に対して不満足や嫌厭を感じない人々もある。我々が欠陥多しとする政治や社会の状態に順応して生活の便を得ている人たちにこういう傾向のあることも自然である。そういう人たちは我々の思想を了解することができず、我々の要求に共鳴しない。だからそれを外来思想だと考える。これは当然の成行きであるが、しかし単に知識上の問題として見ると、世界の大勢だから日本もそれに従わねばならぬ、というような空疎な大勢順応説がこういう考を誘致する一因となったことも事実らしい。もっともこれには歴史的の因襲もいくらか存在する。

昔、儒教という支那思想が入って来た。これは単に書物の上の知識たるにとどまっていて、国民の実生活とは殆《ほとん》ど交渉のないものであった。だから、それは何時までたっても外来思想たるに過ぎなかった。今日でもやはり勢力を失った外来思想の名残として、どこかの片隅に余端を保っている。ところが、自分らの実生活、自分らの生きた思想から、道徳や政治の学問を組み立てることを知らなかった昔の儒者輩は、この外来思想をそのままに受け入れてそれを金科玉条としていた。そうしてそれによって実生活を律しようとした。けれどもそれは到底不可能事である。だから、結果から見れば儒者はただ実生活から遊離している書物の上の知識としてそれを説くにとどまったのである。今日の外来の知識はそれとは全く性質が違っていて、その知識の根柢をなしている実生活そのものに内外共通の点がある。従ってそういう点についての外来の知識は我々の現実の感情と調和する限りにおいて直に実生活に吸収せられ、我々の生きた思想となるのである。けれどもそういう体験のない人たちは、恰《あたか》もむかしの儒教思想と同様にそれを見て、一口に外来思想と考えてしまうのである。思想というもの知識というものが実生活と離れて入って来ると思うのが、儒教を受け入れていた昔からの因襲だからである。そうして彼らがいわゆる外来思想を怖れるのは、そういう実生活に根拠のない知識で実生活を支配し得るものと思うからであって、それもまた昔の儒者と同じことである。

以上は日本主義また大勢順応主義ともいうべき世論についての僕の陳腐なまた極めて大ざっぱな意見である。実は、もう一歩深いところまで推しつめて考え、あるいはもう一歩深いところから考を立てて来なければならぬと思うが、これで御免を蒙《こうむ》る。だらしなく思いつきを並べたのみで、頭も尾もないものになったが、その点は御ゆるしを願いたい。

歴史の矛盾性

歴史の領域は過去にある。これは何人にも異論のないことであろう。しかし、過去は過去として初から固定しているものではなく、断えず未来に向って推移してゆく現在の一線を越えることによって、未来が断えず過去に化し去るのである。これもまた明白なことである。ただ歴史の取扱う過去は、単なる時間としての過去ではなくして、過去となった人の生活である。ところが、生活は未来に向って進んでゆくのがその本質である。断えず未来を領略してゆき、未来に向って自己を開展してゆくのが生活である。だから、歴史は未来に向って進んでゆくものを過去としてながめねばならぬ。未来に向って進んでゆく生活が過去となった時、いいかえると生活が生活でなくなった時、はじめてそれが歴史の領域に入るのである。けれども、歴史の取扱うものは生活でなければならぬ。だから、そこに矛盾がある。問題はこの矛盾から生ずる。

歴史の第一の任務は、過去の生活を生活として叙述し描写することであると、余は考える。生活は刹那の間も静止することのない不断の動きであり進展であるから、生活を生活として叙述し描写するということは、その動きその進展の過程を過程として叙述し描写するということである。過去となった生活の過程を、その過去の時間において未来に向って進んでゆきつつある生活の過程として、意識の上に現前させるのが、この意味においての歴史の任務である。この場合において、歴史家はその生活の過程の中に身を置き、その生活の進展と共に未来に向って歩いてゆかねばならぬ。この未来は現実においては既に過去となっている。従ってそれは既知の世界である。しかし、過去の生活の過程の中に身を置く歴史家にとっては、それはどこまでも未来とせられ、従って未知の世界とせられねばならぬ。が、これは果して可能であろうか。

人の生活は、未来の予見せられないのがその本色である。もしそれが盲目的な生活である場合には、未来の生活が如何《いか》なる姿を現ずるかは初から問うところでないかも知れぬ。何らかの目標が前途に置かれ、それに向って進もうとする場合においても、いかなる道程がそこに開展せられて来るか、その志向するところに果して到達し得るかどうかは、予め知ることができぬ。どうしようという、もしくはどうなってほしいという、欲求なり志向なりがあるのみであって、事実それがどうなってゆくかは、わからぬ。過去の経験から得た知識によって、極めて漠然たる或る傾向を予想することは、なし得られないでもなかろう。が、具体的には明日のことをも予見し得られないのが、事実である。そうして、その欲求といい志向というのも、刻々に進展してゆく生活の過程そのものにおいて、またそれによって、そのうちから、生じたものであり、従ってまた、その進展によって断えず変化してゆくものである。そういう過程の最も単純な場合を考えて見ると、極めて短時間のうちにおけるおのれひとりの心生活によっても、それを知ることができよう。ここに一場の講演を試るとする。説かんとするところの要旨は定まっていて、論述の順序もほぼ結構せられていたとする。しかし、一度《ひとた》び講演を始めると、語は語を生み思想は思想を生んでゆくのみならず、その語その思想とその開展とに伴う何らかの気分とその推移、講演そのことから生ずる一種の心情の昂奮、あるいはまた聴衆の態度とそれから醸成せられる場内の空気とに対する反応などが、一方では新しい思想と新しい語とを生み出す縁となると共に、他方では予定の径路によって予定の論歩を進める機会を失わせてもゆき、気候の寒暖乾湿、風雨陰晴の状態やその変化などさえ、何らかの影響を及ぼすので、よしその根本の思想と大体の論旨とは変らないにせよ、予期せざる言説が予期せざる調子によって述べられるのが常であり、場合によっては、根本の思想が何らかの程度において変更せられることさえも、ないではない。講演の進行する間に、もしくは進行そのことによって、説いてゆく思想の不完全なところや欠点が覚知せられることもある。講演は他人に対するものであるから、この点において純然たる自己のみの生活ではないかも知らぬが、書斎の裡《うち》に静座して独り一篇の文を草する場合においても、またそれと大差はなく、如何なる語を着け如何なる章句をなしてゆくかは、書いてゆく時になって刻々に定めてゆく外はなく、そうしてそれは、書いてゆくことによって思想が次第に開展せられるからであるのみならず、その間に生ずる感興の強弱やその変化や、文字や語句からの聯想によって限りなく喚起せられて来る種々の事物や思想やは勿論、偶然耳目に触れる窓外の鳥声人語、雲烟の揺動によってすらも、影響せられるからであり、一の語をつけ一の章句を成すに当って、次につける語の何であり次に形づくる章句の何様であるかは、全く予知し難いといわねばならぬ。生活としては極度に単純な、そうして一定の意図があってそれを実行することのほぼ可能な場合を見てもこうである。歴史の取扱うような多数の民衆によって組織せられる一国民なり或る社会なりの複雑なる生活において、未来の予見せられざることは、いうまでもなかろう。個人なり権力ある家なりまたは或る階級なりには、各々その生活を伸張し拡充せんとする欲求があって、それによっておのずから国民なり社会なりの全体が動いてはゆくが、国民や社会の全体としてその生活を如何に進展させてゆくべきかの志向がなく、そういう自覚の生じなかった時代においては、勿論である。時代が進んで、民衆全体の生活を如何にすべきかの或る志向が生じ、国民一般の生活を導く何らかの精神が形成せられ、それによってその生活が開展せられてゆくようになっても、個人的の、あるいは階級的の、あるいは地方的の、あるいはその他の雑多の、特殊の志向と生活とがそれと共に存在し生起し、そうしてそれらが相互の間に、また全体の志向や生活との間に、複雑なる交響を生じ、それがために国民の生活の開展をして無限に多趣ならしめ多様ならしめると共に、かかる生活の開展の過程において生起する凡百の事件や、それによって醸成せられる空気とその動揺とが、更に、その生活とそれを導く志向とに反応して、それを動かしてゆく。他の国民の生活や、世界の動きや、自然界の状態とその変化やが、外部から間断なき刺戟と影響とを与え、それがまたこの志向と生活とを変化させてゆくことは、勿論である。そうして、それらはすべて一日の前に予見するを得べからざるものである。事態の急激に変化する特殊の時期においては、このことが一層明かである。日常生活の間から生ずるその生活に対する漠然たる不満、隠約の間に養われて来る、権威の抑圧に対する、何となき反抗の情、世に変化あらんことを欲するおぼろげな気分、かかる微細な感情の集積せられ化合せられるところから何時《いつ》となく醱酵する「時代」の空気、それが濃厚になって来ると、現実の生活、現実の政治的社会的規制から国民みずからを解放せんとする漠然たる志向が生ずるのであるが、それが発展して政治組織なり社会組織なりを変革せんとする意志が明確に現われ、如何に変革せんかの欲求が具体的な形を具えるようになると、一面には空想の力がそれを客観化して美しき幻影を前途に描き出すと共に、他方では知識がそれに思想としての形を与えるようになり、そうしてそれが時の経つに従って、それみずからの裡に一種の力を生じ、またそれが広く世に承認せられて来ると、その思想に道徳的権威がついて、欲求はいつの間にか倫理的義務となる。かくして、それが一世の指導精神におし上げられ、それに対して一種の信仰さえも生ずる。かかる欲求は、機会が来ると、それを実現せんとする行為に移るのであるが、そうなると、みずから知らざりし力がそこに現われ、事の進行と共にその力が加わってゆく。その傍には、この運動に反対しそれを阻止し抑圧せんとする力が存在し、それとの間に争闘が生ずるが、抑圧に逢えば逢うほどそれを排撃して我が道を進まんとする意気と力とが増す。そうして、そこから幾多の波瀾が起り、一世の空気が混乱する。その混乱の空気に刺戟せられて、国民は益々昂奮する。その間には意見が分れて党争が起り、事に当るものの事功欲や私情もはたらいて、紛乱が増大する。事態が事態を生んで底止するところがない。大勢の趨《おもむ》くところはおのずから定まるにしても、時には順行し、時には逆行し、時には停滞して、人みな何《いず》れに向って進むべきかを知らざるようになる。その間わずかに途が開かれると、あるいは勢に乗じみずから知らずして遠く突進し、あるいは激せられるところがあって予期せざる方面に奔馳《ほんち》する。そうして、此《かく》の如《ごと》く新しき事態が間断なく継起し、新しき問題がそれと共に続出して来ると、初《はじめ》の志向や欲求はそれによって漸次変化を受け、あるいはそれが真の志向するところ欲求するところでなかったことが感知せられ、多年自覚せられなかった自己の真の欲求が漸くその形を露わし、時には事態の急転と共に従来の指導精神が俄然として一変し、予想せざりし世界が忽然として開展せられることがある。あるいはまたそれに反して志向するところ欲求するところに背馳《はいち》した世界が現前し、更にそれに向って変革を要求せざるを得なくなることもある。是《ここ》においてか、或るものは意外の成功に誇り、或るものは幻滅の悲哀を感ずる。誰かかかる転変と、かくして現出せる新しき世界の状態とを予知し得るものがあろうぞ。これは抽象的な言いかたであるが、世にその例の多い革命の歴史、または我が国における幕末維新史の如きを回顧すれば、この間の消息はおのずから明かになるであろう。

しかし、此の如くみずから造り出した時勢にみずから反応し、みずから知らざる世界をみずからのうちから刻々に開展して来た生活を、一たび過去として眺めることになると、眼界は忽ち一変する。高きに登って登り来たったところを回顧すれば、丘陵を攀《よ》じ谿谷に下り左曲右折した跡は歴々として指掌の中にあるであろうが、時と共に消え去った過去の生活の過程は、そうはゆかぬ。再び単純な形においてそれを考えるために、或る事件の一段落を告げた時に、そこまで到達した過程を追憶して、それを検討してみるがよい。その追憶には必ず、事件の成果によって、変形せられ潤色せられているところの多いことを発見するであろう。というよりも、特殊の証跡によってそれを発見しない限りは、それが発見せられずに終る場合の多いことを知るであろう、といわねばならぬ。記憶が過去の心象のありのままなる再現ではなくして、知らず識《し》らずの間に撰択せられ淘汰《とうた》せられ整理せられているものであることは、少しく自己の心生活を内省するものの何人も知悉するところであり、次から次へと刻々に継起する心象は、刻々に過去の心象を変化させつつ過ぎゆくのであるが、事件の成果の知識がその進行の過程に関する記憶を歪《ゆが》めたり色づけたりすることの最も重大なるものであることも、また日常の経験によって知り得るところである。のみならず、成果の知られた後の追憶は、その成果に注意の焦点を置くことから、そこに到達した過程がおのずから軽視せられ、従って動的のものが静的となり、幾多の変化を経て来た事件が固定していたものの如く意識せられると共に、その成果には種々の意味が含まれているに拘《かか》わらず、その中で著しく目立って見える一面の意味のみに心がひかれ、従って複雑な過程が単純化せられ、すべてがその一面の意味においての成果を導いた径路としてのみ感知せられ、あるいはまた明かな意図なくして事に当り、もしくは事件の進行の間において漸次その意図が形を具えて来たものを、初から、後になって知られた如き成果を予想し、それを実現せんとする一定の目的を以て行動した如く錯《あやま》り認められるのが、常である。歴史の取扱う複雑な事件、複雑な生活に対する場合に、こういう心理のはたらくことはいうまでもなかろう。そこには動かし難き史料があるという。しかし文字に記されていることは、それに関する事態の僅少の部分なり方面なりに過ぎないのが常であり、そうして史料として遺存するものは、文字に記されたものの全体から見れば九牛の一毛であるのが例であるのみならず、その史料もまた概《おおむ》ね追憶によって成ったものであり、然《しか》らざるものも事態の本質がさながらにそこに表現せられているとは限らない。文を草する過程が上記の如きものであるとすれば、そこに現われているところは、筆者の筆を執った場合における特殊の気分によっておのずから撰択せられ淘汰せられ色づけられ調子づけられているものである。そうして、史家が史料を見るには、史料に存せざる知識を以て史料を解するのであり、その知識には、史料の書かれた時には未来であり未知の世界であったものが過去となり既知の世界となったことによって生じた分子が含まれている。さすれば、史家が真に過去の生活の過程のうちに身を置くことは、極めて困難であるといわねばならぬ。

歴史の第二の任務は、過去の生活の過程を反省して、その間から、そういう過程が開展せられて来た理路を看取すると共に、その間に起伏し消長して来た事件、そこに流れている思潮など、要するに歴史上の種々の事態、種々の現象と、その過程のうちの或る時期とが、その前後の事態もしくは時期との関聯において、更におし拡めていうと歴史の全過程において、そうしてまた断えず推移し生成し開展することにおいて、如何なる意義と価値とを有するかを、考察することである。ここに理路を看取するといったのは、普通に因果の関係を明かにするといわれていることであるが、因果という語を用いるのは、原因と結果とが固定したものである如く、またそれが互に分離して存在する如く、誤解せられ易い虞《おそれ》があるから、故《ことさ》らにそれを避けたのである。生活が不断の創造、不断の開展の過程であって、その或る状態がそれみずからのうちから、それみずからの力によって、次の状態を生み出してゆくもの、あるいはそれみずからがいつのまにか次の変った状態となってゆくものであるとすれば、よしその過程を分解して、その間に起伏した種々の事態を因果の関係にあてはめることが可能であるにせよ、少くとも余はかくいうことを好まぬものである。(上文に或る事件といい或る事件の成果といいまたは或る時期というようなことをいったが、これも実は妥当ならぬ用語である。不断の開展である実際生活そのものにおいては、前後の連絡から分離せられた或る事件というものはなく、従ってその成果というものもなく、前後の時期から区劃せられた或る時期というものもない。これは已《やむ》を得ずして通俗の表現法に従ったまでである。)さて、上に述べた歴史の第一の任務が叙述にあり描写にあるとすれば、この第二の任務は反省であり考察であって、従って、かれは心理的であるが、これは、いわば、哲学的である。が、歴史のかかる任務は如何にして遂げられるか。

未来に向って生活の歩みを進める時、そこには意志がはたらく。意志がはたらくとすれば、そこには右せんか左せんか如何に動き如何に歩まんかの撰択の自由があるとしなければならぬ。一歩をふみ出した時、次の歩みにおいて如何なる方向をとり如何に動いてゆくかは予知することができないが、進みゆく一歩ごとにその歩みを支配する意志はある、少くとも保留せられている。勢に乗じて急坂を下るが如く、我れと我が造り出した勢に制せられて我れ我が意に従わざることもあり、突如として現出した障害によって衝動的に歩を転ずるようなこともあり、その他、種々の刺戟に対する反応から意志せざる歩みのとられるようなこともあろうが、それとても意志が意志として表に現われないだけである。だから、未来にどうなってゆくかが予知せられないというのは、畢竟《ひっきょう》、如何に意志してゆくようになるかが予知せられないということである。明かな志向を有《も》たない生活とても、生を維ぐがためには、刻下の行動に対して刻下の意志があるといわねばならぬ。之《これ》を要するに、未来を展望する時、そこに自由の世界が開かれているのである。しかし、此の如き生活が過去となった時に、その開展せられて来た理路を討尋して見ると、その理路には動かすべからざる必然性が存在する。その時々には自由に意志せられたことが、そう意志しなければならなかったこととして考えられる。どうなってゆくか予知せられず、その時々の意志で行動して来たことが、そうなって来なければならず、そう行動しなければならなかったこととして認知せられる。之を要するに、過去を回顧する時、そこに必然の世界が横《よこた》わっているのである。かかる世界を認知するのが余のいわゆる理路を看取するの謂《いい》なのであり、そうして、それは人の理性の要求でもあり、また現代の学術眼から視て許容せらるべきことでもある。が、それは生活が過去になった時、即ち生活でなくなった時、更に換言すると歴史として回顧する時に、はじめてなし得ることである。生活が生活である当時においては、人は自由の態度で意志し行動する。少くとも主観的には、そう感知するのである。さて、この自由の世界と必然の世界とは、視るものの方向の相違から生じた同じ世界の両面であって、第一の任務における史家は絶えず自由の世界を前途に望みつつ進んでゆくのに、第二の任務における史家は、之に反して、常に必然の世界を回顧している。が、史家がもしこの二つの任務を二つながら併せ負うものであるならば、その任務は互に衝突し互に相妨げるものではなかろうか。生活の過程を過程として叙述する場合には、そこに存する必然の理路を認知することによって、累せられる虞がある。（人生を機械視し、本来不合理的な人間生活を合理化する弊は、ここから生ずる。）と共に顧みて過去に必然の理路を看取せんとする場合には、その過去に身を置いて自由なる未来を想望しつつゆくことによって、煩《わずらわ》されるのではあるまいか。なお、この必然の理路を看取することに伴い、歴史上の種々の事態が、前後の事態との推移の関係と歴史の全過程とにおいて有する意義と価値とを考察するのが、歴史の第二の任務の一つであるが、これもまた、かかる立場にある史家の眼には既に過去となっていることが、歴史の進行の過程のうちにあるものにとっては、並《ならび》に第一の任務における史家の立場から見れば、なお未来であるがために、換言すれば現在の生活が未来の生活において何の意義をなすかは到底予見すべからざることであるがために、此の如き考察と生活の過程の心理的描写とが果して調和せられ得るかどうか、そこにも問題があるといわねばならぬ。過去の生活を超越して過去を過去として見る史家の態度と、過去の生活の中に沈潜するを要するそれとが、調和せられ得るかどうかが問題なのである。畢竟、余のいわゆる歴史の二つの任務の間には矛盾があるのであるが、それもまた、未来に向って進んでゆく生活を過去として見なければならぬ歴史の本質から生ずるものである。

歴史がもし果して上記の如き矛盾を有するものであり、従ってまた上記の困難を有するものであるとすれば、歴史は果して成立するものであるか、成立するとせば、それは如何にしてまた如何なる意味においてであるか。生活の過程の叙述と描写とにおいて、それを単なる知識の問題とすれば、上記の困難は避け難い。ただ史家の心生活の全体を過去の生活に向ってはたらかせることによって、それが救われるであろう。史家が過去の生活に対するのは、生活と生活との、人と人との、接触であり抱合であり渾融である。史家は過去の世界に生活し、その時代の空気を呼吸し、その時代の人と共に苦悩し歓喜し意欲し空想し、時勢を動かすに最も大なる力である漠然たる「時代」の空気とその動揺とを感知し、時と共に移り行く微細なる心理の変化をみずから体験する。この場合において最も必要なるは、史家の心生活に溌剌《はつらつ》たる生気があり、その感受性の鋭敏なることであって、この点では、史家の資質には詩人のそれに同じきものが要求せられる。死せる史料を生かすとは自己の生活感情を史料に移入するの謂であるが、それはまた史料に潜む生活感情を鋭敏に感受することでもある。更に歴史の他の一面においてはどうかというに、上に説いた如き反省と考察とはその根柢に、自覚せられているにせよ、いないにせよ、史家の社会観、国家観、人生観、世界観がなければならぬ。ところが、かかる社会観、国家観、人生観、世界観は独り理性によってのみ形成せられるものではなく、単なる知識の所産でもない。それは史家の全人格の現われ、全体としての心生活の結晶でなければならず、従ってそれには意志も感情もはたらいているのであり、史家みずから当時の現実の社会を如何に観るか、その間に立って何事をなさんとするか、あるいはまた世を如何に導かんとするかの、欲求や志向がそれを形成する重大の要素であることはいうまでもなく、そうしてそれには、史家の生活する時代の志向、その漠然たる気分、彼の属する国民の一般的感情、階級的欲求などが、個人の性格をとおして現われるのであるから、畢竟、それは史家の個性の現われであるといわねばならぬ。史家は此の如き社会観、国家観、人生観、世界観によってすべてを考察するのであり、極言すれば、一つの史料を取扱いその一語一字を解釈するに当っても、またそれがはたらくのである。(史家が史料を取扱うのは、知られたところを以て知られざることを判断するのでなくして、知られざることを以て知られたところを判断するのであるともいえる。明かに文字に記されていることの意味は、文字の上に求むべからざる史家の見解によって、始めて知り得られるのであり、そうしてその見解を形づくるものは、必しも明確なる知識のみではなくして、漠然たる感じや気分となって現われる場合の多い史家の心生活の全体である。)もしそうとすれば、歴史の二つの任務の間に存する矛盾は、史家の全き心生活を以てその何れにも対することによって、おのずから融解せられるのであろう。しかし、史家の態度をこう考えると、その任務の一たる叙述の一面においては、一方では史家によってその取扱う主題に適否があると共に、他方では同じ主題を取扱いながら史家によってその描写を異《こと》にするものであることが、当然の事実として許されねばならぬ。史家には個性があり、性癖があり、各々その感受するところを異にするものだからである。そうして、これは他の任務である考察の一面においても、同様である。社会観、国家観も人生観、世界観も史家によって同じからず、従って歴史は史家によって一々異彩を呈し、異なった世界を現前するものだからである。もし果してそうとすれば、同じ過去の生活を取扱う歴史が断えず新しく描かれ、またそれに断えず新見解が現われ、歴史が永久に新にせられる理由がここにある。(歴史上の新見解は史料の新発見によっても生ずるが、然らざる場合でも、ここに述べた意味において、それは断えず現われるはずである。) ただ歴史をかく見る時、それには一定不変の準則がないことになり、従ってかかる歴史に何ほどの価値があるかという問題がそこに生じよう。が、それは種々の詩人の作品が種々の詩人の作品として、種々の哲学者の思想が種々の哲学者の思想として、それぞれに価値を有すると同じ意味において、それぞれに価値を有するものと見ることができよう。

歴史を徒《いたず》らなる懐古の料としたり、過去を固定したものと誤想し、かかる固定した過去の姿を未来にも持続させようとするが如き妄想を懐いて、その支持を歴史に求めたりするものは、初から論外である。歴史の取扱うものは生活であるが、生活とは断えず未来に向ってその新しい姿を開展してゆくことであり、新しい生活を開展してゆくことは、現在の生活を変革してゆくことである。だから、現在の生活が未来に向って断えず、また無限に、永遠に、変革せられてゆくことを最もよく知るものは、歴史家でなければならぬ。ただ、如何なる径路、如何なる方式により、如何なる心理がはたらいてかかる変革が行われるか、また如何に変革せられ如何なる点において現在の生活と異なる生活が造り出されるかは、その時々の生活の状態によって定まるものであって、必しも常に同じではない。歴史の過程に或る公式をあてはめ、もしくはそれを公式化せんとする見解は、この意味において、余の賛同する能わざるところである。生活はその生活のために、その生活のうちから、常に生活そのものを拘束し抑圧するものを作り出しつつ、また常にそれを排除し破壊し、それによって生活の自由を保ってゆこうとするものであって、そこに生活の根本的矛盾があり、その矛盾から生ずる苦悩があり、そうしてその苦悩を経由しつつ新しい生活を開いてゆくところに、生活の進展がある。余は生活を斯《か》く観る。そうしてそれは一般に適用せられ得るものと考える。しかし、これは生活の進展の意義であって、生活が如何に進展するかの論理でも方式でもない。あるいはまた、歴史を概念化し抽象化することを以て史学の本色とするが如き傾向が、もし世にあるならば、それもまた余の見るところとは一致しないものである。歴史は、その本質として、過去の生活の過程を、特殊なる過程として、具体的に観るを要するものである。上に第二の任務といったのも、具体的の過程を具体的に見てのことであり、決してそれを抽象化するの謂ではない。心理的観察、従って叙述描写の重要なることを説こうとしたのも、ここにその根拠がある。しかし、歴史の用は単に過去を過去として見るにはとどまらぬ。過去の生活は過ぎ去って跡なきものではなくして、現在の生活において、現在の生活の中に生きている。過去の姿がそのまま現在の生活の要素として存在し、過去の生活の精神がそのまま現在にはたらいているというのではない。過去の生活から開展せられたものが現在の生活であるから、この意味において現在の生活に過去が生きているというのである。だから、過去を見ることは現在を見ることであり、現在を見ることによって、現在を如何に転化さすべきかを見ることができる。未来に如何なる世界を開展させようとするかの志向も欲求も、そのいわゆる指導原理も、この間から生れ出るのである。ただし、これは過去の歴史に類例を求めたり、それから一般的法則を帰納して来たりして、それに準拠して未来に対する志向を定めるというのではなく、現在の生活の真の欲求の何であるかを正しく感知するには、現在の生活そのものを正しく理解しなければならず、それには現在の生活を開展して来た過去の生活とその径路とを正しく諦視するを要するということである。現在をいかに転化さすべきかの指導原理は、どこまでも現在の生活そのものの中から生れ出ずべきものである。その指導原理の基礎として或る歴史観の提供せられることにも理由はあるが、それは歴史観そのものが、一面の意味においては、現在の生活の欲求の反映であるからである。未来に新しい生活を開展させてゆくための指導原理は、畢竟、欲求の現われであって、予見から出るものではなく、必然的の帰趨を示すものではなおさらない。欲求であるからこそ、それに力が生じ、それを実現しようとする意気も生ずるのである。そうしてまたそれには多分の空想分子が存在する。何らかの目標が未来に置かれるに当って、それに何ほどかの幻影が伴わないことはなく、それが伴ってこそ、前途を指示するの用をなすのである。が、此の如き指導原理を提出し此の如き幻影を描き出すのは、必しも史家の本務ではない。史家も、未来に向って生きんとするものである点において、それに関心を有することは勿論であり、あるいはおのずからそれを提出しそれを描き出さんとするに至るでもあろう。過去の生活に対して潑溂たる心をはたらかせ、鋭敏なる感受性をはたらかせる史家は、現代の生活に対してもまた同様であるはずであり、従って現代の生活に何らかの転化を与えて新しい世界を開いてゆこうとする欲求も、また強かるべきはずだからである。しかし、それは史家としてではなくして、実行を以て世を動かさんとするものとしての態度である。

Ⅲ

日本上代史の研究に関する二、三の傾向について

近ごろ、いろいろな意味で世間の注意が国史の上に向けられ、上代史についても種々の方面において種々の考察が行われている。種々の立場からの種々の見解が提出せられることは、全体として学問の進歩を助けるものであるのみならず、ともすれば凝滞の弊に陥り易い学界を刺戟し、あるいはそれに新問題を与え、新しい観点からの研究を誘発する意味においても、喜ぶべきである。そうしてまた実際、それらの考察には傾聴すべきものが少なくない。しかし一方からいうと、そういう見解のうちには、往々、確かな方法と論理とを欠いている思いつきや感じから成立つもの、或る一面のみを見てそれによって全体を解釈せんとするもの、または特殊の主張なり学説なりを強いて我が国の上代にあてはめようとするものなど、学問的の研究としてはかなりに不用意なものがあるのではなかろうか。思いつきや感じも学問の研究に大切であり、自己の目に映ずる一面のみに過大の価値を置くのも、免れ難き人情の常ではあるが、学者の用意としては、方法論的省察と、論理的の整理と、並《ならび》に視野の広いまた多方面からの観察とが、要求せられるであろう。特殊の主張を以て臨むものに至っては、そういう主張が如何《いか》にして作り

上げられたかを先ず検討してかからねばならぬのではあるまいか。ここに述べようとすることは、二、三のこういう見解に対する余の感想である。というよりも、学界の風潮に対する余の観察とでもいった方が妥当である。余は本来、他人の学説を批評するを好まず、学問上の論争すらも寧《むし》ろ避けているので、これもまた或る学者の或る学説に対する批評というのではなく、学者に対する論難では猶《なお》さらない。

第一に気がつくのは、歴史的変化を軽視することであって、民俗学の方面からの上代研究には、ややもすればこの傾向があるのではないかと思う。民俗学の目的や方法について我が国の民俗学者に如何なる主張があるのか、余はそれを詳《つまびら》かにしないが、少くともその主として取扱う材料が現存する民間伝承や民俗であることは、推測し得られよう。古来の文献に現われている、即ち過去において知られていた、そういうものも、また同じくこの学の材料であるには違ないが、文献の常としてこの種の記載が乏しく、従ってそれに多くを望み得ないのである。ところで、現存の民俗や民間伝承から何が知り得られるかというに、既に民俗であり民間伝承である以上、それは過去から継承せられたものであることに疑いはないから、それによって過去の民族生活を考察することができるはずである。けれども、その知り得られる過去がどの程度のであるか、それが問題である。過去から継承せられたということは、過去と全く同一であるということではなく、人間生活の本質として、それには変化が伴っていることを許さねばならないのであるから、時間が隔たるに従ってその変化も多いはずであり、従って現存の民俗などから直に遠い上代の生活を推測することは、むつかしいとしなければならぬ。もっともこれには、民俗や民間伝承は上流社会知識社会の文化とは違って保守性に富んでいるということ、また特に孤島や山間僻地のそれは都会とは違って変化が少いということが、考えられるではあろう。これは、勿論、一面の、而《しか》も重要な事実であるから、民俗、特に僻陬《へきすう》の地のそれが、上代人の生活を知る上について参考となるものであることには、異議がない。しかし、民間にも僻陬の地にも、上流の文化、都会の文化の影響が及ばないではなく、それと共に、土地に根ざすことの深かるべき民俗には、特殊な地方的風土とその間における特殊な生活とから特殊の変異の生ずる可能性が他の一面に存在すること、従って地理的に特殊性の多い孤島や僻地には、却ってこういう変異が甚しかるべき理由があるということも、また考慮せられねばなるまい。だから、民俗や民間伝承は遠い過去のと大なる変化がないということを一般的の仮定として立てることは、かなりの危険を含むものである。それで、幾らかなりとも変化を経たはずの民俗や民間伝承によって遠い過去の民族生活を考えようとするには、そこに何らかの学問的方法がなくてはならぬ。民俗学とても民族生活が問題とせられる限り、少くともその一半の使命としては、民俗や民間伝承の変化を推究することによって、民族生活の発展の過程を考えねばなるまいから、如何にしてこの変化を推究するかの方法を明かにすることが、斯《か》の学にとっては極めて重要であろうと思う。これは事新しくいうまでもないことであり、既に民俗学上の研究が行われている以上、何らかの方法が取られているはずでもあるが、之《これ》については、当然生起しなければならぬ問題として文献の取扱がある。民俗学の材料が文献から得られる場合は多くはないにしても、全然ないではなく、従ってそれを取扱う必要があり、特に歴史的変化を考えるに当っては、それが重要視せられねばならぬからである。が、文献上の記載は多くは断片的であり、あるいは民俗を民俗として叙述することが少いため、それに対しては何らかの解釈を要する。この場合、民俗学に携わる人々は、その免れがたき自然の傾向として、文献そのものを検討しそれによって、解釈することを力《つと》めず、民俗に関する自己の知識によってそれを解釈しようとする。ところが、現存の民俗とても、その意義なり精神なりはやはり解釈を要するのであるから、こういう知識は概《おおむ》ね自己の特殊の解釈によって成立っているのである。その結果、文献上の記載は民俗学を研究する材料とはならずして、却って民俗学者の或る解釈によって説明せられることになるのである。けれども、一面においては、それがやはり材料でもあるから、こういう文献の取扱い方は、畢竟《ひっきょう》、自己の解釈によってその解釈そのものを証明しようとするような形になりがちである。のみならず、現存の民俗が過去から継承せられたものとせられているために、こういう文献の解釈から組立てられた知識によって、逆に現存の民俗を解釈するようにもなり、歴史的変化の径路は明かにせられずして、古今本末が却って混雑するのである。あるいはむしろ初から古今の区別が没却せられているように見えることすらもないではない。ここに解釈という語を用いたが、それには自己の感じから出ている場合が少なくなく、そうしてその場合には、ともすれば現代人の感じが上代人のそれであるが如く、あるいは現代人の上代生活に対する感じが上代人みずからの感じであるが如く、思いなされているらしいのである。もとより文献の解釈が文献そのものの検討のみによってなし得られるというのではないが、少くともそれを先にすべきものであり、そうしてそれによって明かに考え得られることと齟齬《そご》しない解釈をすることが必要なのである。古典にのみ現われている称呼を解釈するような場合に、何よりもまず古典について誠実にその意義を討尋するのが、当然の順序でもあり方法でもあることは、いうまでもあるまい。民族生活の発展の迹《あと》を明かにすることは、いうまでもなく、史学の任務であるが、主としてその材料を文献に求める史学は、その研究におのずから限界がある。そこに民俗学の存在の意義があるのであるが、民俗学もまた文献を取扱うに当っては、文献を尊重するところがなければならぬ。或る文献の全体性を考えずして、その局部の記載に思い思いの解釈を加えたり、またはその構造や如何なる素材を如何に組立ててあるかを吟味せずして、異なった素材に強いて統一的解釈を下したり、要するに、文献そのものの検討、その本文研究を行わずして文献を取扱い、従ってまた表面的記載のままに文献を受取る傾向のあるのも、実は文献を尊重しないからのことである。

次には琉球の民俗や民間伝承によって我が上代を推測しようとすることである。僻陬の地の民俗が必しも常に上代の民俗として見るべきものでないとすれば、こういう考えかたにもまた大なる危険があるといわねばならぬ。琉球人は、よし幾らかの異人種の混合があると考えられるにせよ、概していうと、日本人の一分派であることに疑いはなかろうから、その民俗などが日本の上代を研究する参考になるということは是認せられる。ただどの程度で参考になるかが問題なのである。いうまでもなく、琉球人は特異な地理的事情の下に、長い間、本土の日本人とは離れており、歴史を異《こと》にし生活を異にしていたのであるから、人種は同じであっても、別の民族を形成していたといった方がむしろ妥当なほどである。両者の間に断えず交通があり、従ってまた琉球人が日本人の文化の影響をうけていたことはいうまでもないが、それは一つの民族として生活していたということではない。従って、その民俗には民族的感情にも、特異な発達があったとすべきである。特にその遠い昔の状態は知り難く、かの『おもろさうし』も伊波《いは》氏によれば十二世紀から十七世紀にかけて作られた神歌を集めたものであるという。それに現われている信仰や伝説には歌の作られた前から伝承せられたものがあるであろうが、それが何《い》時《つ》からのことであるかは知り難い。ともかくも、そういう時代のものによって記紀時代の日本の民俗や信仰を推測することには、かなりの無理があるといわねばならぬ。それより後の民俗においては猶さらである。『おもろさうし』の言語は、全体から見て、記紀のそれと甚しく違っているのであるが、言語があれほど違っているということは、その民俗生活に特殊の歴史があったことを示すものであり、従ってそれに現われている思想や信仰や習俗にも、また特殊の生活、特殊の歴史から生まれた特殊のものがあるべきである。その遠い起源が一つであるとすれば、特殊の変化を経た後にもおのずから共通のものがその中に潜在することは当然であるが、そういう意味において共通のものであるといい得られるのは、両方を別々に考えた上で、それが何《い》れ《ず》も極めて遠い昔から伝承せられたものであることが知られた場合のことである。従って或る民俗なり思想なりを比較対照するには、何よりも前にそれが両方それぞれの特殊な民族生活によって養われたものであるかどうかを考えることが必要である。一によって他を推測し、そうしてその推測の上に立って両者が起源を同じうすることを証すべきではない。外観上、記紀などに見えるものと類似した思想が琉球にあるとしても、それが琉球特殊の民族生活から生れたものとして説明し得られるならば、そう説明する方が合理的である。例えばニライ・カナイというような空想国土の観念についても、それは琉球の地理的事情とそれに制約せられている民族生活、伊波氏のいわゆる「孤島苦」の生活、の特殊の所産として説明ができようではないか。もしそうならば、それは日本の上代における空想国土の観念とは由来を異にするものとすべきであろう。（あるいはそこに人類共通の思想があると考うべきでもあろうが、それは琉球と日本との関係についての問題とは違う。）また民俗としては、巫女《みこ》が強大な勢力を有《も》っていることについても、同じようにして解釈ができることと思われるが、もしそうならばこの琉球の民俗から、日本の上代の巫女の状態を類推すべきではあるまい。実際、今日から推測し得られる程度の日本の上代においては、巫女の勢力がさまで強大でなかったことが、文献の上から明かに知られる。巫女などをはたらかせないだけに、政治的権力や社会的統制の力が発達していたのである。要するに、琉球によって日本の上代を推測することには無理があるが、それは恰《あたか》も日本の上代によって琉球を推測し難いのと同じである。強いて日本人と琉球人との一致を考えるよりも、同じ人種に属しながら、如何にして、如何なる民族生活の差異から、それぞれ特殊な歴史が開展せられ特殊な民俗が養成せられるようになったかを明かにする方が、むしろ大切なことであろう。

琉球とは人種上の関係が違うが、アイヌに英雄の行為を叙した叙事詩のあることから、『古事記』の記載をそれと同じ方法で伝承せられたものとする考《かんがえ》もある。これはアイヌに叙事詩のあることから日本民族の上代にもそれと同じ性質のものがあったはずであると推測し、この推測の上に立って、現に存在する『古事記』がそれであると考えるのか、ただしは『古事記』の記載が古くから口誦によって伝承せられたものであるということを根拠として、それからその伝承の状態はアイヌの叙事詩の如きものであると推測するのか、明かでないが、もし前者ならば、それは、叙事詩の作られ伝承せられた時代のアイヌの生活と上代日本民族のそれとを同一視すべき特殊の理由があるとするか、またはアイヌに叙事詩のあることがすべての民族に叙事詩のあったことの証明になるとするか、何れかを仮定した上でなくては、いい得られないことであろう。ところが、アイヌと上代の日本民族とは、全く生活を異にし歴史を異にし、根本的には人種を異にしているのであるから、第一の仮定は到底成立つまい。また第二の仮定は、すべての民族を通じて文化の発展に一定の段階があり、その或る段階においては、必ず叙事詩が作られるはずであるとでも考えなければ成立たないであろうが、そういうことが果して考え得られるかどうか。かかる考えかたをするならば、それは単に叙事詩のみについてのことではなくなり、問題はずっと大きくなって来るし、歴史的事実として、すべての民族が果して叙事詩を有っていたか、またそれを有っていたことの明かな民族だけを見ても、その作られたのが、果して同じ程度の文化の段階においてであったか、大なる疑問であるが、それはともかくも、こう考える以上、日本民族の上代を推測するには、アイヌには、もはや特殊の意味がなくなる。次にもし後者であるならば、『古事記』の記載が古くから口誦によって伝承せられたものであるということが、先ず論証せられねばなるまい。『古事記』の記載の内容を検討すれば勿論のこと、そうするまでもなく、序文を誠実に読んだだけでも、稗田阿礼《ひえだのあれ》は直接に書物を取扱ったものであることが明白に知られるはずである。あるいはまた『古事記』と大同小異の内容を有しその文体までもほぼ同様であったと推測せられる幾つもの書物が『書紀』に採録せられていることからも、それがわかろうではないか。しかし、余は今ここに余自身の見解を根拠としていおうとは思わぬ。ただこの口誦伝承説は世間で漠然信ぜられているらしいに拘《かか》わらず、それが如何なる理由によって主張せられたものか、明かでないから、その論証が必要だというのである。なお、『古事記』の記載の伝承の状態をアイヌの叙事詩のそれによって類推しようとするならば、両者の内容と外形とのどの点に一致もしくは類似するところがあるかを明かにしてかからなければならぬことは、いうまでもあるまい。が、疑問は疑問として置いて、アイヌには英雄を歌った叙事詩があるのに、日本民族の昔にはそれがなかったとして、それが不合理であろうか。余はむしろ、それが当然であろう、少くともそれは解釈し得られることであろうと思う。金田一《きんだいち》氏が最近公にせられた尊敬すべき業績によって私に考えると、アイヌの英雄を歌った叙事詩はアイヌ人の狩猟本位の生活、部族割拠の生活から生まれた戦闘を主題としたものの如く解せられ、それに現われているように、アイヌが神の力、呪術《じゆじゆつ》の力を頼むことの強いのも、そういう生活によって特に刺戟せられたところもあろうと思われるが、農業本位であり、早くから政治的統制の存在した日本人の生活は、上代においてもそれとは全く違ったものであり、叙事詩の主題となり民衆の血を湧立せるような民衆自身の戦闘が少かった。小国家間の戦争がよしないではなかったにしても、それは君主の戦争であって民衆のではなく、そうしてそういう戦争すらも稀であって、上代の日本人は概して平和の生活を送っていたらしい。神の力や呪術の力を頼むことは日本人でも同様であったが、平和の生活、日常の生活におけるそれは、叙事詩の主題とはならないのである。アイヌのに限らず、一般の例として叙事詩の主題は何らかの異常の事件であり、上代のにおいてはそれは概ね戦闘であるが、これは叙事詩というものの本質から来ることであろう。叙事詩は行為を叙するものであるが、それが民衆の間に伝誦せられるものである以上、その行為は民衆の感情を昂奮させるものでなくてはならず、従って民衆の精神の具体化せられた英雄の行為であるのが、当然であり、異常の人物によって行われた異常の事件たることを要するのである。さてこの解釈の当否はともかくも、アイヌによって日本の上代が聯想せられるならば、アイヌが何故にああいう叙事詩を有つようになったかをアイヌの生活から考え、そうしてそれと同じ事情が日本の上代にもあったかどうかを討究しなければならぬことは、明かであろう。また『古事記』を民衆の間に伝承せられて来た叙事詩と解し得られるかどうかに至っては、その詞章が吟誦せらるべく何らかの律格を具えたもの、一定の方式によって伝承せらるべきようにつづられたものであるか、全体の組み立てや叙述の体裁が叙事詩としてふさわしいものであるか、またそこに民族的英雄がはたらいているか、民衆の精神や感情が現われているか、叙述の態度が詩人的であるか、などの諸点を十分に考えてかからねばなるまい。あるいは『古事記』の全体が叙事詩でないにしても『古事記』の材料として叙事詩が採《と》られているのではなかろうかという疑問も起ろうが、それにしても上記の問題の討究が必要である。なお『古事記』の物語には宗教的感情の稀薄であることをも、注意しなければならぬ。神代の物語とても宗教的に信仰せられている神のはたらきが、殆《ほとん》ど語られていないし、いわゆる人代の部分においても人間の葛藤に神の関与する説話がない。神功皇后の物語において神の威力は示されているが、神みずから戦闘に際してはたらくのではない。これらもまた行為を叙する叙事詩としてふさわしいことであるかどうか、考うべき問題であろう。物語の上で神がはたらかないことについては、当時の宗教的信仰において神が人格を有せざる精霊であったことをも知らねばならぬが、もし叙事詩が作られるようになったならば、神に人格を附与する一契機がそこにも生じたであろうに、そうならなかったのである。これは『古事記』についてのことであるが、もし『古事記』もしくはその主なる材料となったものの外に、広く民衆の間に行われていた叙事詩があったならば、文字が一般に用いられるようになってから、それが書き写されたであろうと思われるのに、そういう形迹《けいせき》が少しもないことをも考えねばなるまい。

神代の物語に宗教上の神が殆どはたらいていないという上記の言は、一見奇怪のようであり、実際、一般にはそう考えられていないように思われる。神代の物語の主要なる人物であるスサノオの命を暴風雨の神とする説は、かなり久しい前から世に行われているし、またイサナギ・イサナミの神を天と地との神とするような解釈もあるのであるが、それは、これらの人物を宗教上の神として考えるからであろう。神代の物語に現われている人物であるためにそれらを神と考えるのは、一応は当然のことといわれようし、特にイサナギ・イサナミは『古事記』には明かに神と呼んであるから、猶さらそう見るに理由がありそうである。が、果してそう考うべきものであろうか。余は、纔《わずか》に一、二を除く外は、神代の物語において活動している人物は宗教的の神ではなく、稀に宗教的の神があってもその宗教的資質においてではないと思うのであるが、これについても、今ここにそれを論拠としていおうとは思わぬ。ただ上記のような見解で神代史の記載が自然に説明し得られるかどうかが疑わしいとだけは、いってもよかろう。が、こういう考えかたは、神代史の記載をいわゆる「神話」として見ようとする態度からも来ているのではあるまいか。神話と訳せられている語の意義、またはこの訳語の適否には、議すべき点があるが、それはともかくも、宗教的意味における神の物語がいわゆる神話の主要なものであるとすれば、多くの民族のそういう物語、またそれを取扱う神話学の知識を有する今日の学者が、その知識によって神代史を解釈しようとするところから上記のごとき考えかたの生ずるのは、自然の傾向であろう。一般の世間では、あるいは神話という訳語に累せられている気味さえもないではないかも知れぬ。が、日本の神代史を、無条件に、そういう意味の神話として取扱うことが果して正しいか否か、それが問題ではなかろうか。そうしてそれを解決するには、まず白紙となって記紀の神代史そのものを文字のままに誠実に読み取り、同時に神代史を作り出した日本の民族生活もしくは政治形態との関聯においてそれを考察することが、必要であろう。神代の物語の人物が宗教上の神と見なさるべきものであるかどうかも、その上で知り得られることであろう。神代史の組織分子となっている種々の説話のうちには、他の民族に存在する説話と共通のもの、もしくは対照すべきものも含まれているに違《ちがい》なく、そういうものの比較研究によってその意義の知られることのあるのも、一面の事実であるが、すべての説話がそうではなく、よしまたそういうものにしても、それが如何なる意味で神代史に採入《とりい》れてあるかは、一つの組織体をなす神代史の全体の意義を明かにしなければ、正当に理解することができないのであり、そうしてその全体の意義は、日本の神代史に特異なものではなかろうか。神代史特有の説話については猶さらである。よくその意義のあるところを明かにしたならば、日本の神代の物語の多くは普通にいう神話として解釈すべきものでないことが知られはすまいか。現代の学問が西洋の学者の研究によって指導せられているため、彼らの考察の未だ及ばざる我が国の事物を解釈するにも、おのずから彼らの考え方の型にあてはめる傾向のあるのが一般の状態であるが、もはやそれを改めてもよい時期であろう。

方面は全く違うが、近時行われはじめた社会史的考察においても、また日本の上代の社会を西人の研究なり学説なりの型にあてはめて説こうとする傾向があるらしい。その最も甚しいのは、記紀、特に『書紀』の記載をそのまま歴史的事実と見なし、あるいはそれを民族の由来や建国の事情を語るものと解し、そうしてそれを原始的な社会組織や国家の起源に関する或る学説によって解釈することである。そのよるところの学説や考えかたの如何《いかん》は且《しば》らく問題外として、単にこれだけのことを見ても、そこに二つの大なる誤《あやまり》のあることが知られよう。一つは記紀の記載の見かたであるが、しかし、これはむしろ従来の国史を説くものに普通な解釈に従っているのであるから、深く咎《とが》めるには及ぶまい。ただこういう解釈はかなり曖昧《あいまい》でもあり無理でもあり、少しく注意して見れば、常識からでも多くの疑問を容《い》れ得るものであるに拘わらず、それに対して批判を加えようとせず、無造作にそれを受け入れているのは、不思議なほどであって、そこから種々の誤謬が生ずる。例えば、国家の起源を説こうとするには、日本民族が一つの国家に統一せられない前に存在していた多くの小国家が如何にして形成せられたかを第一に考察しなければならぬのに、それを思慮せず、初から今日の統一的国家が作られたように見る類がそれである。さて、記紀の記載を日本民族の原始的な状態もしくは最初の国家建設を語るものとするにしても、それを上記の如く或る学説にあてはめて解釈しようとするのが第二の誤である。本来、余は現在の未開民族によって文化民族の上代を推測する方法については、種々の疑義を抱いているのであり、それに一面の理由のあることは承認せられるけれども、無条件に許さるべきものではなかろうと思われるので、従ってそういう方法によって導き出された仮説にも十分の信用を置きかねるのである。が、それはともかくもとして、従来西人によってなされたこの種の研究には、日本の民族が材料として取扱われていないのであるから、この点から見ても、こういう仮説がそのまま日本民族の上代を解釈するために適用せられ得るものかどうかは、大なる疑問であろう。たとえば、牧畜生活ということを社会組織の発達の径路において重要視するような考えかたは、そういう生活を経過した形迹のない日本民族には、初からあてはまらないものではあるまいか。社会組織もその発達の状態も、風土や、その上における生活の様相や、土地に対する人口の多寡《たか》や、または移住の径路や四隣の民族との関係などによって、民族的特異性の多いものであることが、推測せられねばなるまい。ここでもまた、社会及び文化の発達に一定の順序があり段階があると考え得られるかどうかの問題に逢著しなければならず、従ってまたおのずから、そういうことを取扱う科学が如何なる意味において成立するか、如何なる方法によってそれを成立させるかの問題にも考え及ばねばならぬが、それもここでは論外に置く。ただ従来の西人の研究に成る仮説を、漫然、日本の上代に適用するのが危険であるということだけは、断言して置かねばならぬ。或る程度の参考にはなるに違ないが、参考にするにしても、それに対して十分の検討を行い、如何にしてそれが成立ったか、また如何なる点が如何なる意味において参考となるかを明かにした上でのことである。或る学説にあてはめて上代の文献を解釈し、その解釈によって却ってその学説を証明しようとするような態度を取るべきではない。これは記紀の記載を上記の如き見かたで見た場合についてもいわるべきことであるが、もし記紀の研究によってその記載が日本民族の由来をも歴史的事実としての国家の起源をも語るものでなく、まして原始的な社会状態を知る材料などにはならないものであることが知られたならば、こういう学説をそれにあてはめることは、全然、見当違いであることがわかるであろう。なお、個々の問題を考える場合にも、西人の学説もしくはその主たる材料となった西方の民族に関する知識によって臆測せられがちであって、かの奴隷の問題の如きも、上代には一般に奴隷制度があったという仮説と、日本の上代を考えるにも、すぐにギリシャやロオマが想起せられるのと、この二つから誘発せられた点があるらしい。もっともこれには用語による誤解もあるように見えるので、奴隷の訳語が今日一般に行われているのと、奴の字のあてられたヤッコが上代にあったのとのため、ヤッコの語義をもその状態をも深く究《きわ》めずして、奴隷の訳語によって知られている如きものが我が上代にもあったように漠然思いなされた気味があるのではあるまいか。近ごろの国史家によって用いられている氏族制度という語と、家族、氏族、部族などと訳せられている西方民族の上代もしくは未開民族の間における種々の社会形態とを不用意に結びつけ、あるいはむしろこれらの訳語によって示されるようなものが我が上代の氏族制度であった如く考えようとするのも、同じことである。訳語を介して考えるというのではない。

国語の意義を明かにしないため、それと同じ語が訳語として用いられる場合、その訳語のあてられた原語の意義によって却って国語を解釈しようとすることをいうのである。こういう例は他にもあるので、封建という語によって支那の上代の政治形態、むしろ社会形態を、ヨオロッパの中世時代のようなものと思う類がそれである。

之を要するに、近ごろ目にふれる上代史に関する考察のうちには、ともすれば、歴史的変化を軽視し、民族生活の特異性を重んぜず、あるいは思想や信仰やその他の文化上の現象を全体の民族生活から遊離させて考えること、文献の誠実なる研究を力《つと》めないこと、また西人の学説を無批判に適用すること、などから来る欠陥の認められるものがあるように、余は考える。すべてがそうであるというのでないことは勿論である。が、世に喧伝《けんでん》せられる考説のうちに却ってこういうものが少なくないように見うけるのである。そうしてそれは、約言すると、史学的方法を顧慮しないために生じたものである。歴史は特異なる民族生活の発展を、そのままに、具体的に、取扱うものであり、従ってその特異性を明かにするのが任務であること、歴史的研究の第一歩は史料たる文献の誠実なる検討であるべきことを思えば、このことはおのずから知られるであろう。民俗、社会、文化に関する一般的科学の成立を疑うものではないが、そういう科学の的確な材料は、特異なる民族生活の特異なる事実であり、科学者に向ってそれを供給するものは、主として史学者であるべきはずだと思う。特に従来殆ど顧慮せられていない日本の民族生活の真相を明かにして世界の学者に新材料を提供し、彼らをして旧来の学説を修正せしめるのは、日本の史学者の責任である。が、史学者の仕事がそこまで進んでいない。日本だけについていっても、上に述べたような欠陥の認められる考説が概ね史学者ならぬ方面から出ているのは、故なきことではないが、諸方面の志ある研究者をしてなおかつかかる欠陥を免れ難からしめるのは、寧ろ史学者がその任務を怠っているからであるといってもよかろう。

東洋文化、東洋思想、東洋史

東洋文化とか東洋思想とかいう語が西洋文化または西洋思想と対立する意味において一部の人士に用いられるのは、かなり久しい前からのことであって、日本人の文化、日本人の思想がやはりその東洋のであり、従ってそれが西洋のに対立するものの如く説かれるのである。これには国際関係における西洋の国々の勢力に対抗する意味での東洋主義とか亜細亜主義とかいうものとも或る程度の関聯があるように見うけられるが、その根本は日本人の文化を現代の西洋の文化に対立させ、現代の日本人の生活における西洋文化の要素を外来のものとし、そうして東洋のをその固有のものとする考えかたから出ているらしいので、いわゆる思想問題の喧《かまびす》しい近ごろになって特にこういう語を声高く叫ぼうとするもののあるのも、之《これ》がためであろう。が、一体、東洋文化とか東洋思想とかいうのは何を指すのであるか。あるいは寧《むし》ろ、そういうものが存在するのであるか。

世界の文化を東洋のと西洋のとに大別することは、現代の日本人には常識となっているようであり、世界の歴史を東洋史と西洋史との二つに分けることも、今日では一般の習慣となっているが、西洋についてはともかくも、東洋については、この語の意義すらも甚だ漠然たるものである。東洋と西洋とは、本来、地理的の称呼であり、後世の支那人が海路で南方から交通する地方をその位置によって区別し、概していうとほぼ今の太平洋に属する方面のを東洋、それよりさきの印度洋方面のを西洋としたことにはじまる。ヨオロッパ人が印度洋を経て支那に来るようになってからは、その本国もまた西洋と呼ばれることになったが、これは上代において西北方からの陸路によって交通する地方が西域といわれ、その方面は支那人の知識の及ぶ限りこの称呼のうちに包含せられたと似ている。(西域は支那に接壌する西方の地であるが、西洋は東洋を通過していったそのさきであるから、この点は違う。) 東洋は後までも狭い範囲に限られていたが、これはその東洋の東方から支那と交通する国がなかったからであり、ただ近いころになって方角違いの日本が東洋と呼ばれることがあるのみである。西洋は勿論、東洋も支那からいうと諸蕃の地であるから、支那みずからが東洋とせられなかったことは勿論である。ところが、日本では、徳川時代の中ごろからヨオロッパに関する知識が漸次加わって来たにつれて、西洋という名が主としてこの極西の地にある諸国にあてられることになり、従ってまたそれが文化的意義を帯びて来た。いわゆる西洋には特殊の文化があると考えられていたからである。が、こういう称呼が用い慣らされると、それに対して東方の文化圏を呼ぶ名称も欲しくなって来たらしく、そこで東洋という語に新しい意義を附してそれを採用し、支那を中心としてその文化を受入れている地方の総称として、この名をあてようとする企《くわだて》が起ったように推測せられる。佐久間象山の詩に「東洋道徳西洋芸、匡廓相依完圏模、大地一周一万里、還須欠得半隅無、」というのがあるが、それは即ちこのことを語るものではあるまいか。もしそうとすれば、明治以後における東西洋の概念はほぼ之を継承したものであり、日本人の脳裡において生じたものである。さすれば、日本人のいう東洋には初から文化国としての支那が含まれていると共に、日本の文化が支那と同系統のものであり、またそれが西洋の文化に対立するものであるという考《かんがえ》がそこに潜在してもいるのである。幕末から明治にかけての日本の知識社会に属するものは、概して儒学の教養をうけていたのであるから、こういう考の生じたのも、怪しむには足りなかろう。ただし西洋文化の圏外に存する文化としては、別に印度のがあるので、世界の文化を東西に二分する場合にはそれをどう取扱うかが問題になって来るが、印度が地理的区劃においていわゆるアジヤに属するものとせられているのと、印度に起った仏教が支那から日本に伝わってその間に文化上の或る連絡があるのと、また西洋において印度をも支那をも東方という称呼のうちに含ませているのと、これらの事情から、それを東洋の中に摂取することになった。これが今日の常識となっている東西洋の語の意義である。が、問題はここに生ずる。日本と支那と印度との文化は果して東洋文化として総称し得られるような一つの文化であるか、少くともそこに何らかの共通のものがあるか、仮にあるとしたところで、それは果していわゆる西洋文化に対立するものであるか。

第一に印度と支那とは互に懸隔せる地域であって、その間の交通すら極めて不便であり、そうしてその民族は人種を異《こと》にし、居るところの風土を異にし、生活を異にし、社会組織を異にし、政治形態を異にし、これらの点において何ら共通のものがなく、またその間に相互の交渉もなく、要するにそれぞれ全く別の世界をなし、従ってまた全く別の歴史を有《も》っているものであることを、考えねばならぬ。勿論、その間に交通はないではなく、蛮族などの活動から幾らかの共通の影響を受けるようなこともあったが、これだけの交通や関係ならば、支那といわゆる西洋との間にもあり、そうして印度とペルシャ及びその西方との交渉は、印度と支那との関係よりもはるかに密接である。支那の文化の特色が殆《ほとん》ど大成せられた後になって支那は印度の仏教を受入れたけれども、印度は古往今来支那には何ものをも負うことがなく、それに反して、ペルシャ及びその西方からは断えず種々なる文化上の影響を蒙《こうむ》っていた。印度の文化と支那のそれとが各々特異のものであることは、これだけ考えても明かに知られるのではあるまいか。全く世界を異にし、共同の生活がなく、共同の歴史を有たない印度と支那との文化に、共通のもののないことは、当然であろう。もしあるとすれば、それは人類としての共通のものに過ぎないはずである。単に思想の一面のみを見ても、印度のと支那のとは殆ど対角線的に反対しているのであって、一はすべてが宗教から発達し宗教に従属しているのに、他は政治に発足し政治に帰着する、一は神もしくは宇宙と人との交渉が根本の問題であるのに、他は人と人との関係に始終する、一は人生と万有とを幻影視するのに、他はそれを究竟の存在とする、一は現実の生から離脱せんとするのに、他はそれを無限に延長せんとする、一は人を宇宙に没入せんとするのに、他は天と人とを永久に対立せしめる、一は思索的冥想的であるのに、他は実行的世間的である、一は空想的であり、現実の生活をも空想化するのに、他は現実的であり、想像の世界をも現実化する、一には詩があって年代記がないのに、他には年代記があって詩がない。こういう反対の思想を生みまたそれによって指導せられた二つの民族の文化が、全くその性質を異にするものであることは、いうまでもない。ただ仏教が支那に弘布せられた点において、支那が印度の文化の影響をうけてはいるが、その実、仏教は、思想としては、特殊な僧侶社会の間に存する少数な学匠によって知識として伝承せられ講説せられたのみであって、一般の思想界とは交渉が極めて浅く、極言すれば、支那人の思想は殆ど仏教を除外して考えても理解し得られるほどである。また信仰としては漸次支那の民間信仰に同化せられて来た。寺院や僧侶の存在が経済的社会的もしくは政治的現象として見のがすべからざるものであったに拘《かか》わらず、支那人の精神生活は仏教及びそれに伴っている印度文化のために多く動かされてはいない。仏教が何時《いつ》の間にかおのずから衰微して来たのは、即ちそれを証するものであって、支那人の生活において仏教の関与するところが少かったからである。だから、大観すれば、支那人にとっては印度は彼らの生活と交渉のない僻遠の地であり、夷狄《いてき》の国であった。これは、印度人の思想に支那が存在しなかったことと共に、事実上、両民族が各々別箇の世界に生活していたことを示すものである。

日本と支那との関係は、これとは違ってはるかに密接であり、政治上の交渉さえも時々は生じたのである。しかし、密接であるというのは、主として日本が支那の文化を知識として取入れた点においてであって、二つの民族はやはり各別の世界をなし各別の歴史を有っていた。人種を異にし生活を異にし、社会組織政治形態を異にするものであることは、印度と支那との関係と大差がない。ただ日本は、支那の文化を受入れることによって、はじめて自己の文化の発達が促進せられ、また後までも知識社会の知識は支那の典籍によって与えられたものに支配せられることが多かったけれども、その実生活は全く支那人のとは違っていた。文字の上で儒教の思想は講説せられたけれども、日本人の道徳生活は儒教の教えるところとも、そういう教を生み出した支那人の道徳生活とも、まるで違っていた。(道徳に関する文字の上の知識は、道徳生活そのものではないことを、知らねばならぬ。）日本人の造り出した文学も芸術も、またその根柢になっている精神生活も、支那人のとはすっかり違っている。日本には、支那とは無関係に、日本だけで独自の歴史が開展せられ、それによって、平安朝の貴族文化も鎌倉以後の武家政治も徳川時代の封建制度も形成せられたが、これらは全然支那には生じなかったものであり、またその開展の径路においても支那の歴史の動きとは何らの縁のないものである。あるいはまた支那化せられた仏教が受入れられ、その思想は、支那とは違って、一般の思想界に重要な地位を占め、その歴史的推移において幾らかの役割を演じた場合もあるが、一面においては、こういう事実そのことが支那とは違っていると共に、他面においては、それはその時々の実生活とそれから生まれた時代の空気とに接触のある点においてのみのことであり、そうしてその生活は独自なる日本の歴史の開展によっておのずから形成せられたものである。少数の学徒の間に行われた煩瑣《はんさ》なる教理の講説や伝習そのことは、生きた国民の思想とは没交渉であった。仏教の弘通が日本人の生活を印度化したのでないことは、いうまでもあるまい。文字の上の知識としては、支那のはもとより、支那の文字を介して印度のが学ばれも説かれもし、相互に齟齬《そご》し矛盾した種々のものが存在したけれども、日本人の生活は一つの生活として歴史的に発展して来たのである。要するに、日本人の生活、その文化とその精神とは、過去においても、決して支那や印度と一つになっていたのではなく、全く特異のものであった。日本固有の精神が古今を通じて厳として存在しているというようなことを、主張するのではない。日本には独自の歴史が開展せられたため、独自の文化、独自の生活が養成せられて来たというのである。そうしてそれは、日本民族が内にみずから養って来た力にもよるのであるが、それがこういう風に発展して来たのは、地理的事情その他の環境の賜《たまもの》が大きい。

こういって来ると、印度の文化、支那の文化、日本の文化はあるが、東洋文化というものはどこにもないことがわかるのではあるまいか。日本の歴史はあり、支那の歴史、印度の歴史はあるが、東洋史というものは成立たないことが知られるのではあるまいか。日本と支那と印度とは、その間に種々の交渉こそあれ、決して一つの世界をなし共同の生活をしていたものではないからである。そうしてこのことは、西洋の歴史とそれによって形成せられた文化とに対照して見れば、明かに知られる。いわゆる西洋もその諸民族にはそれぞれ特異な民族性があり、国家としてはそれぞれの国史もないことはないが、全体から見れば、一つの世界をなし一つの歴史を有っているのである。中世時代からルネサンスを経、宗教改革を経て近代に入り、フランスを中心とした政治上の革命、次いで産業革命となり、そうして現代のヨオロッパを現出したその歴史的発展は、ヨオロッパ全体のものであり、従ってそこにヨオロッパ人としての共同の生活があり、その文化もまた全体としてのヨオロッパの文化である。クラシックの文化は現代文化の中心とは地域を異にするところに源を発し、それと結合せられたキリスト教に至っては、東方の異人種の間から生れたものではあるが、それとてもロオマの大なる世界によって直に中世のヨオロッパに継承せられ、それから後は長く彼らの思想と生活とに浸潤し、あるいはその基調となっている。西洋の文芸も哲学もクラシックの文化とキリスト教となしには全く理解せられない。上に述べたいわゆる東洋の状態とは全く違っているではないか。西洋の文化、西洋の思想に対し、それと同じ意味での東洋の文化、東洋の思想というものが成立たないことは、明かであるといわねばならぬ。ヨオロッパ人も往々東方の文化とか東方の思想とかいうような語を用いるが、それは自分らの文化、自分らの思想でないものを、漠然東方的というのであって、いわゆる東方的なるものに一定の内容があるのではない。エジプトもトルコもペルシャも印度もあるいはまた支那も、彼らにとってはすべて東方なのである。それを東洋文化とか東洋思想とかいう一つのものとして解するならば、大なる誤《あやまり》である。

ところで、西洋の歴史をこう考えると、印度や支那の文化を現代のヨオロッパの文化と対立するものとして見ることにどれだけの意義があるかも、またおのずから知られよう。古代の文化として、地中海の沿岸に発生しギリシャ、ロオマにおいて大成せられたもの、西南アジヤ地方のもの、印度のもの及び支那のものがあったとするならば、それらは同じく古代の文化であるという点において、相対立するものであった。そのうちで、第一の文化はロオマ帝国の分解後、新しい活動を起した新しいヨオロッパの文化の源流となったが、この新しいヨオロッパの歴史は中世から近世、近世から現代へと、順次にそれぞれの特色ある新しい世界を開展して来たので、現代のヨオロッパの文化は古代のそれとは全く違ったものになった。然《しか》るに、印度のも支那のも、古代に一度《ひとた》びそれが大成せられてから、殆ど変化がない。時間は徒《いたず》らに流れても、歴史は開展せられずして今日に及んだ。概していうと、ここには中世も近世もなく、まして現代はなく、ただ古代の延長があるのみである。それから、西南アジヤ地方のものは持続せられずして壊頽し去り、そのあとをうけた回教の世界には力のある文化が発達しなかった。こういう差異の生じたのは、主として地理的事情のためであるが、それはともかくも、印度や支那の文化は西洋におけるクラシックの文化に対立するものではあっても、現代の生活、現代の文化に対立するものではない。

然らば日本はどうか。日本の文化の発達したのは比較的新しいことであって、年代からいうと、世界の古代文化が既に大成せられた後に、その一つである支那の文化を受入れたことによって促進せられたものであるが、それから後は、上に述べた如く独自なる歴史の進行と共に、新しい世界が逐次に開展せられて来たので、平安朝と鎌倉室町の世と徳川時代とは、それぞれに特異な時代相があり、社会組織も政治形態もその間における生活も、著しく違っている。その文化の複雑さと深さとまた変化の程度とにおいて差異はあるが、ヨオロッパの歴史に比すべき歴史を日本民族は有っていたのである。ところが、最近に至って、そのヨオロッパの現代文化を盛《さかん》に取入れた。これは単なる模倣のためではなく、日本民族の存立と発展とのためにそうしなければならなかったからである。そうして、そうするだけの準備がおのずから長い歴史の発展によってなされていたのである。またこれは、昔し支那の文化や支那化した印度のそれを、文字の上の知識として、または宮廷やそれを中心とした貴族が、受入れたのとは違い、国民全体の生活そのものを現代化させようとしたのである。風土ならびにそれに本づく衣食住及び産業の違いやまたは歴史的の因襲や、それらの事情から、その現代化にもおのずから或る制限があり、または民族的特色がそれに与えられはするが、現代文化の特質とその精神とが、日本人によって把握せられ実現せられつつあることは、明かである。この意味においていて現代日本は、支那や印度とは全く無関係に、日本独自の歴史的開展によって、いわゆる西洋に発達した現代文化の世界に入り込んでいったのである。従って、そこには現代の西洋と共通な思想がおのずから生ずる。これは決して外来思想ではない。さすれば、現代日本人は、明白なる事実として、支那や印度の古代文化の世界とは、別な世界に生活しているのである。日本の文化、日本人の思想がいわゆる東洋のものであり、それが西洋のと対立するものであるというのは、現在の自己の生活を知らぬ妄想に過ぎない。印度人や支那人の人生観世界観や道徳の教によって現代生活が指導し得られるはずがないのみならず、指導せられていないことが現在の明かなる事実ではないか。

こういえばとて、いわゆる現代の文化が無上なものであるというのではない。現代文化そのものが欠陥の多いものであり、また実際、弊害百出している。それは勿論、超克せらるべきであり、そうして新しい文化をそのうちから創造すべきである。しかし、それを超克しあるいはそこから新しい文化を開展させてゆくのは、日本民族の現実の生活それみずからの力によるべきものであって、いわゆる東洋文化、即ち印度や支那に発生した古代文化の力に依頼すべきではない。それは現代を超克する何らの力を有たないものであるのみならず、日本にとっては、遠い過去から現在に至るまで、どこまでも異国の文化であり、日本人自身のものではないからである。そうして、ヨオロッパとは遥かに違った風土の裡《うち》にあり違った生活を発展させてゆかねばならぬ日本人は、ヨオロッパに源を発した現代文化を超克するには、都合のよい地位にあるものである。が、実をいうと、日本人の現在の状態はそこまでいっていないので、むしろ後《おく》ればせに現代文化の世界に入り込むことに全力を尽している。これは勢の上から已《や》むを得ないことでもあるが、それがために、ヨオロッパの諸民族がそれぞれその民族的伝統を維持しているのに対照して見ても、あまりに日本の民族性を失ってゆくようにも見える。が、これにも理由はあるので、ヨオロッパの諸民族においては、現代文化が自己の造り出したものであるため、現代文化そのものにそれぞれの民族的伝統が内在しているに反し、日本では、ヨオロッパの文化を学んだものであるため、過去の伝統がそのうちに存在しない。過去の歴史によって形づくられていた伝統が別にあって、それは消え去っていないにしても、現代文化の趨勢とはあまりに無関係であって、現実の生活を指導する力に乏しい。その上に、他を学ぶに急なることの自然の結果として、与えられた知識、与えられた概念によってすべてを取扱おうとするので、自己の生活そのものを諦視し内観し反省してそこから生活の指導精神を生み出す遑《いとま》がないのである。現時における種々の思想運動もやはりその現われであって、与えられた知識から出発しているため、それぞれの固定概念によって生きた生活を取扱おうとするのである。けれども、文化も思想も概念ではなくして生活である。だから、いわゆる現代文化、現代思想が益々深く日本民族の生活の内面に浸潤してゆけば、それにつれておのずから、あるいはむしろそうなってゆくことによって却ってそこから、現代文化現代思想を超克し、日本民族の新しい生活、新しい文化、新しい思想を開展する力が湧き上がって来るに違《ちが》いない。そうしてそこから、新しい伝統、新しい民族精神が形成せられてゆくはずである。民族性も民族精神も固定したものではなく、断えず新しくなってゆくものであり、そうしてそれは、どこまでも現実の生活から生み出されるものである。

談はわき路に入り込んだが、日本の文化、日本の思想を東洋文化、東洋思想として見、それを支那や印度の文化や思想と一つのものとして見ようとするのは、一つは東洋という地理的称呼に文化的意義を有たせようとするところから生じた誤であり、また一つは文字の上の知識のみを見て生活そのものを反省しないところから生じた妄想であると共に、今一つは儒学や仏教の教養をうけたものが知らず知らずの間に馴致《じゅんち》せられた事大思想の現われでもあるので、この点においては、依頼するところは別であるが、いわゆる西洋文化の崇拝といわれるもの、または現時のやかましく騒がれている思想運動にも、それと同じ心理がはたらいている。またそれと幾らかの関聯があるらしい政治上の東洋主義アジヤ主義というようなものの無意味であることは、いうまでもなかろう。東洋もアジヤも単なる地理的地域の称呼にすぎず、そこに生活している幾多の民族が一つの力としてはたらき得べきものではないからである。日本がいわゆる東洋に拘束せらるべきものでないことは明かであって、日本は日本の日本であると共に、世界の日本である。

それにも拘わらず、こういう無意義なことの説かれるのは、日本人は東洋人であるという空疎な概念に支配せられているからであろう。生きた生活を生きた生活として取扱うところに任務のある歴史家は、須《すべか》らくこれらの誤謬と妄想とを世間から排除することに勉むべきである。余はかの東洋史という称呼をも棄て去ることの必要を思うものであり、多年そういう意見を懐抱している。民族の動きや文化上政治上の交渉やをまとめて考える便宜のために、土地の接邇《せつじ》しているいわゆる東洋を一つの区域と見なすことができなくはなく、そういう外面的意義において東洋史というものを強いて成立たせようとすれば成立つかも知れぬが、それは歴史の真意義においてではないと共に、そういう外面的意義でいうならば、いわゆる東洋と西洋との間にも昔から不断の関係があり交渉があったのであるから、東洋というものだけを切り離して考えるのは、甚だ不合理である。かかる東洋史を成立たせようとする考からは、同じようにして同じ程度で世界全体の歴史を成立たせることもできるので、その方が寧ろ合理的である。それもまた便宜上のことであって真の世界史ではないが、便宜上からいえば、その方が東洋史というものを強いて作るよりも遥に便宜であり、世界の大勢を明かにするに適切である。支那や印度やその他いわゆるアジヤの諸民族の歴史を研究してその真相を明かにすることは、いうまでもなく必要であり、益々それを奨励してゆかねばならぬことも勿論であるが、東洋史というものは、真実の意義においては、成立たないと思う。東洋史というのは、明治の中ころまで直訳的に用いられていた万国史とか世界史とかいう名を適切でないとしてそれを西洋史と改め、この西洋史に対して新に案出せられた称呼であって、当時の学界の状態からいうと、その中心とせられたものは支那史であったらしいが、支那の歴史が支那のみで知り難く、広く東方諸民族の形勢を相関的に考察することによってそれが明かにせられるという考も、またこの命名の一理由であったろうと推測せられる。東洋史には日本が除外せられているが、これは国史が国史として存在するからであると共に、こういう事情にもよるのであろう。そのころにおいては、これもまた意義のあることであったが、その実、東洋史の成立は困難であるので、普通の場合に東洋の重要なる一国として考えられている日本をそこから除外しなければならぬことだけを見ても、そのことは知られる。今はもはや、歴史的には意義のあるこの称呼とそれによって作られた人為の畛域《しんいき》とに拘泥すべき時ではない。

日本精神について

「日本精神」という語が何時《いつ》から世に現われたのか、確かには知らぬが、それがひどく流行したのは最近のことのようであり、いわゆる「非常時」の声に伴って急激に弘まったものらしく思われる。断えず高い調子で叫ばれ、何となく物々しいところがあるのみならず、いいようにより聞きようによっては一種の重苦しい抑圧的のひびきさえも感ぜられるのは、この故であろう。平安朝の昔にいわれた「やまとごころ」または「やまとだましい」は別としても、徳川時代の国学者の歌った「しきしまのやまとごころ」には勿論のこと、明治二十年代に唱えられた「国粋」にも、その後いろいろの形で時々に現われた「日本主義」の語にも、これはなかったことである。語気の強い点では、幕末のいわゆる志士がともすれば口にした場合の「大和魂」に幾らかの似よりがあるが、それはもとより一定の意図を有《も》っての宣伝なり運動なりではなかった。しかし、この語が、かかる状態で世に喧伝《けんでん》せられているに拘《かか》わらず、それが何を指しているかは、実は明かに示されていないといってもよい。人々は各々その好むところに従って任意にこの語を用いているようであり、従ってその間には往々齟齬《そご》し矛盾するところさえもありげに見える。あるいは初めに唱え出された時の意義と、後になって広く用いられるようになった場合のとの間に、いくらかの変化があったかも知れぬ。これは流行語には通有な状態でもあるが、特にこの語について考えると、それには種々の理由があろう。それを知るには、この語の唱え出されたのがどの方面からであるか、その動機がどこにあったか、如何《いか》にこの語が世に迎えられ、如何なる状態で世にひろがったか、ということを考えてみなければならず、それはまた今日の思想界の一側面を明かにするにも必要なことであるが、余はここでそれを試みようとするのではない。ただこの語がかなり多義に用いられていることを一応指摘するまでである。なおこれについては種々の興味ある問題が提起し得られるので、「やまとごころ」とか「大和魂」とかいう語があるのに、何故にことさらに「日本精神」というような語が作られたのか、日本の精神という意味を表現するのに、日本語でなくして漢語を用いたことに如何なる理由があったのか、というようなこともその一つである。偶然のことかも知れないが、偶然そうなったのは、どこかにそうなるべき理由があったに違いないから、それが問題になる。あるいはまた、上に述べた国粋主義日本主義などの主張乃至《ないし》宣伝とどこに違いがあるのか、何故にそういう違いが生じたのか、ということも考えてみるべきであろうし、この語の主唱者及びそれぞれの方面の宣伝者追従者の心理を観察することも一つのしごとであろう。が、根本的には、もっと広汎な問題がその底に横《よこた》わっている。日本精神という語の作られたのは、一般に一つの民族もしくは国民にはその民族精神もしくは国民精神がありまたはあるべきであるという予想の上に立っているかと思われるが、もしそうならば、そういう民族精神または国民精神というものが如何にして形成せられ、またそれが如何にその民族生活または国民生活の上にはたらいてゆくものであるか、ということの社会的心理的考察が必要だからである。日本精神というものを説くには、これについての確かな見解を基礎としてその上に立つことが要望せられるであろう。特に今日の如く、人の生活がすべての方面において世界的となっている時代においては、民族もしくは国民としての生活が単にそれだけでは成り立たないので、その点からこの問題に一層の重要性が加わって来る。従ってまた日本精神についても、そのことが考えられねばなるまい。しかし、これらのことも余の今立ち入ろうとする領分ではない。ただ余は世に既にかかる語の行われている以上、如何にしてそれを正しく理会し得べきかについて、一、二の所見を述べて見ようと思うのみである。今日のこの声高い叫びは、かかることの常として、遠からずおちついてゆくであろうが、おちついた後に何が残されるかということが実は問題であるので、できるだけよい遺物の残されるようにするには、日本精神そのものを正しく理会してかかることが必要である。然《しか》らざれば、却って予期せざる結果が生じないにも限らぬ。人々はこころ静かに何を日本精神とすべきかを深省し、如何にして正しき道に日本精神を導いてゆくべきかを熟慮すべきである。

最初に日本精神という語そのものが、種々の意義に用い得られるものであることを考えて置く必要がある。「日本」を国家としての称呼とする場合には、国家存立の根本原理、または国民全体として日本人の意欲すること、あるいはまた特にその対外的意義に重きを置いて、国家を国家として立ててゆく、あるいはそれを強めてゆく、意気、熱情、もしくはその誇り、というようなことなどが、何れ《いず》も日本精神といい得られるであろう。また国家としてよりは寧《むし》ろ民族としての名とする場合には、文化的意義において日本の民族生活の或る著しい特色もしくは傾向というようなものを歴史に求め、それを民族生活に内在するものと見て、この語をあてはめることができよう。あるいはまた個人として有する日本民族に特異な気質、習性、能力、趣味、または生活のしかたとでもいうべきことに日本精神があるというようないいかたもある。その他、特殊の内容のあることでなく、ただ日本人が日本人であることを強く意識するという意義にも用いられているらしい。精神という以上、生活の内面に動いている何ものかを指すには違いないが、それがこういろいろに考え得られるのは、精神という語が、本来、多義を含んでいるためである。しかし、多義に用いられるところから考えかたの混乱が生じ易いことを注意しなければならぬので、現にそういう事実があるらしい。例えば日本人の気質なり習性なりに日本精神があるというようないいかたをする場合には、その意義での日本精神は必しもよいことと美しいことばかりではないはずである。けれども、もともと日本精神というような語の用いられたのは、日本精神がこうであるというよりは、こうでなければならぬという主張からであり、従ってそれは日本人のよい美しい一面を強調していい、または日本人のすべてにそれがなくてはならぬものとして要求せられることをいったものと解せられる。従ってそこから、ややもすれば日本人の気質や習性のすべてをよいもの美しいものとして考える傾向が生ずる。そうしてそれが国家の対外的態度の問題に適用せられると、自国の行動はすべて批判を超越するものとなり、あるいはそこから危険なるジンゴイズムの展開せられる虞《おそれ》さえもある。だから日本精神を考えるについては、如何なる意義でこの語を用いるかを明かにしてゆくことが必要である。日本精神の何であるかを具体的に考えるのではなく、ただ如何にしてそれを知り得べきかについての一、二の用意を述べようとするに過ぎないこの小稿においては、それを一々弁別して説く遑《いとま》はないが、これだけのことを思慮のうちに加えるではあろう。

日本精神を知ろうとするものは過去の歴史にそれを求めるのが普通のようである。日本の民族生活に長い歴史があるとすれば、日本精神の語が如何なる意義に用いられるにせよ、それは歴史的に漸次養われて来たものに違いないから、何を日本精神とすべきかを知るに当って、歴史による外に道のないことは明かである。けれども歴史は発展を意味する。民族生活そのものが歴史的に発展して来た以上、その生活の内面に動いて来た精神も、また発展して来たとしなければならぬ。勿論、それには歴史の全体を通じて一貫した発展の過程がある。それは一つの生命過程である。けれども、日本精神という或る固定したものが、古今を通じて動かずに変らずに、存在するというのではない。だから日本精神を正しく理会しようとすれば、この歴史の発展の全過程の上にそれを求めねばならぬ。その歴史の発展が、民族生活の全体もしくは全面において認識せらるべきものであることは、いうまでもない。民族生活の種々の側面または時代々々の特殊な様相にそれぞれ日本精神のはたらきもしくは発現があると見るのも、一つの理会のしかたであるが、そう見るにしても、それが民族生活の全体に対して有機的関係を有するものであることと、歴史的発展の過程において或る任務を有《も》っていたという点において意味のあるものであることとを、忘れてはならぬ。或る側面、或る時代の様相がそれぞれ独立した意味のあるものでないことを注意しなくてはならぬのである。だから、任意に過去の時代の或る事象を取り出し、そうしてそれだけを全体の民族生活とその歴史とから切り離して考え、そこに日本精神の何ものかを認めようとするのは、正しい方法とはいい難かろう。神道、武士道、儒教、仏教、多趣多様の文学芸術、その間には由来と本質とを異《こと》にしまた過去において互に相排撃して来たものもあるに拘わらず、それらが種々の人々によって何れも日本精神の発現として説かれているようであるが、その説きかたを見ると、ここに述べた用意のない場合が甚だ多いのは遺憾である。甚しきは、その間に起源を支那印度に有するものがあるために、東洋精神というような語を用いて、それが即ち日本精神である如く宣伝せられることさえもある。同じく西洋に対立する概念として日本と東洋とが同じ地位に置かれまたは混同せられるという事情も、それを助けていようが、根本は日本人の精神活動の或る一面のみを全体の生活から取り離して見るからである。それと共に一方では、支那や印度の思想の入らない前の日本に純粋の日本精神、日本固有の精神があるとして、それを日本の古典に求めようとするものもあるが、かかる考えかたをするについても、そういうものが歴史的発展の全過程において如何なる地位を占め如何なるはたらきをしているかは、明かに思慮せられていないようである。日本精神が多義に用いられる理由の一つはここにもあるが、それは主として考えかたの不用意によるものである。

日本精神は日本の民族生活の歴史的発展の全過程の上に求めらるべきものであるという一つの事例を、その最も顕著なる表徴とせられていることについて説いてみよう。或る時代の何らかの事情から発生した状態が、次第に展開せられる歴史の動きにおいて、変らずに継続して来た。それは、そういう状態の発生した事情とそれを導いた過去の民族生活の長い歴史との故でもあり、その状態に内在する力の故でもあるが、それと共に、その時代の日本民族の生業の性質や、文化の程度や、日本の地理的形態や、その位置や、または民族の同一であることや、附近の民族の状態や、あるいはまたそのころの東方アジヤの形勢や、それらが互にはたらきあったためでもある。日本の上代においては、国内には勿論、国外との関係においても、戦争が稀であり、従って戦勝者の勢威を振う場合のなかったことに重要なる意味があるが、それは主としてここから来ている。そうしてそれはまたおのずから武力よりも他の方面、いわば精神的なところ、にすべての本源を認めることにもなる。かくしてこの状態が長く継続せられるに従い、その基礎も漸次固められ、それが定まった形態として考えられる。そうなると、そこから更に長く永久にそれを継続させようとする欲求が形態そのものの内部から生じ、次にはそうすることが道徳的義務とせられ、進んではそれが一つの信念となる。時にそれを妨げんとするものが生ずると、それに対抗しそれを排除することによって、この信念がますます鞏固《きょうこ》になる。そうしてその信念が次第に一般化し国民化する。支那の知識の学習に導かれた文化の発達と共に、それに思想的根拠が与えられる。時が経つに従ってその淵源が益々遠く感ぜられ、無始の昔からの存在として、それが日本民族には本質的のことと思惟せられる。従ってそれが確乎不抜のものとして国民の間に信ぜられる。ただ根本の形態は動かないが、そのはたらきかたは時勢の推移に順応しておのずから変化し、その思想的根拠とても一般の思想の動きにつれて同じく変化する。動いてやまぬ時勢に順応してそのはたらきかたが変化するからこそ、根本の形態が動かずして益々固められるのである。固執するところがない故に損傷することがないので、たまにそういう場合が生じても、久しからずしてそれが止みそれが癒《い》えたところに、重要なる意味がある。権力の存するところは常に別にあって、すべての責任がそこに帰すると共に、権力の直接に行使せられないあたりには人が圧迫を感ぜず、却ってそれをなつかしみ、また上代文化の面影がそこに認められることと相俟《あいま》って、それを詩と美との雰囲気に包む。そうしてその精神的意義が益々深められる。かくして、この遠い昔からの形態は、時と共に漸次養われて来た歴史的感情によってその内容を豊かにし、それを無窮に持続せんとする国民の信念もまた益々強められて来たのである。要するに、それは民族生活の歴史的発展であり、そうしてそれによっていわゆる日本精神の重要なるものが養成せられたと共に、かかる発展を遂げたところに日本精神の活動があるのでもある。日本民族が一つの国家に統一せられたこととても、それがその前からの長い民族生活の歴史的発展の成果であり、そのこと自身が歴史的過程を有するものであることは、いうまでもあるまい。要するにすべてが歴史的であり、歴史的でないものはないのである。

次には、或る時代における或る特殊の生活なり思想なりを日本精神の発現として見ることについて考えてみよう。その一つは古典に用いられている一、二の語句、それに現われている何らかの思想をそう見なして、それがそのまま現代にも存在しまたは復活し得られるもののように説くことである。古典の時代と現代とは遥かに隔《へだた》っていて、その間には長い歴史があり、民族生活の状態が全く違っている。だから、そういう思想が歴史の過程において断えず発展しつつ持続せられ、そうしてそれが現代人の生活にも力強くはたらいているものならば、それは日本精神の現われとして見らるべきであろうが、然らざれば、それは古典時代の特殊の事情の下に生じた特殊の思想に過ぎないものであろう。中間の長い歴史の発展を無視し、卒然として古典の思想と現代とを結びつけるのが無意味であることは、いうまでもなかろう。ただしこういう考えかたをするものは、古典の記載に彼らみずからの或る特殊の解釈を加えるのが常である。それがために、現代の世界でなくては考え得られず、現代人でなくては思惟し得られないようなことが、古人の思想においても存在することになる。かかる解釈を加えられた思想であるから、それはそのまま現代に結びつけて考え得られるのである。あるいは寧ろ、その解釈は説くものみずからが現代に対して要求するところを古典の上に反映せしめたものであるから、そう解釈せられた古典の思想が彼らの要求と一致することになる、というべきであろう。かかる解釈のしかたが正当な方法でないこと、それが歴史を無視するものであることは、いうまでもあるまい。近ごろ、しばしば人の口にする「神ながらの道」の如きはこれとも違い、古典には全く見えない語でありながら上代人の思惟したことのように説きなされ、それから逆に、古典にもかかる語が存在する如く考えられる傾向さえも生じたものであり、またその解釈とても必しも現代思想によって施されたものとはいい難く、畢竟《ひっきょう》説くものの恣意《しい》な附会に過ぎないが、上代人の思想でないことをそうである如く解釈する点は同一である。古人が明かに意識せずまたは自覚せずして言説し行動したことについて、それに潜在する思想なり気分なりまたはその心理の動きなりを、現代人が明かな形で認識することは必要であるし、また歴史の発展の過程とその意義とを現代人の思想によって解釈することは当然であって、歴史の学はそこに成り立つのであるが、しかし、それは古人の思想を現代化して取扱うことではない。古人の思想は、どこまでも古人の思想として理会しなければならず、それは古代人の生活とその歴史的展開とを、具体的にまた全面的に、把握することによって始めて可能である。古典の文字や記載を全体の民族生活と歴史とから取り離して見るために、恣意な解釈がそれに附会し得られるのである。徳川時代の儒者や国学者の上代思想の解釈もまたこの点において同様であったが、これは学問の方法の知られなかった時代のことである。然るに、不思議にも今日の一部の思想家には、こういうことが怪まれずに行われている。そうしてそれが日本精神の名を以て宣伝せられているのである。

特殊な解釈を加えるのではなく、古典の文字をそのまま受入れる場合にも、同じことがある。上代の学者が支那の典籍から学び得た知識をそのまま書きあらわしている場合が古典には多く、政治的権威を有する公文においても同様である。それらは日本人の思想とはいい難いものである。日本人の思想となっているものならば、それは歴史の発展と共にその思想にも新しい展開があるべきであるのに、それがなく、何時も同じことが反覆せられている一事を見ても、そういうものが文字の上の知識に過ぎないことは知られる。それにも拘わらず、ただ文字のみを見て当時の日本人の生活の全体をもその歴史的発展をも考えないもの、特に支那思想に親しみのあるものには、それを日本人の思想とし、従って日本精神の現われとして取扱おうとする癖がある。東洋精神というような語を用いて日本精神とそれを一致させようとするのも、一つの由来はここにある。支那思想は支那特有の風土とその上における生活とその歴史とによって形成せられたものであるから、全く風土を異にし、生活状態を異にし、社会組織政治形態を異にし、独自の歴史を展開して来た日本人には、それはあてはまらないものであり、知識としては学び知られても日本人の思想とはならないものである。日本人の知識に存在したにしても、日本精神の現われとして見るべきものでないことは、いうまでもない。だから東洋という地理的称呼に支那と日本とを含ませていうならば、東洋精神というものは初めから存在しないもの成り立たないものである。然るに、そういう無意義の語が用いられ、それが日本精神と曖昧《あいまい》な形で混同せられもするのは、支那についても日本についても、民族生活の実際状態とその歴史的展開とを考えないからのことである。支那から学ばれた知識が日本人の生活の坩堝《るつぼ》の中で熔解せられ、そこから日本人の思想として新なものが形成せられて来ることは勿論あるが、そうなれば、それはもはや支那思想ではない。仏教思想についてもまた同じことがいい得られる。教理上の或る見解が或る上代の有名な著作に現われているという理由から、そこに日本文化の根本精神があるというようなことがいわれてもいるが、開三顕一が何を意味しようとも、一大乗の語に何の義があろうとも、それが日本の民族生活とその発展とにどれだけのかかわりがあったというのか。仏教だけの問題としても、事実、かかることに何のかかわりもなく、その種々の宗派が伝えられも弘まりもし信仰せられもしたではないか。仏教が日本の文化に大なるはたらきをしたことはいうまでもないが、この類の経典の解釈や教祖の判釈に日本精神の淵源なり発現なりを見ようとするのは、民族の生活が如何に動き歴史が如何に展開せられるかを考えないものであろう。

文字にのみ現われている思想でなく、実生活の上において重要なるはたらきをしたものについても、また同じことが考えられねばならぬ。例えば武士道、武士の精神というようなものである。武士道は武士の社会が世襲的主従関係によって組立てられ、その主従関係が知行《ちぎょう》によって維がれていることと、その時代の戦闘の方法による戦争の体験とによって、養成せられたものであるから、そういう組織が維持せられ、そういう戦争を体験する機会が多い時代においてのみ、力のあるものである。だから戦乱が止んで、ただ彼らの地位とその組織とのみが維持せられていた徳川時代になると、それはおのずから頽廃しなければならぬ。のみならず、そういう組織そのものの生命が戦場のはたらきによって恩賞の与えられることにあるのであるから、平和の時代にはそれが漸次形骸化するので、そこからも武士道の弛緩が誘われる。強いてそれを緊張させようとしても、それは不可能であったことが、明かなる歴史的事実である。だから、かかる組織が破壊せられ、武士という特殊地位そのものがなくなった明治時代以後に武士道が亡びたのは当然である。それは或る時代の特殊状態の下においてのみ意義のあったものである。勿論、武士道としては消滅しても、それによって養われた或る気風なり習性なりが、或る程度に後までも遺存してはいるが、それが新に展開せられた新しい時代の生活に適合するには、一般の道徳にまで高められ得るものであることを要する。然らざれば、それは却って新しい生活の障害となるのみである。全体からいうと、主従の関係、人と人との間の道徳であり、集団生活、社会生活の道徳でない点において、武士道は現代生活の根本精神とは一致せざるものである。あるいはまた、家族生活の特殊形態の如きものもこの例であろう。家族生活は如何なる時代にもあるが、その生活の形態なり様式なりは時代によって変化するので、徳川時代のそれは平安朝のそれとは遥かに違ったものであり、そうしてそれは徳川時代の民族生活、徳川時代の社会組織や経済機構の下において、始めて成り立ちもし維持せられもするものである。それとても、遠い昔の家族形態から民族生活の変化に応じて歴史的に発展して来たものであるには違いなく、それと共にまた、徳川時代の家族形態によって馴致《じゅんち》せられた家族感情というようなものが、徐々に変化しながら今日までも或る程度に遺存してはいる。ただしそれが現代生活において如何なる意義を有するかは、武士道の場合と同じである。だから、武士道とか或る時代の家族生活の形態とかに日本精神が現われているというような考えかたは、日本精神という語に特殊の制限と意義とを加えて用いない限り、許され得ることではない。他の民族にはなくして日本民族にのみ生じたものであり、その意義で日本精神をそこに認めることはできようが、その精神は何時の時代にも同じようにはたらくものとはいわれぬ。それは過去の或る時代の民族生活から生まれまたそれを導いて来たものであり、そうしてそういう生活から現代の生活が歴史の過程によって展開せられて来たとすれば、その意味でかかる精神も現代に関与するところのあることはいうまでもないが、直接に実生活の上にはたらいたのは過去の或る時代だけのことであり、それだけでその任務は終ったのである。

古典とか中世の思想とか徳川時代の風習とかいう現代とは縁の遠い過去の生活に日本精神を求めるのは、一見、歴史を尊重するからのようであるが、その実、歴史を解せざるものであるということは、これまで述べたところで、ほぼ明かになったであろう。上代人の思想がそのまま後世までの民族生活を支配しているように考えたり、すべての伝統は皆な遠い上代からのであるとし、そうしなければ伝統に重要性がないように思ったりするのは、なおさらである。上代人の思想のうちで民族生活の発展に適合するものが発展して現代に至り、上代に無かったことが新しく興ってそれが伝統となったところに民族生活の意義もあり歴史もある。そこで起る疑問は、何故に人々が日本精神を説くに当ってかかる遠い過去の時代をのみ顧慮するかということである。過去を顧慮することは、それによって日本精神の由来なり発展の径路なりを知るに必要であることはいうまでもないが、現代において日本精神を説くのは現代の日本のためであろうから、同じく過去を顧慮するにも、もっと近い過去、現代と離れない過去に一層の注意を向けるのが適切ではないか。歴史という語を用いる場合にはそれは現代史である。過去というよりも寧ろ現代である。現代が歴史の頂点なので、上に歴史的発展の全過程といったことには、この意味もある。日本民族が現代において是《かく》の如《ごと》く生活し是の如く活動しているのは、そこに精神がはたらいているからである。生活のあるところ精神があり、精神のない生活はない。さすれば、現代の生活にはたらいている現代の精神こそ、最も直接なる意味においての日本精神ではないか。それは日本精神の種々の意義においていわるべきことであるので、国家的意義においては、日本の国家の存在の根本原理を、法制の上でも思想の上でもまた日常生活のすべての方面においても、明確にしたのは現代であり、世界に対して日本の地位を確立しまたそれを高めてゆくことの欲求と努力とも、日本が列国の間に活動するようになった現代に至って、始めて生じたものである。日本精神は現代において最も旺盛にはたらいているというべきであろう。それにも拘わらず、日本精神を説くものが遠い過去にのみ注目するのは何故であるか。

思うに、これには種々の錯覚や考えかたの混乱から来ているものがあろう。国家としての日本が世界もしくは世界の列国、特に欧米の諸国に対立するものであるということから、日本精神を世界的もしくはいわゆる欧米的な文化に対立するものとして考えるようになり、従って現代の日本は欧米文化、西洋文化に圧倒せられて日本の文化とそれに伴う日本固有の精神とが衰えたとし、そこから日本精神は欧米文化、西洋文化の入らない前の日本に求めねばならぬとしたのであろう。ここに既に一つの錯覚がある。いわゆる東洋精神が日本精神の味方になり、もしくはそれと混同せられる理由の一つは、ここにもあるので、この意味では、支那または印度伝来の文化が日本固有のものとせられるのであるが、これもまた一つの錯覚である。今日の日本精神運動が事実こういう考えかたからのみ出発したというのではなく、またこの考《かんがえ》は日本精神という語の用いられない前から存在したものではあるが、日本精神運動にもそれが含まれまたは合流して来たことは疑がなかろう。そうしてそれは、現代の政治及び社会上の種々の弊害を西洋から学ばれたそれらの機構とその基礎となっている思想とにあるとして、その改新の精神を日本の過去に求めようとする思想と、相応ずるもの互に結びつくものである。この意味では、日本精神運動は現代に対する一種の反抗的態度から出たものである。それが一種の主張であり、日本精神が新に要求せられるものの如く説かれるのも、この故であろう。ところで事実を見ると、現代の日本の文化は、そのうちに古くから伝えられた分子と欧米に源を発して世界化した分子とがあって、それがいろいろの形で結びつき絡みあってはいるが、その全体を蔽《おお》うもの、もしくはその主潮となっているものは、いうまでもなく後者であり、それがなくては日本の民族生活は全く失われてしまう。例えば、現代の科学文化を日本から除き去ることができるかと考えれば、このことは明瞭である。だから、それは西洋の文化でも欧米の文化でもなくして、日本の文化である。源流を欧米に発したものではあるが、それが世界の文化となり、その世界の文化の日本での現われが現代の日本の文化なのである。この科学文化が日本の民族生活に深く浸潤し、それによって現代の日本が活動し、我々の生活が日々に新しく展開せられている以上、そこに日本精神のいろいろの意義においてのはたらきがあるとしなければならぬ。日本人が科学をかくまでに領略しそれを活用するようになったのは、日本人の熱情なり意気込みなり長い歴史によって養われた能力なりの故であるとすれば、それはその意義での日本精神の現われであり、また科学によってこれまでになかった新しい心のはたらきや生活のしかたや従ってそれから馴致せられる習性などが養われていることを思うと、それもまたその意義での日本精神が新に生じたことに外ならぬのである。日本精神の代表的のものの如くいわれている日本の軍人精神というようなものも、日本が新しく世界列国の間に入り込んで行ったことによって発達した国家観念と、近代科学の所産である武器と、それによる戦闘の方法と、またそれに伴う部隊組織とによって、新しく訓練せられたものではないか。科学の取扱いかたに日本人的な特殊なところがあるということも考え得られるが、科学とそれによってつくり出された生活とから新しい精神が生まれるのでもある。科学に関してばかりでなく、いわゆる西洋に源を発した現代文化のすべての方面において同様である。さすれば、この新しい日本の文化とそれによって新しく展開せられて来た生活とを、日本精神に対立するものとするのは、本来、何の意味もないことであり、現代日本の民族生活そのものを直視しないところから生じた考えかたの混乱である。現代文化の内容は複雑であり種々の側面を具えていて、その間には互に密接の関係を有しながら相反する思想、もしくはその上に立つもの、歴史の発展の過程において異なれる段階にあるものが、さまざまにからみ合っているに拘わらず、それを西洋文化というような名称で単純にかたづけるのも、これがためである。外来思想ということもいわれているが、こういう称呼にもし意味があるとすれば、それは現実の民族生活から生れ出たものでなく、単に知識として外から学び知られたものをいうべきであり、そうしてそういうものが現実の生活にはたらきかける思想として存在するのは、文化の程度が低く、知識を外に仰ぎ思索の準拠を外に求める民族においてのみのことである。だからそれを排除するには、全体として日本の文化を高め知識生活を高めることに努力する外はない。

現代の文化、現代の生活と日本精神とを対立するものとする考えかたに根拠がないとすれば、日本精神を現代から離れた過去にのみ求めることの不合理はおのずから知られる。過去に求めながらその過去の思想なり事象なりに何らかの解釈を加えて、そのものには存在せざる意義を附与するのも、実はこれがためである。要するに、過去のそれぞれの時代の生活において日本精神がはたらいた如く、現代には現代の生活においてそれがはたらいている。それを見るのが日本精神を明かにする最も適切な方法である。国家存立の原理とても、現代の要求する政治機構によって現代的にそれが確立せられたので、そこにその意義での日本精神の新しい発現があるではないか。もし現代生活の内面に動いている精神を日本精神として認めず、過去にのみそれを求めようとするならば、それは精神というものを現実の生活から離れて存在し、如何なる時代にも同じようにはたらくものと考えるからであるが、生活から離れているかかる精神というものがもしあるとしても、それは現実の生活を指導する何らの力のないものである。一時は現実の生活に何らかのはたらきを及ぼすように見えても、生活そのものの根づよい力がいつしかそれを反撥してゆく。例えば、徳川時代の家族生活の形態を良風美俗とし、そこに日本精神があるとしてそれを鼓吹するものがあるとしても、現実の生活は事実においてそれに背反していることを知らねばならぬ。今日の勤労階級に属するものは、徳川時代とは違って、父子兄弟各々業を異にし生計を異にして生活するのであるが、かくしてこそ初めて現代の社会が活動しているではないか。国家の制度においても、また昔の家族生活の精神とは矛盾するものがあるので、官吏の恩給とか遺族扶助とかいう規定の如きはその顕著なるものであり、種々の社会的施設とてもまた同様である。現実の生活そのものがそれに適しない思想を反撥してゆくのである。一面においては過去の遺習がなおつきまとっていて、それがために現代社会の機能を十分にはたらかせないようにしていることも多いが、人々は今それを排除するに努力している。そうしてその反撥の力こそは日本精神のはたらきである。あるいはまた世界と離れた民族生活の成り立たない現代において孤立時代の精神が適用せらるべきでないことは明かである。日本精神の振興を説くものは、世界的関聯においての民族生活、世界人としての日本人の生活を見ようとせずして、世界に対して特異の地位を占めるものとしての日本民族、世界に対立しまたは対抗する日本をのみ認めようとするらしいが、それが徹底的に主張し得られないことは、彼らみずからの運動が最近のヨオロッパにおける、そうして日本にはあてはまらないところの多い、種々の意義においての民族主義国家主義の影響をうけ、またはそれとの間に思想的関聯がある一事によっても知られるのではあるまいか。日本人の思想とても世界の思想と離れて存在し得るはずがないのである。

しかしこの考えかたは、日本精神というものをその存在するがままに認めようとするものであり、同時に現代生活そのものをも肯定するものである。これが現代に対する一種の反抗的態度から日本精神を過去に求めるものと違う点である。国家的意義においての日本精神は過去に養われたものを一層明確にしまたは発達させたところに現代の特色があるので、日本精神を過去に認めようとするものも、それを尊重しなければならぬが、過去に心をひかれるために却ってそのことを軽視する傾向があるように見える。が、問題は別にある。現代生活にもその基礎をなす現代の世界文化にも、幾多の、あるいはむしろ根本的な、欠陥があり、それから生ずる弊害が日々に加わって来ていることは、明かな事実である。さすれば、かかる生活の内面に動いている精神にもまた欠陥があるはずであり、そうして欠陥のあるものは日本精神と称するわけにゆかぬではないか、ということが考えられるのである。これは上に述べたような日本精神という語の用いかたにもよるのであるが、そういうことを除外して見ても、ここに問題はあるに違いない。そこで、この意義においてのあるがままの日本精神は批判せられねばならぬことになる。けれども、生活も精神もつねに動いてゆく。現実の生活を克服しつつそのうちから新しい生活を展開してゆくのが生活でありその精神である。現代生活は克服せられねばならぬが、それを克服するものは現代生活そのものなのである。現代から離れた過去にその精神を求むべきではない。あるいはまた日本の文化を世界化しつつそれに民族的特色を与え、日本の民族的文化を創造してゆくことも、かかる精神に期待すべきである。民族としての生活が重要である現代においては、世界的文化にもそれぞれ民族的特色がある。あるいは文化がいよいよ世界的になるに従ってその民族的特色もまたますます濃厚になるという、逆説めいた考えかたも成り立つであろう。この意義において日本の民族的文化が創造せられねばならぬ。ただし外国文化の日本化というようなことが、文化が世界的にならなかった時代に行われたような意義で行われるものではない。採長補短というような久しい前に流行したことのある考えかたも、また無意義であるので、長短は抽象的に定めらるべきではなく、機械的に分離し得られるものでもない。西洋の文化を物質的としそれに対して日本に精神文化があるというような考えかたに至っては、もとより論外とする外はない。けれども、日本民族が一民族として存在し、それが特異の風土の上に立ち長い歴史を有っている限り、日本の民族文化もまた生ずべきであり、そうしてそれは現代生活そのものによって現代の世界化した文化そのもののうちから造り出されねばならず、それを造り出すところに日本精神があるべきである。ただ之《これ》がためには、断えず自己の生活を反省してその内面に動いている精神を探究検討し、みずからも明かには意識していないものを明かな形で認識することが必要である。それは自己批判の意味においてである。自己の精神を自己みずから批判するところに、一層高い精神のはたらきがある。日本精神運動はかかる精神をよび起すところに終局の任務がなければなるまい。

勿論、民族としての生活が現代において重要なるものである限り、民族生活もしくは民族精神に或る誇りを有つこと、従ってそれを美化して観ることに、少からざる意味はある。かくして美化せられたものを遠い過去にまで反映させ、民族史はかかる誇るべき生活と精神とを以て貫通する如くに思いなすことさえも、必しも無意味ではない。けれども、それは寧ろ詩的な芸術的な気分からである。それをそのまま現実の問題にあてはめたり、またはそれを歴史的事実と見なしたり、あるいはまた強いてそれを合理化しようとして恣意な解釈を加えたりするようなことがあるならば、それは恐らくは「日本精神」を正しく導いてゆく所以《ゆえん》ではあるまい。

〔『支那思想と日本』初版〕まえがき

この書の第一部は「日本に於ける支那思想移植史」と題して、岩波講座の『哲学』の昭和八年一月発行の部分に載せたもの、第二部は「文化史上に於ける東洋の特殊性」という題名の下に、同じ講座の『東洋思潮』のために、昭和十一年のはじめに書いたものである。今この二篇を合せて岩波新書の一冊とするに当り、説明の足りなかったところを補い、支那文字を少しでもへらす意味において文字のつかいかたをいくらか変えると共に、題目をもききやすいことばに改めた。わたくしは、近ごろ、支那文字をつかうことをできるだけ少くするように心がけているのであるが、前に書いたものをそうひどくなおすことは、全体を書きかえない限り、むつかしいので、このたびは、このくらいにしておくよりしかたがなかったのである。

この二篇は、いずれも今度の事変の前に書かれたものであるが、事変によって日本と支那との文化上の交渉が現実の問題として新によび起されて来た今日、再びそれを世に出すのは、必しも意味のないことではあるまいと思う。日本人が日本人みずからの文化と支那人のそれとに対し、また支那人が支那人みずからの文化と日本人のそれとに対して、正しい見解をもつことの必要が今日ほど切実に感ぜられる時はない。もしその見解にまちがったところがあり、そうしてそのまちがった見解に本づいて何らかのしごとが企てられるようなことがあるとしたら、そのなりゆきには恐るべきものがあろうと気づかわれるからである。

この二篇に共通な考《かんがえ》は、日本の文化は日本の民族生活の独自なる歴史的展開によって独自に形づくられて来たものであり、随って支那の文化とは全くちがったものであるということ、日本と支那とは別々の歴史をもち別々の文化をもっている別々の世界であって、文化的にはこの二つを含むものとしての一つの東洋という世界はなりたっていず、一つの東洋文化というものはないということ、日本は、過去においては、文化財として支那の文物を多くとり入れたけれども、決して支那の文化の世界につつみこまれたのではないということ、支那からとり入れた文物が日本の文化の発達に大なるはたらきをしたことは明かであるが、一面またそれを妨げそれをゆがめる力ともなったということ、それにもかかわらず日本人は日本人としての独自の生活を発展させ独自の文化を創造して来たということ、日本の過去の知識人の知識としては支那思想が重んぜられたけれども、それは日本人の実生活とははるかにかけはなれたものであり、直接には実生活の上にはたらいていないということ、である。日本と支那と、日本人の生活と支那人のそれとは、すべてにおいて全くちがっている、というのがわたくしの考である。この考は久しい前からもっていたものであって、二十年ものむかしに書いた『文学に現はれたる我が国民思想の研究』にも、一とおりそのことが述べてあるが、その後になってそれがますます固められて来た。日本のことを知れば知るほど、支那のことを知れば知るほど、日本人と支那人とは全く別世界の住民であることが強く感ぜられて来るのである。日本の或る方面では、日本の文化と支那のとを何となく同じものであるように思いなす人たちもあるらしいが、それは、わたくしにいわせれば、自分たちのたずさわっていること、好きなこと、または有《も》っている知識技能が、支那に由来のあるものであるために、それだけを日本の文物と支那のとのそれぞれの、またその間の関係の、全体であるように錯覚するところから生じたものである。このほかにもいろいろの理由はあるが、これがその最も大切なものであろうと思う。日本の文化についても支那のについても、そのすべての方面をひろく見わたし、それを一つの全体としてつかみ、またその根本の精神がどこにあるかを究《きわ》め、それと共に日本人と支那人との現実の生活をありのままに見るならば、そういう考はおのずからなくなるはずである。

なお世間では、これから後の日本が支那に対して政治的経済的または文化的に活動しなければならぬ、もしくはそれらの方面において両民族が提携しなければならぬ、ということと、日本の過去の文化と支那のそれとを同じ一つの東洋文化として見るということが、混雑して考えられているのではないかと思われるが、この二つはもともと全く別のことである。日本と支那との文化が過去にどういう関係であったとしても、それにはかかわらず、これから後は、日本が支那に対していろいろの方面にはたらくことが絶対に必要となって来た。日本は今、支那人の抗日思想をうち破り、両民族が、支那において、互に手をつないではたらくことのできるような新しい状勢をつくり出そうとして、いのちがけの努力をしている。しかしそれには、日本人と支那人とが、上に述べたようにして別々の文化をかたちづくり別々の民族性を養って来た、全くちがった二つの民族であることを、十分に知ってかからねばならぬ。日本人みずからそれを明かにさとるのみでなく、支那人にもよくそれをのみこませなくてはならぬ。特に今日においては、日本は、長い過去の歴史が次第に養って来た独自の精神とそれによって創造せられて来た独自の文化との力によって、現代の世界文化を新しくわがものとし、日本みずからの文化に世界性を有たせて来たのであって、その点において今までの支那とはひどく違っていることを、はっきり支那人に知らせなくてはならぬ。文化上の提携といっても、実は、現代の世界文化をわがものとしている日本が、まだそれまでになっていない支那を導く意味でなければならず、そうしてそれを導くのは、これらの違いを明かにした上でのことである。漫然、日本人と支那人とを、または日本の文化と支那のそれとを混同して考え、それによって東洋人とか東洋文化とかいう語を作ってみたところで、それが支那人に何の感じをも与えないことは、もうとっくに試験ずみになっているではないか。

実をいうと、支那人のうちには、日本には日本に独自の文化がなく、過去においては支那のの模倣に過ぎず現代においては西洋のに追従しているのみである、というような誤った考をもっているものが少なくないようであり、日本に対する軽侮心の一つのねざしもそこにあるのではないかと思われるが、もしそうならば、それはいわゆる抗日の態度とも関係のないことではあるまい。抗日意識が植えつけられたことには、いろいろの理由も事情もあり、またその根本には、民族競争国家競争のはげしくなって来た現代の世界の状勢において支那をどうして立ててゆくかという支那みずからの深いなやみがあり、そのなやみから生じた民族意識国家意識を、もともとそういう意識の弱かった、あるいはなかった、支那人の間に急速に、また強いて、つぎこもうとして、目的のためには手段をえらばず目前の謀のために永遠の計を忘れるのが常である、あるいは自己の言動に自己みずから昂奮してその正否を反省することのできない、支那の一部の政治家や知識人の気質から、そうしてまた人々の権勢欲やそれに伴う術策がそれに結びついて、終には国際信義をも無視し人道をも無視するようになったというみちすじのあることをも考えねばならぬが、よしそれにしても、それが特に抗日という形をとって現われたことには、日本の強さに接したところから生じた圧迫感ともいうべきものと、日本を弱いと見たところから生じた軽侮心とが結びついたため、あるいはむしろ軽侮心がおもてに現われて圧迫感がそのうちにつつまれているため、にそうなったという理由があるのではあるまいか。(弱いと見たものに対しては、いかなることをもしかねないのが、支那の民族性の重要なる一面である。)そうしてその弱いと見たことには、政治的経済的もしくはその他の点においてのまちがった観察から来たところもあるが、日本の文化に対する上に述べたような誤解もまた有力にはたらいているにちがいないと思われる。

ところが、日本人みずからのうちにも、日本の過去の文化の独自性に対する堅い信念をもたず、それを東洋文化などと名づけて、支那の文化に従属したものででもあるように宣伝したり、または日本の現代の文化が世界性をもっていること、それゆえにこそ現代の世界における日本の文化であり、随ってまたそれにはおのずから日本の文化としての独自性が具わっていること、についての十分の自覚がなく、それを単なる西洋文化の模倣であるようにいいふらしたり、するもののあるのは、支那人のこの誤った日本観を助成するようなものであり、また日本に対しては今日でもなおなくしきらぬ支那人の中華意識なり優越感なりに迎合するようなものである。意識してそうするのでないにしても、結果においてはそれと同じことになる。そればかりではない。日本人はとかく外国人に対して媚態を示すようなくせがあるので、それは決して外国人をして日本人を尊重させることにはならぬのであるが、支那人に対しても、文化的方面のことについては、やはりそれがあるようにさえ思われる。支那人のとは全く違った文化を有っている、そうしてその文化の優越性に対する強い自信のある、ヨオロッパ人やアメリカ人が支那人に尊敬せられ依頼せられていることを、日本人はよく考えてみなければならぬ。日本人が支那文字を用いたり支那の詩文をまねて作ったりするようなことも、支那人をして日本人に対する親しみを感じさせるやくにたつよりは、日本の文化を支那のに従属しているものと思わせ日本人を軽侮させるはたらきをする方が大きい。(自分らよりも優れていると思っているものが自分らと同じことをすれば、それには親しみを感ずるが、劣っていると思っているものがそういうことをすれば、それはただ自分らの優越感を強めるのみである。)なお支那においても、新しい世界の空気をいくらかでも呼吸している方面の知識人は、過去の支那文化に対して、ともかくも或る程度の批判的態度をとり、支那を現代化することにどれだけかのはたらきをしているのであるから、その運動が果して正しい方向をのみとっているかどうかは別として、日本人は東洋文化の名によって支那の過去の文化を崇拝しそれに執着しているというようなまちがった感じを彼らに抱かせることは、上に述べたとは別の世界において、日本が支那の若い知識人の軽侮もしくは反感を招くものであり、彼らの心をヨオロッパやアメリカに向けさせるものであることをも、考えねばならぬ。日本人がこれから手を携えてゆかねばならぬのは、支那の若い知識人であるから、日本人はそういう人たちの心を日本にむけさせるように努力しつつ、彼らの運動を正しい方向に導いてゆかねばならぬのである。支那も今は思想の転換期に立っていることを知らねばならぬ。

ところでこう考えて来ると、日本人が支那に対して効果のあるはたらきをするには、日本が世界性を有っている現代の日本文化をますます高めていって、ヨオロッパやアメリカのそれよりも優れたものにしなければならぬということが、おのずからわかるであろう。日本の文化がそうなってこそ、そうして支那人が日本の文化よりもヨオロッパやアメリカのの方が優れていると考えなくなってこそ、支那に対して日本の文化の力を十分にはたらかせ、支那人をしてほんとうに日本を理解させ日本を尊敬させることができるのである。そうしてそういう風に日本の文化を高めるためには、一方において日本人の精神力をますます強めると共に、他方においては文化の発達を妨げるいろいろのじゃまものをできるだけ早く棄ててしまわねばならぬ。このじゃまもののうちには、過去に支那からうけ入れたものが少なくないのであるが、支那文字の如きはその最も大なるものである。支那文字が文字そのものの性質上、一般に文化の発達を妨げるものであることはいうまでもないが、日本のことばと一致しない支那文字を日本人がつかうことは、これからますます発達させてゆかねばならぬ日本のことばのその発達をもひどく妨げるものなのである。また支那文字や古典的支那文、即ちいわゆる漢文、と結びついている支那風の学問のしかたやものの考えかたが、現代文化の基礎となっている現代の学問の精神と一致しないものであることをも、考えなくてはならぬ。支那文字をつかうことをやめるには、順序もあり準備もなくてはならぬから、それをしおおせるまでに或る時間のかかるのは、しかたがない。しかし普通教育の教科として古典的支那文を学ばせるようなことは、一日も早くやめてほしい。これはすぐにでもできることである。古典的支那文を学ぶことは、過去の日本や支那について特殊の学問的研究をするものには必要であるが、一般には何の用もないことであり、学生のほんとうの教養ほんとうの知性の発達の妨げになるのみである。支那文で書かれた日本の古典やいろいろの著作はそれを日本文に書きなおすことによって、いくらでも世間に弘めることができるのである。なお支那の現代語を普通教育の教科としようというような考は、もっての外のことといわねばならぬ。現代支那語を学ぶことは、日本人にとっては何の教養にもならぬからである。これもまた現代支那についての特殊の知識を要求するもの特殊の学問的研究をするものや、支那へいって支那人と親しく接触しなければできないようなしごとをするものには、必要であろうが、それにはそれを学ぶことのできる特殊の機関があればよい。支那人と接触するしごとをするについても、日本人と日本の文化とにほんとうの力があり、それによって支那人が利益をうけることが知られて来るならば、支那人の方から日本語を学ぶようになるはずである。

更にいい添えねばならぬのは、日本人が支那に対してほんとうのはたらきをするには、支那のあらゆることがらについての精密なる学問的研究、特に文化についてはそういう研究と共にそれによっての厳正なる批判、をしてかからなければならぬ、ということである。今日では日本が支那から学ぶべきものは何もないが、こういう研究と批判とはぜひとも必要である。それが日本人のすべてのはたらきのもとになるのである。文化方面のことについていうと、昔の日本の学者は、学問というものは他から何ごとかを学ぶことだと考えていたので、それがためにおのずから自己の学んだことを学んだままに崇信するようになり、そこから偏固な宗派心が彼らの間に養われて来た。支那に関することでは儒者の学問がそれであった。しかし現代の学問は研究することであり批判することであって、昔のような意義で学ぶことではない。そこで、例えば儒教のようなものに対してもまたそれが要求せられる。政治のおしえ道徳のおしえとしての儒教が、権力者や知識人の思想のうえ知識のうえでは、長いあいだ大なる権威をもっていたにかかわらず、その力によって支那の政治と社会とが少しもよくならず、支那の民衆が少しも幸福にならなかった、という明かな事実も、こういう研究と批判とによって始めてその理由が知られるであろう。そうしてそれがこれから後の支那人に対する指導方針を決定する重要なる資料となるであろう。儒教のみならず、あらゆる文化上の現象についても同じことが考えられねばならぬ。そうしてかかる研究が多方面に行われることは、おのずから学問の世界において支那人を導くことにもなり、日本の現代文化の力を支那人に対して示すことにもなる。のみならず、それはまた、支那についての知識をもたず、支那人の生活、支那の社会の実際状態を知らず、それがために今度の事変についてもまちがった考をもっているものの多い、ヨオロッパ人やアメリカ人に対して、支那についての正しい知識を与えるやくにもたつのであって、これは日本人のぜひともしなければならぬことである。（残念なことには、日本でまだこういう研究が十分に行われていない。ある方面ではりっぱな業績がおいおい現われて来たけれども、それの現われない方面が少なくなく、特に思想に関することにおいてそうである。何故にそうであるかは、上に述べたところによっておのずから知られるところがあろう。）

「まえがき」でこういうことをいうのは、ふさわしくないようでもあるが、この書に説いてあることと密接な関係があるので、率直にわたくしの考を述べたのである。日本は今、支那に対して行っている大なる活動に向ってあらゆる力を集中している。この活動は、すべての方面において、十分にまた徹底的に行われねばならぬ。そうしてそれが行い得られるのは、上に述べたようにして歴史的に発達して来た日本人に独自な精神と、世界性を有っている現代文化、その根本となっている現代科学、及びそれによって新に養われた精神のはたらきとが、一つに融けあったところから生ずる強い力の故である。ところが、この日本の状態と全く反対であるのが今日の支那の現実の姿である。今度の事変こそは、これまでの日本と支那との文化、日本人と支那人との生活が、全く違ったものであり、この二つの民族が全く違った世界の住民であったこと、それと共にまた、日本人に独自な精神と現代文化現代科学及びその精神とが決して相もとるものではないことを、最もよく示すものといわねばならぬ。現に支那において諸方面に活動し、いろいろの意味いろいろのしかたで支那人と接触している日本人には、そのことが明かに知られているであろう。この書に収めた二篇は、要するにこの明かな現在の事実の歴史的由来を考えたものに過ぎない。

昭和十三年十月

日本に於ける支那学の使命

こんどの支那事変が起ってからたれしも深く感ずることは、支那についての日本人の知識があまりにも足りなさすぎるということであろう。日本人が支那についての研究をあまりにも怠っていたということであろう。支那文字をつかうことがあまりにも好きであり、支那を含む意味で東洋ということを何につけてもいいたがる日本人が、その支那についての知識をあまりにも有《も》たなさすぎることが、こんどの事変によってよく知られたのではあるまいか。あるいはこれから後もますますよく知られてゆくのではあるまいか。しかし時局について語ることは、わたくしの職分を超えている。わたくしはただ、こういう状態には学問としての支那の研究、即ち支那学、が日本においてまだ十分に発達していないところにも理由があるということを述べ、そうしてそれと共に、支那学は単に目前の実際問題を解決するについて必要な知識を提供する責任があるにとどまらず、学術そのものとして大なる使命を有っていることを説きたいと思うのみである。

ここに支那学というのは支那を研究する学術ということであるが、自然科学に属するものはそれに含ませない方がよかろうから、支那の文化を研究する学術と限定していうべきであろう。これまで日本にも支那に関する学問はあったので、それが漢学ともいわれていた。あるいは今もなおそれがあるといってもよかろう。漢というのは支那のことであるから、漢学という名はことばの上では支那学というのと同じであるが、われわれが今、漢学の名をすてて、ことさらに支那学という称呼を用いるには、理由がある。漢学は現代の学術の意義で支那を研究するのではなくして、支那のことを支那から学ぶのである。そうしてその学ぶことは、主として支那の文字とそれによって書かれた支那の古典とであって、思想的意義においてはその中心が儒学にある。一くちにいうと、漢学は儒学の一名であり漢学者は儒者であったといってもよいほどだからである。儒教の外の支那の思想を知ること、支那の古典的詩文をまねて作ることがそれに伴ってもいたが、よしそれにしても、支那の書物に記されていることを学び知り、すべてにおいてそれを手本としようとしたのが、いわゆる漢学である。さて、こういう儒学としての漢学を思想的側面から見ると、それが現代的の学術でないのは、教としての儒教を説くためのものだからである。儒教は教であるから完全なものとせられ、従ってそれに対しては批判が許されぬ。研究ということも教そのものを批判しない程度において許されるに過ぎないから、それは書物や文字の解釈などの末節においてのみ行われる。また教というものには必然的に伝統の権威と宗派的偏執とが伴い、その点からも自由な研究が妨げられる。

あるいはまた儒教の歴史的発展を考えることが好まれず、儒教ならぬ思想のそれに入りこんでいることを認めたがらないのも、儒教は初から完全なものとして成立っていると見たいからである。なお教は完全なものでなければならぬから、何時《いつ》の世にも適切なものとせられるが、その実、儒教は支那の昔の社会や政治の状態から生じたものであるから、日本の、また現代の、事情にはあてはまらぬ。けれども、あてはまらぬとしては教の権威がなくなるから、強いてそれをあてはめようとしてむりな附会をする。儒教は国家主義であるといったり、または儒教に国際道徳の思想があるような考えかたをしたりするのも、こういう昔の儒者の遺風であろう。儒教道徳は特定の関係のある個人と個人との間のものであって、集団生活に関するものはそれには全く存在せず、政治思想としては君主が如何《いか》にして民衆を服従させそれを駕御《がぎょ》するかを説くのがその精神であって、現代的意義での国家という観念は全くない。また支那の帝王は全世界に君臨すべきものとせられている儒教に、現代の国際関係の如きことが予想せられていないことは、いうまでもない。だからこういうことをいうのは実は儒教そのものを歪曲《わいきょく》することになる。儒教の術語を現代にあてはめようとするのも同じことであって、王道というような語を用いるのもそれである。儒教思想での王道と現代の国家とは根本的に矛盾した精神をもつものである。君主と民衆とを対立の地位に置き、そうして民衆の生活の全責任を君主に負わせるのが王道だからである。儒者はまた儒教の教としての権威を傷《きずつ》けるような事実には全く目をふさぐ。儒教が支那の帝王やそれに隷属する知識人によって長い間支持せられて来たにかかわらず支那の政治がかってよくなったことがないという明白な事実について、儒者は知らぬかおをしている。こういう儒者の学問が真の学術でないことは明かである。漢学の称呼をとらず支那学という名を用いるのは、これがためである。支那学は儒教をも研究の対象とするが、儒学とは違って自由な学術的見地からそれを解剖し分析し批判するのである。支那のあらゆる文化現象を研究するに同じ態度をとることは、勿論である。

もっとも支那学という名は、ヨオロッパの学界におけるシノロジイの訳語として、これまでも行われていたものである。シノロジイはエジプトロジイとかアッシリオロジイとかいうのがこれらの古代東方民族の文化を研究する学術の名として用いられているのと同じく、極東の支那を研究の対象とするものであるが、それには東方のいろいろの民族の文化がヨオロッパの現代文化、ヨオロッパ人にいわせるとそれが即ち世界の文化、の圏外にあるもの、彼らにとっては何らかの特異のものであるという考《かんがえ》が潜んでいる。現代の学術が多くの部門に分れていて、それぞれ専門的に研究せられているにかかわらず、これらの東方民族の文化の研究においては、一括してそれをエジプト学とか支那学とかいっているのも、そのためのようである。無論、こういう名には歴史的の由来もあり、これらの民族の文化について専門的に科を分けて研究するほどのことが知られていなかった、あるいはいない、という事情もあるし、また例えば同じく支那学者といわれていても、実際は学者によってそれぞれ研究の方面が違っていて、その意味では部門が分れているのと大差がないことになる、という事実のあることも考えねばならぬが、それにしても、こういう名が依然として用いられているところに意味がある。そうして上に述べたようにしてやや専門的に東方民族の文化を研究するにしても、それぞれの専門的な学術の本領からは離れたもの、何らかの特異のもの、のように考えられる傾向がある。学術がヨオロッパ人の学術であり彼らの文化現象の一つである以上、今日までのヨオロッパ人の考としては、これもまたむりのないことであろう。さすれば、そういう風の学術としてヨオロッパに行われている支那学のその名をわれわれが用いるのは、甚だふさわしくないようでもあるが、われわれは別の意味でそれを利用するのが便利だと考える。それは多くの方面から、また多くの部門に分けて、それぞれの専門的研究をするにしても、その間に緊密な関係をもたせて互に助けあい、そうしてそれを綜合することによってのみ、支那の文化は明かにせられるからである。支那の研究のみでなく、すべての学術がそうであるので、学術の分科は止むを得ざる便宜法であり、あるいはむしろ制約であり、研究の目的は全体としての文化であり人間生活である。ところが、学術が分科的になるに伴って、その一つ一つの部門がそれぞれに別々の目的を有っている独立の学術であるように考えられるのみならず、その一部門の専門家には、その部門のみが学術のすべてであるようにさえ思いなされる傾向が生じ、従って一方面からのみ見たことで全体をおしはかりがちであって、これが現代の学術の弊である。支那文化の研究においてもこのことが考えられねばならぬが、日本人の支那研究においては特にそれについて注意しなければならぬことがある。日本人の支那に関する知識は、長い間の因襲として、いわゆる漢学、あるいはその中心となっている儒学、によって与えられたものが主になっているようであるが、上に述べたような儒学の学問のしかたが現代の学術のと全く違うということを除けて考えても、儒教は多方面である支那の過去の文化、過去の支那人の生活のわずか一部面であるに過ぎないのに、それが支那人の生活を支配していた支那思想の全体であるように何となく考えならされ、儒学によって支那の全体が知られるように錯覚していたのが、儒学の教養をうけた日本の過去の知識人であった。なお儒教そのものについても、経典のみによってそれを知ることはできないので、儒教を発生させ変化させ、また後世までそれをうけつがせた支那の社会的政治的状態とその歴史的推移、支那人の心理、思惟のしかた、支那語の性質、並《ならび》に儒教と並んで存在した種々の思想、宗教、文学、芸術、及びそれらと儒教との関係など、要するに支那人の生活、支那の文化の各方面にわたってのそれぞれの学術的研究を遂げることによって、始めて儒教を知ることができるのであるが、これまでの儒学はこういうことを殆《ほとん》ど問題にしていなかった。従って儒学を講じた昔の儒者は実は儒教を知らなかったのだといっても、さしつかえがないほどである。そういう儒者が支那を知らなかったことは、いうまでもない。そこでわれわれは現代の学問のそれぞれの分科に従って各方面の支那文化を学術的に研究すると共に、その研究が一つの全体としての支那文化を明かにするためであることを忘れず、相互の間に聯絡を有たせつつ、綜合的な見かたを失わないようにして、その研究を進めてゆかねばならぬ。儒教そのものもまたかかる研究によって始めてその真の性質と並に過去の支那の文化におけるその地位と功過とが明かにせられることになろう。こういうように、いろいろの学術的研究の間の相互の関聯と綜合とを尊重する意味において、それぞれの分科がありながらそれを包括して支那学と称することが適切であろうと思われる。

ところで、こういう支那学の使命には、純粋に学術としてのと、直接に実世間にかかわりのあるものとしてのと、二つの方面があろう。そこで、純粋なる学術上の見地に立って第一に考えられるのは、いうまでもなく我が日本の学界に対するその使命である。近ごろの日本の学界における支那文化の研究は、かなり諸方面にわたって行われていて、りっぱな業績がおいおいに現われて来たが、研究すべきことがらの無数にあり無限であることから見ると、まだほんの手がつけ初められたというまでの話であり、そうしてまた殆ど手がつけられずにいる方面も少なくない。日本の知識人が常に目なれている古典支那文を正しく解釈するということだけから考えても、ぜひともしなければならぬ支那語の言語学的研究というようなことが、その一例として挙げられよう。日本人は支那文を日本語化して読むので、一般には日本語と支那語との言語としての性質のちがいが明かに考えられていず、それがために古典の解釈を誤まることが多いようであるが、これは一つは支那語の言語学的研究が行われていないからである。それの行われない一つの理由があるいはこういう読み方になれているところにあるかも知れぬが、少しく考えてみれば、かかる読みかたそのものに大なるむりのあることはわかるので、そこから支那語の言語学的研究が要求せられて来るはずでありながら、それが多く、試みられていないのではあるまいか。支那語の歴史的変遷の如きも、古典支那文を見なれていると共に現代支那語にも接している日本人、日本における支那文字の声音と支那におけるそれとの違いを知っている日本人には、おのずから学術的研究の興味をよび起させる好題目であるにかかわらず、その研究が進んでいない。そうしてこういうことはどの方面にでもある。日本はかつて支那文化の世界に包みこまれたことがなく、日本の文化は日本において独自に発展して来たものであるが、その文化財ともいうべきものには支那に淵源のあるものが多いから、それらの一々についてのその淵源を明かにすることが必要でありながら、その研究の十分にできていないものがあるからである。

研究が行われているように見えていても、その実、真の学術的方法によらず、非学術的な過去の支那人の考えかたがうけつがれていることも、少なくないようである。例えば古典の研究においては、近代支那に成り立った考証学の方法が殆どそのままに用いられているというようなことがあるのではなかろうか。考証学の方法にも現代の学術から見て妥当なものはあり、それによって尊重すべき業績が多く遺されていることも事実であるが、もともと古典の記載をその記載、特に文字によって考えることから出発した方法であり、それだけですべてを推断しようとするものであるために、現代のいわゆる文献学において大切なはたらきをしている思想的の取扱いかたは殆ど欠けている。思想の社会的心理的もしくは歴史的研究などに至っては、考証学者の夢にも考え及ばなかったところであり、初からその方法の範囲外に属することであった。考証学の方法による古典の批判にすら一定の限界があったのは、一つは考証学者がなお儒学者であったからでもあるが、一つはまたこの故でもある。だから、こういう方法で真の学術的研究をすることはむつかしい。上に述べたような儒者の態度のうけつがれている方面でのしごとは学術的研究としては初から論外に置くべきものであるが、そういう方面において或る程度に研究的態度のとられた場合にも、または儒者風の色あいの薄かったりなかったりする方面の学者のしごとにも、そこに幾多の労作があり優れた見解の認められるものがあるにかかわらず、研究の方法としては多かれ少かれこの考証学のそれに拘束せられている気味があるのみならず、意識してかせずしてか儒者風の因襲的思想に気がねをしている様子さえも見られるのではあるまいか。そうしてこの点においては、現代支那の若い学者の方に却って日本の学者よりも自由な学術的な研究的態度をとっているものがある。彼らのうちに儒者的態度から離れているもののあることは、いうまでもない。かかる学者の真に学者と称すべきほどのものは数においてなお少く、その業績において必しも賞讃すべきもののみには限らないが、こういう態度がとられ、そうしてそれが学界の主潮となっていることには気をつけねばならぬ。日本の学者にはとかく過去の支那の学風に追従するくせがあるので、それがためにさまででもない支那の老学者からすらも軽んぜられていたのであるが(追従するものはせらるるものから軽んぜられるのが当然である)、それと共にまた過去の学風に追従していることによって現代支那の新しい学者からも侮《あなど》られるようなことがなければ幸である。旧と新とにかかわるのではない。過去の支那の学問のしかたが学術的でなく、新しいのがともかくも学術的方法をとろうとしている点に意味があるのである。

日本の支那学の使命はこれまでの学界のこういう欠点を補い、現代の学術的方法によってあらゆる支那の文化を研究してゆくところにその使命があるのであるが、上に述べたような儒者的な学問のしかたに対する、従ってまた儒教そのものと儒者の崇拝する過去の支那文化とに対する、徹底的な根本的な批判がそれによって始めて行われるであろう。現代においてはそういう批判を儒教に対し支那文化に対して加えることが、さしあたっての支那学の第一の使命であるといってもよいほどである。

第二は支那の学界に対する日本の支那学の使命である。現代支那の若い学界に正しい意義での学術的研究の気運が開かれていることは既に述べたとおりであるが、研究そのことはさして進んでいるとはいい難い。そこにはなお記誦をつとめる昔からの因襲が残っていたり、学術的研究の方法についての理解が十分でなく、論理的実証的に事物を考えてゆく用意が足りなかったり、あるいはまた伝統の権威が或る程度にはたらいていたり、ヨオロッパ人やアメリカ人の見解なり学説なりにひきずられている点があったりするので、それらの事情のためにこういう状態にあるのであろう。一例を挙げると、いわゆる殷墟《いんきよ》出土の甲骨文字の取扱いかたの如きにもそれがあるのではなかろうか。あのようなものがいかなる時代に何のために作られたか、またそれにいかなる価値があるかは、いろいろの方面からの精細なる学術的研究を経た上でなくては決められないものであるにかかわらず、そういう研究を経ずして手がるに殷代のものと定められたのみならず、それによって殷代文化というものを臆測しようとするような性急なことさえも考えられている。近年に至って考古学的発掘事業が或る程度に行われはしたが、それによってすぐに殷代のものであることが帰結せられるかどうかは疑わしいし、またこの問題は考古学的調査によってのみきめられるものでもない。もしその文字が果して卜に関するものであるとするならば、何のためにそういうものを甲骨に刻したのであるか。卜が焼かれた甲骨のひびわれの迹《あと》を見ることによって行われたものならば、焼く前にそれに文字を刻するというのは解しがたいことであり、またそのひびわれの迹のある甲骨は神聖なものであるから、卜した後にそれに文字を刻するのはその神聖を傷けるものではないか。焼かない前においても甲骨は神聖なものとせられたはずである。あるいはそういうことを問題としないでも、仮に文字を刻することが実際の風習として行われたとするならば、それは少くとも卜に必要のないことが卜に附加せられたもの、卜の方式の複雑化せられたものであり、従って後世のことでなければならぬのに、卜に関する記録の後に伝えられている時代になっては、毫もそういうことの行われたらしい形跡が見えず、そうしてそれよりも遥に古い上代においてそういうことがあったというのは、卜の方式の歴史的変化の順序に相応しないものではないか。この点については支那のいろいろの占いの術とその歴史との上から、また世界の諸民族の占いの方式との比較対照の上から、総じては一般の原始的宗教や呪術《じゆじゆつ》やに関する学術的研究の上から、こまかに考えられねばならぬことであるが、そういう研究が十分に試みられたかどうか。これは一つの問題を挙げたに過ぎないので、他にも研究すべき困難の問題がいろいろある。今一々それを述べないが、そういう研究を経ず、それらの問題に一々明かな解釈を施さずして、甲骨文字を遠い上代のものとするのは、学術的の取扱いかたとして周到な用意があったとはいいかねる。ここでいうのは、甲骨文字がいかなるものであるかの問題ではなく、支那の学者のその取扱いかたが学術的であるかどうかの点であるが、実をいうと、はじめてこの甲骨のもてはやされたのが、学術上の見解からではなくして、文字を愛する支那人の習癖、いわば一種の骨董癖、から出たことであるので、それから生じた愛翫的態度が後までも除かれないでいるのではないかと疑われる。さすればその取扱いかたに真の学術的研究の方法と見なしがたいところのあるのも、当然であろうが、それはやがて現代の支那学界の進歩の程度を示す重要な一例を示すものではあるまいか。しかしそういう欠点があるにしても、現代支那に学術的研究の気運が開け、方面によっては相当の業績の現われていることも、また事実である。もしそうならば、こういう気運をできるだけ助成し若い支那の学者と手を携えて支那文化の研究を進めてゆくのが、日本の支那学の使命でなければならぬ。そうしてそうするには、日本みずからにおいて一日も早く学術的でない従来の支那に関する学問のしかたをうちすて、新しい正しい支那学を盛《さかん》にして、それによって支那の学界がおのずから指導せられるように努力しなければならぬ。日本の支那学が支那の学問よりも進んだ状態になり、日本の学者の支那文化に対する批判が正しければ、支那の学者はおのずから日本の学術を尊敬し、意識してもしなくても、それに指導せられるようになる。そうして学術的研究の方法を理解する点において支那人よりは少くとも幾日か長じている日本人には、これは決してむつかしいことではない。日本人の自然科学における業績を見れば、このことは明かである。ただ長い間の因襲のために、支那に関する学問においては日本人のこの学術的能力が有効なはたらきをしなかったのみである。

第三にはヨオロッパやアメリカの支那学に対する日本の支那学の使命である。西洋の支那学者の熱心と精励と努力とに対しては十分に敬意を表するし、その業績にりっぱなもののあることも明かであるが、しかしすべての業績がよいものであるとは限らぬ。概していうと、歴史上の研究とか考古学的なしごととかにおいては、すぐれたものがあるが、思想の問題になると、かなり様子が違う。儒家や道家の思想を考えるに当っても、その基礎的資料としては、過去の支那の学者の説なり古くからの伝統的思想なりをそのままうけ入れ、それに対して学術的検討の加えられていないものがあり、文芸を語っても見当ちがいの臆断が少なくないようである。あるいはまたヨオロッパ人やアメリカ人の思想にあてはめて、またはそれから類推することによって、支那の思想を考えるという弊もある。西洋の学者の論著を多く読んではいないので、断定的のことばを用いることを避けるが、わずかばかり見たところから、こういう感じをうけている。日本人の思想についての西洋人の観察に正しいものが極めて少いという事実からも、このことは類推してよいと思う。そうしてこれは西洋の学者としてはむりのないことであろう。西洋の学者にすぐれた業績のあることを見のがしてはならず、尊重すべきものを尊重するに吝《やぶさか》であってはならぬが、それと共にまた彼らのしごとと彼らの能力とを買いかぶってはならぬ。横文字で書いてあるから優れたものだと思うような迷妄をとりのけることは、支那学においてもまた必要である。過去の支那に行われていた因襲的な考が、西洋の学者の頭をとおして横文字になって現われると、その考が日本人の間に権威を生ずる、というような笑うべき状態をうち破らねばならぬことは、いうまでもない。要するに西洋の学者の支那思想に関する研究には幼稚な点がある。そう思うと、こういう程度の西洋の支那学の研究を指導してゆくのは、日本の学者の任務であることが考えられる。日本人は今、西洋に発達した学術上の知識とその研究の方法とをよく理解していて、この点においては西洋の学者と同じ能力を有っている。そうして支那の書物を読みその思想を理解する力は彼らよりも優れている。支那学においては日本がヨオロッパやアメリカよりも高い地位を占めなければならず、また占め得られるものである。

第四は、必ずしも支那学というものに限らず、また日本とか支那とか西洋とかの区別に特殊のかかわりのない、一般の学問の進歩に対する日本の支那学の使命である。現代の文化科学はどの方面のも西洋において一応かたちづくられたものであるから、それには西洋に特殊な社会なり文化なりに本づいた見解が多く含まれ、また西洋の外の文化民族の生活や思想がその資料として用いられていない場合が多い。従ってその学説にはかなり偏頗《へんぱ》なところがある。然《しか》るにそれが一般的世界的意義をもつ学術の形を具えているために、そういう学説に普遍的価値があるように見なされ、支那の社会や文化をもそれにあてはめて解釈しようとするようなことさえ行われがちである。西洋で形づくられたいろいろの学説がすべて西洋の外の文化民族にはあてはまらぬというのではなく、そういう学説を生み出した学術的研究そのものがいけないというのではなおさらない。ただ上に述べたような欠陥があるというのである。そこでこの欠陥を補い、いろいろの文化科学に真の普遍性をもたせるようにするのが、われわれ日本の学徒の任務である。これは勿論、支那に関することのみの話ではないが、支那のこともその一つであり、日本の支那学が発達し、それによって日本の支那文化の研究がりっぱにできてゆくならば、その一部面からだけでも、世界的意義をもつ文化科学に新しい資料を提供し、日本人の思索によってヨオロッパ人の見解を修正してゆくことができるはずである。学術は世界性をもたねばならぬ。それについては日本人や支那人がそれぞれの偏見をはたらかせてはならぬと同じく、ヨオロッパ人やアメリカ人の偏見もまた正されねばならぬのである。

以上は純粋な学術的見地に立ってのことであるが、学術はどこまでも学術としての権威をもち学術としての使命をもたねばならず、そうすることによって始めて世界の文化を進めてゆくことができるのであるが、しかし一面にはまた学徒の属する民族的活動なりその時代の世界の動きなりに対して学術自身の立場から直接に貢献するところがなければならぬ。そこで第一に事変下の今日の日本においては、支那の文化、支那人の生活についての正しい知識をすべての日本人に与えることが、この意味での支那学のさしあたっての使命であろう。昔の儒者によって支那の文化に関するまちがった知識が与えられ、その知識がまだ十分にぬけきらないでいるような状態だからである。日本の一部の知識人においては、日本も支那も同じく儒教国であるというようなことが漠然と考えられ、支那人の道徳観念が日本人のと同じであるようにさえ何となく思われているらしく、従って日本人に対すると同じ態度で支那人に対するようなことがありがちであり、それがために思わぬ失敗を招くことが多い。だからそういう考の誤《あやまり》を正すだけでも、今日においては意味のあることである。日本が儒教国でないことはいうまでもなく、支那においても儒教は帝王の権力を固めるために利用せられたのと官吏となることを畢生《ひっせい》の目的としていた知識人がその官吏となるに必要な知識として学習せられて来たのと、この二つの外には殆どはたらきをもたなかった。勿論これだけの事実は、少しく支那の実情を知っているものならば、たれにでもわかっていることであって、特殊なる学術的研究をまって始めて知り得られることではないが、日本人が支那に対してはたらくために必要な知識であって而《しか》も綿密な学術的研究によってでなくては知り得られないことが、極めて多い。支那の政治、社会、道徳、宗教、家族形態、村落組織、土地制度、一々数え挙げるまでもなく、要するに支那人の生活のすべての方面の実際状態がそれである。あるいはまた地方による習俗や気風のちがい、知識人と一般民衆との思想及び感情の差異を考えることも必要であり、なお日本が支那にはたらきかけるについて最も大切な、そうしてまた周到な研究を要することがらとして、支那人の民族意識民族感情についてのさまざまな問題があるであろう。今日の世界の動きにおいて、その原動力となっているもののの一つは「民族」の観念であり、そうして支那の知識人にもいろいろの事情から新しく強められて来た民族意識が存在し、刺戟の如何によっては民族感情の昂進する場合があるべきことを予想しなければならぬからである。これらのうちには実際に支那人と接触することによって知られることの多いものもあるが、しかしそれが確実性を有つには、それぞれのことがらについての歴史的由来を明かにすることと、諸方面から与えられた資料を学術的に処理し研究することが必要である。そうしてそういう確実なる知識の上に立って始めて支那に対する正しいはたらきができるはずである。今日において最も必要な用意は、よく現実を凝視し、あらゆる支那の事物に対して冷静な観察を加え、それについてのたしかな知識を得ることである。人々の単なる主張を徒《いたず》らに強いことばで宣伝し、ややもすればそのことばその主張にみずから陶酔するようなことがあってはならぬ。国民の志向するところを見定めてそれを簡明に表現することも必要ではあろうが、ことばは机の上でいくらでも作られるが事実はそうはゆかぬということも注意せられねばならぬ。こうはいうものの、かかる知識をすべてにわたって提供し得るほどに今の日本の支那学は進んでいない。目前の要求に応ずることが支那学の方でできないのである。

率直にいうと、支那のことは学術的には研究のできていないことばかりである。勿論、部分的にはいろいろの価値ある研究が現われているが、全体から見ると、こういわねばならぬような状態である。ここにはただ支那学にかかる使命のあることを述べるのみである。そうして目前の要求を切実に感ずることによってこの使命が学徒の間に自覚せられ、その自覚によって支那学の研究の大に興らんことを期待するのである。

第二には支那に対する同じ意味での使命である。支那は今あらゆる方面について支那みずからを反省しなければならぬ時である。支那人は民族としてまた個人としてのその根づよい生活力を有っているにかかわらず、その政治において文化において現在の如き状態にあるのは何故であるか、それは過去の長い間の政治の精神なり文化の本質なりまたは民族性の根本なりにおいて、重大なる欠陥があり、現代の世界に立ってゆくには適合しないものがあるからではないか、あるならばそれは何であるか、いかにしてそういう欠陥のある政治が行われ文化が形成せられまたは民族性が養成せられたのであるか、これらのことを十分に反省しなければならぬ。支那の若い知識人には既にかかる反省があり、過去の支那の文化や政治に対する批判的態度がとられ、それに伴って新しい政治、新しい文化を建設し民族生活を改善しようとする運動が行われた。しかしその反省と批判とが十分でなく、そういう運動そのものに過去の因襲や民族性の欠陥がからまっていて、それがために現在の破局が導かれた。しかしこれは決して過去の政治、過去の文化が肯定せられその復活が要求せられることではない。過去の政治、過去の文化に大なる欠陥のあることはあまりにも明かな事実である。必要なのは上記の反省と批判とを徹底させ、それを基礎として改新の運動が正しい方向をとってゆくことである。しかしそういう反省と批判とは過去の生活の誠実な学術的研究によらねばならぬが、支那人自身においては、上に述べたところからもおのずから知られるように、それにはいろいろの困難がある。そこで日本の支那学がおのずからそれを助けてゆくことにならねばならぬ。支那人がこういう意味において日本人の研究をうけ入れるかどうかというと、支那人の性質としてはそれにもまた多くの困難があろう。しかし日本人の研究がたしかであり、そうしてそれが支那をよくするやくにたつことがわかって来れば、支那人とてもそれを承認しなければならなくなる。

第三に考えねばならぬのは、ヨオロッパ人やアメリカ人に支那の真相を知らせる使命を有っているということである。西洋の支那学は、それが純粋なる学術的研究である限り、概していうと特殊な学問的興味からのしごとであって、一般人に対して支那を知らせるやくにはあまりたっていない。一般人の支那に関する知識は、そういう支那学からではなくして、現に支那においてはたらいている宣教師や通信員や外交員や実業家やによって与えられているようであるが、かかる方面の人々の意見には、業務の性質上、いずれも偏執がありがちであるのみならず、自分らの接触しているところから得た感想で全体を臆測したり、現在の事態のみを見てその歴史的由来などを考える遑《いとま》がないためにその事態の真相を解しなかったり、するような欠陥のあることを免れない。従って支那の真相が一般の西洋人には知られないことになる。だから支那についての正しい知識を彼等に与えるのは、公平な学術的研究を生命とする支那学の力によらねばならず、日本の支那学は進んでそういう任務をひきうけなければならぬのである。以上が実世間に対する日本の支那学の使命についての私見である。

こんなことをいって来ると、学術的研究そのことについても実世間に対するはたらきについても、徒らに大言壮語をするように思われるかも知れぬが、日本人は日本人の支那学をそこまでもってゆかねばならず、またもってゆくだけの能力を十分に有っていると、わたくしは確信する。学術的研究についていうと、事実、史学とか考古学とかいう方面では、今日の状態においてでも、支那に対し世界に対して日本人のこの能力を示すだけの業績を少からず有っている。ただ支那学の全体から見ると、残念ながら、上記の使命に適応するだけのしごとをしているとはいい得られず、そこまでゆくにはまだまだ大なるへだたりがある。日本人が支那に対して実際的のはたらきをするための基礎的知識として要求せられていることをすら、今日の支那学は提供することができないでいるような状態ではないか。これにはいろいろの理由があるので、その第一は、これまでの日本において真の学術的研究とその精神とが尊重せられず、学術の権威も認められず、従って研究のために必要な費用も供給せられず、学者も多く養成せられなかったということである。学術の研究には小さいことがらについてでも長い時間がかかるということすら、一般には知られていない。純粋なる学術的研究、研究室内の研究は実務のやくにたたぬ無用のもののように考え、それでありながら何らかの必要が起ると急に学者を利用しようとしたり、学術上の素養もなく知識もないものが学術的研究に喙《くちばし》をいれようとしたり、そういうようなことさえもなかったとはいいがたいが、これではまじめな学術の研究が盛にならなかったのは、むりもなかろう。次に全体の学界の傾向からいうと、ヨオロッパやアメリカからは学ぶべきものが多いが支那からは何も学ぶべきものがないために、学者の注意がそれに向けられなかったということが考えられよう。ただ支那思想を取扱う方面のみには、はじめにも述べた如く、支那に関する学問は支那のことを支那から学び支那を手本としてそのまねをするものだという昔風の考えかたが今なお或る程度に残っていて、それがために過去の支那の思想に権威を認め、過去の支那の学者の言説やその考えかたに追従することが学問であり学問のしかたであるようにさえ思いなされ、日本において支那の思想や学問の伝統から離れ支那思想そのものを批判する意味での支那学をうちたてるということすらも多くは思慮せられなかった。これがこの方面での支那学の発達しなかった重大の理由であろう。こういう状態であったから、日本の支那学を支那に進出させ世界に進出させようとするようなことは、なおさら考えられなかったのである。(支那の学問に追従する学問では支那に進出する資格はなく、そういう学問については支那は日本人の力をかりる必要がない。)もし率直にいうことを許されるならば、この方面は日本の学界においても進歩の最も後《おく》れているものであるといわねばなるまい。それにはまたそうなるべきいろいろの事情もあったのであるが、ともかくこれが事実である。しかし理由がどこにあるにせよ、支那学の現在は、全体から見ると、満足すべき状態でもなく、世界に対して誇るべき有様でもないことは明かである。

しかし日本の支那学に上に述べたような使命があり、そうしてその使命を遂げ得るだけの能力を日本人が有っているとすれば、日本人はあらゆる力を傾けてその使命が遂げられるような状態に支那学を進めてゆかねばならぬ。或る民族の活動において民族的優秀性を示すことの最も大なるものの一つは学術の研究であり、本質的に世界性を有っているものもまたそれである。学術上の業績こそは、何らの摩擦もなく利害の衝突もなく、どの民族にもうけ入れられ世界に公認せられる。そうして世界の文化を発展させる原動力となる。自然科学とは違って文化科学については、いろいろの意味での民族的感情などが、一時的にはたらく虞《おそれ》もないではないが、終局においては学術の世界性は確実に保たれる。日本はこの意味であらゆる学術の研究を振興させねばならず、それが世界における日本の地位を高める最も近い道すじであり、支那の知識人に対して日本の民族の優秀性を示すにも、これが第一の方法である。もし日本の学術が、支那自身はいうまでもなく、ヨオロッパよりもアメリカよりも優れている状態であるならば、支那の知識人は、少くともその点において、日本を尊敬しないではいられず、日本を師としてそれから学ぶことを考えねばならなくなる。現に日本が現代の自然科学の研究において支那よりも発達していることは、支那人とても知っているので、その点では日本を或る程度に尊重してもいようが、ただヨオロッパやアメリカの方が日本よりも優れていると考えているために、その尊重心が十分でないのである。日本が支那の文化を進めることに力を入れようとするならば、今日の学界の状態においてでも、この科学の力を以てし、その力を支那人の実生活に利益を与える事業の上に実現させてゆくのが最も適切な方法であり、それより外に方法はないといってもよいほどであるが、日本の科学が世界において最も発達したものとなるならば、日本の文化を尊重しそれに信頼する念はおのずから支那人の間に湧いて来るに違いない。文化工作という語があるが、ことさらに工作を加えるのではなくして自然に日本の文化に信頼するこころもちが起るようにするのが大切であろう。このことは文化科学においてもまた同様であり、支那学もまたその一つでなければならぬ。ただ文化科学の真価は自然科学のに比べて遥かにわかりにくいものであり、特に支那学については、その研究の対象が支那のことがらであるために、支那人には受入れられがたい一面もあるが、それと共にまた理解せられやすい一面もある。いずれにしても、卓越した支那研究が日本人によって提供せられるということは、支那人に日本の学術、従って日本の文化、を尊重させるについて大なるはたらきをなすものである。(反対に日本の支那学が支那の学問に追従するものであるとすれば、それは支那人の軽侮を招く外に効果はない。)もっともそれには、文化科学のすべての方面の研究において日本が支那よりも優れていることの実証を示す必要があり、この点においては日本の学者みずからにおいてもそのしごとが支那人のより優れていることの自信を有たねばならぬ。日本人が支那人に対し漫然たる人種的優越感を以て臨むようなことはもとより避けねばならぬが、事実優越していることについては、それだけの自信をもつことは必要である。支那人をして日本人に対する優越感を有たせるようなことがあってならぬことは、いうまでもない。日本の文化が支那の文化の助をかりなければならないような状態は、現在において絶対にないからである。

ただ日本の支那学が上に述べたようなはたらきをするには、世間のいろいろの風潮に動かされず、あらゆる偏執に囚われず、大言壮語と性急なまにあわせの判断とをさけ、実用に縁遠いと思われるような問題にも学術的価値のあることには十分に力を入れると共に、一つのことがらについても各方面各分科からの周到なる専門的な観察を綜合して考えることを怠らず、要するに現代の学術の精神と方法とを誠実に守ると共に、学術の権威をどこまでも失わず、学術的良心によって、おちついて慎重に、研究をつづけなければならぬ。そうしてこういう態度で研究せられたものによってこそ、支那に関する正しい知識を世間に提供し目前の実務に対して真の貢献をすることもできるのである。

日本歴史の特性

日本の歴史の特性ということを話そうとすれば、つまりは日本の歴史そのものを話さねばならぬことになる。日本の歴史の特性は、全体としての日本の民族生活の歴史的発展の上にあらわれているものであり、そうして、その民族生活にも、その発展のすがたにも、いろいろの方面があって、しかもそれらが互にはたらきあって一つの生活となりその発展となるものだからである。けれども、ここでそういう話をするわけにはゆかないから、日本の民族生活の発展のありさまにおいて大切だと思われること、著しく目にたつことの、二つ三つをとり出して話してみるより外にしかたはあるまい。しかし、だれにもよく知られていることは、ことさらにいうには及ぶまいから、ここでは、大せつなことでありながら世間ではわりあいに重く見られていないというようなことがらを述べてみようと思う。ここに述べることだけが特性であるというのではない。なおここでいうのは主として文化史の側面においてであることをも、あらかじめおことわりしておく。

そこで、第一に考えられるのは、日本の歴史は日本民族全体のはたらきによって発展して来たということである。それには、中央の権力者に対する意味での地方人のはたきと、上流人に対する意味での民衆のそれと、の二つにわけて考えることが一ととおりはできると思うから、まずはじめの方のからいってみることにする。遠いむかしに日本の民族が一つの国家として政治的に統一せられた後も、地方にはクニノキミ(国造)アガタヌシ(県主)などといわれていた豪族が、それぞれ土地と民衆とをもっていたので、富は地方に蓄わえられていた。またナカトミ氏とかオオトモ氏とかモノノベ氏とかいうようなトモノキミ(伴造)の家、またはそれと同じような地位にある朝廷の貴族も、あちこちの地方にそれぞれ領土人民(部)があって、そこから入って来る租税などによって生活していたから、経済的の根拠はみな地方にあった。トモノキミの部下となって地方地方の領土人民をあずかっていたものは、それぞれの土地の豪族であって、かれらにはクニノキミやアガタヌシと肩をならべるほどの力があったように見える。(国造伴造と書かれたことばはクニノキミとトモノキミとであって、クニノミヤツコまたトモノミヤツコという風にこの文字を読んで来たのは、まちがいだろうと思われる。氏々のカバネとしての造もまたキミの語を写したものであろう。)地方の豪族はこういうようにして富をもち経済力をもっていたと共に、むかしはツクシ(筑紫)人が朝鮮半島のシナの領土(楽浪郡または帯方郡)へゆききして持って帰った工芸品の類をいろいろのしかたで手に入れていたし、ヤマトの朝廷がクダラ(百済)から、またそこをとおしてシナの南朝方面から、工芸品や技術や知識やをとり入れるようになると、それらもまた次第に彼らの間にゆきわたっていったらしい。どこの地方にも大きな古墳があることは、彼らの富と文化とを示すものであろう。いわゆる大化の改新によって中央集権の制度がまだうちたてられなかった前とても、中央と地方とは、朝廷のトモノキミなどの貴族とその領民及びそれを支配していた豪族とのつながりを中心として、かなり固くむすびつけられていたのと、地方の豪族が経済力をもっていたのと、この二つの事情のために地方の文化も中央にひどく劣ってはいなかったのである。そうして、そういう富と文化とをもっていた地方の力が全体としての日本民族のはたらきのもととなっていたのである。

大化の改新によっていとぐちが開かれ、令(いわゆる近江令など)がきめられたことによって、ひととおりできあがった政治上の新しい制度は、大体から見ると、いわゆる中央集権であるし、そういう制度が定められたにつれて、シナの学問や技芸やシナ化せられた仏教がますます多くとり入れられ、そうしてそれのどれもが先ず朝廷とそのまわりとにねをおろしたのであるから、これから後は、政治上経済上の力もまた文化も中央に集まり、従って中央がすべての民族のはたらきのもとになったように見える。事実、一ととおりは、そういってもよいありさまとなった。けれども、むかしからの地方の豪族はじめのうちは新しい制度での郡司などになって、ほぼその地位を保っていたので、よしそういう家には長い間に地位や勢力を失ってゆくものがあったとしても、衰えるものがあれば新しく興るものも生じたに違いないから、豪族のようなものがあるということは、さして変らなかったであろう。また後にいうように、シナのを学んだ制度は日本の民族生活にはあてはまらないことが多かったので、それがために、年がたつにつれていろいろの方面から、事実上、制度をくずしてゆくようになり、その一つのあらわれとして、中央の貴族も地方に多くの領土人民をもつことになって、普通に荘園といわれているようなものがおいおいできてゆき、それにからまって新しい豪族の地方に生れて来る道が開かれもした。それと共に、中央集権の制度は中央の文化を地方の豪族などの間にひろげてゆくはたらきをしたので、地方の文化もだんだん進んで来た。これらの点では大化改新の前のに似よったありさまが次第に現われて来たのである。もっとも地方の富は半ばは中央の貴族の生活の経済的根拠となったのであるが、地方にそういう根拠があるということは、地方そのものに力があるということであるから、時勢の動きかたによっては、地方が中央を動かすようなありさまともなり得る力がそこに潜んでいたのである。

ところが、別の事情から武士というものが地方に興って来て、彼らの武力が、中央政府の政権をはたらかせるためにも、貴族の地位と勢力とをささえてゆくためにも、なくてはならぬものになってゆき、そうしてそういう武士のはたらきと上に述べたような経済上のありさまとは互にからみあっていたので、武士の首領だったものは地方の豪族であった。こういう武士が長い年月の間にだんだん勢力を得て、しまいにはそのうちから全国の武士の首領となるものが生じ、それが政権を握るようになったのが、いわゆる武家の政治であるが、その政権の基礎は各地方の武士であり、武士の領土、従ってその富の力であった。だから、武家政府の地方武士に対する統率力が弱くなると、武士がそれぞれ自由の行動をとることになり、その勢のおしつまったのが戦国の世である。そうしてその戦国割拠のありさまをそのまま固定させたのが、江戸時代になってできあがったいわゆる封建制度、即ち多数の大名が地方においてそれぞれ世襲の領土民衆を与えられている制度、である。この封建制度は、自由な行動のできないように巧なしかたで諸大名をしばりつけておいたところに、徳川幕府の強い権力のはたらいているものではあったが、大名はそれぞれの領地に富と武力とをもっていたし、その城下はおのずから地方的文化の中心ともなっていたのであるから、幕府の置かれた江戸にすべての力とはたらきとが集中せられていたのではない。特に大阪をはじめとして各地方に純粋な商業都市さえもあって、富と経済力とがそこに蓄えられ、または盛《さかん》なはたらきをしたし、また名高い学者がそれぞれ郷里にいて、そこへ全国からの学生をひきよせたような例もある。だから、江戸時代の日本の民族的のはたらきは、全国的に行われたのである。もともと封建制度は一方では民族の力を地方的に分散させるものではあるけれども、それと共に他方では、一つの大名ごとにそれぞれの団結を作らせ、まとまったはたらきをさせるものであるから、一つの意味においては、全民族の団結を作りあげるしたじともなるものである。全民族の団結ができる一つの事情として、地方的団結の精神が全民族におしひろげられるということが考え得られるからである。明治の国家的統一にはこういう事情のあったことに気をつけねばならぬ。封建制度には、よくないはたらきをする一面もあって、それはその制度のなくなった後までも残っているが、よいはたらきをする一面のあることをも忘れてはならぬ。(ここに封建制度ということばを用いたのは、上に述べたような意味でのことであって、それがこのことばのもとの意義である。近ごろは或る特定の社会組織または経済機構を封建制度の名でいいあらわすことが多いようであるが、それは実は封建ということばにはあてはまらぬことである。)

次には民衆のはたらきである。民衆の力がいちじるしく現われたのは、武士がはたらくようになってからのことであって、一般の武士は政治上の地位からいうと、民衆の側にあるもの、あるいはむしろ民衆なのである。武士の重だったものは地方の豪族であったが、それはやはりその土地土地における民衆の首領ともいうべきものであった。だから、この意味においては、武士のはたらきは即ち民衆のはたらきなのである。武士のしごとである戦いは、いろいろのしかたにおいてではあるが、つまるところこういう民衆の力によって行われたといってもよい。のみならず、戦いがしばしば起り、身分の低い武士がてがらをたてて身分を高めることがあると共に、農民から武士の身分になりあがるものも多く、そうしてまたそれがてがら次第で高い地位を得てゆく。戦国時代になるとそういうことが一般に行われたらしい。戦国時代は、一面では、武士が城下に集って生活するようになったことに伴って、彼らと農民との身分の違いが明かに立てられた時であるが、それは既に武士となっているものの身分についていわれることであって、武士でなかったものが武士になる場合はいくらでもあり、そこにこういう他の一面もあったのである。江戸時代になって世の中が固まると、武士の身分もまたはっきりときめられ、いわゆる百姓町人との区別が明かにせられたけれども、やはりその百姓町人から武士になる道はいろいろあって、実際そういうものがかなり多かった。そうして幕府や大名のためにやくにたつしごとをしたものには、そういう経歴をもった武士が少なくなかったのである。

さてこれは、武家によって世の中が支配せられていた時代に、政治上社会上の勢力の中心であった武士のしごとにおいて、いかに民衆の力がはたらいていたか、ということをいったのであるが、一般の文化について、また広い社会のことについていうと、民衆のはたらきが歴史の発展と共に次第次第に強くなって来て、江戸時代になると、その文化は民衆の文化であり、社会を動かす力のもともまた民衆にあった、といってよいありさまになった。日本全体の経済が商人、即ちいわゆる町人、の手によって動かされていたことはいうまでもなく、大名の財政も商人によってとりまわされた場合が甚だ多かった。従ってまた富の力が町人に集まり、その教養も進み、文芸とか学問とかいう方面も、そのはたらきには町人のあずかるところが多く、特に文芸においては町人が主となっていたといってもよいほどである。農民、即ちいわゆる百姓、もまたこの方面に少なからぬはたらきをしたのであって、特に学問に志をむけるものは彼らの間に多かった。それは、概していうと、彼らのうちの資産のあるもののことであったが、そういうものとても、政治的地位また社会的職分においては、農民に違いなかったのである。むかしから日本の文化には民衆のはたらきが少なくなかったので、『万葉』に防人の歌や東歌がのせてあるのでも知られる如く、奈良朝時代でも上流階級の文化が民衆の間にいくらかずつしみこんでゆくようすのあったことは、別問題としても、仏教の僧侶に民衆から身を起したものが多く、そういうありさまがずっと後までもつづいていたことは、見のがすわけにゆかぬ。これは、民衆がその力をのばし高い地位を得るには、仏門に入るのがよい方法であったからであり、武士のはばをきかせた世に武士になろうとしたのと同じである。江戸時代に農民が学問に志したのも、一つはそれらと同じ理由からでもあるが、しかしこの時代になると、商人はいうまでもなく資産のある農民とても、彼らみずからに社会的の力のあることが自覚せられて来たので、彼らの地位にあり彼らの職分をもちながら、その生活を高めてゆこうとするようになり、そこから彼らみずからの文化が生み出されたのである。百姓町人には百姓町人の道徳もあり誇りもある、ということの考えられたのも、武士とは違って百姓町人は権威には屈せぬものだ、ということのいわれたのも、このことと関係がある。彼らのこういう生活の展開は、一面では、封建制度や武士の権力の下において行われたのであるが、他面では、この制度や権力が彼らの生活をおさえつけ彼らの力を伸ばさせないようにするはたらきをもっていたので、彼ら民衆のはたらきはおのずからそれらに反抗する精神をもつことになった。事実、封建制度と武士の権威とが長い間にだんだんその内部からくずれて来たのは、主としてこういう民衆のはたらきの故であった。そうしてそれによって明治の維新が行われたのである。明治になってから貴族や武士とは違った地位にある民衆というものがなくなり、日本民族全体の力とはたらきとによって民族の活動が行われていることは、いうまでもあるまい。

いわゆる資本主義経済の世になっても、日本にはヨウロッパの社会にあるような階級的対立感が強くならなかったのであるが、これには、低い身分のものも力があれば高い地位に上ることができたというむかしからのならわしが、階級の区別のはっきりしていたヨウロッパのありさまと違っているということが、おもな理由であろう。身分が固定しないということは、江戸時代の社会的秩序が維新の変動によって急にくずされたからばかりではない。

民衆が社会的にも文化の上にも大なるはたらきをしたということは、人が人としてはたらくことができたことを示すものであり、従ってその根本には、人間性ともいうべきものが政治的社会的または宗教的権威によって抑えつけられなかった、という事実がある。そうしてそれは日本の民族生活の長い歴史を通じていつの世にも見られることである。日本歴史の特性として第二にいおうとするのは、このことである。日本民族には、われわれに知られるようになった時代においては、むかしから人間性がひどくおさえつけられるようなことがなかった。家族生活においては、子どもが愛せられて、親の自由になるもちもののようには考えられず、女が男と同じ地位をもち、婚姻は概して自由であった。社会制度としても、品もののようにとりあつかわれる奴隷というものがなく、ヤッコ(家つ子)といわれた奴婢はあっても、ヨウロッパにあったような奴隷ではなかった。これらは、概していうと、人間がほぼ平等にとりあつかわれていて、権力のあるものがないものをひどくおさえつけるようなならわしのなかったことを示すものであり、そこにいかなる人も人として重んぜられたしるしがある。もっとも、呪術《じゆじゆつ》宗教的な信仰として、例えば見知らぬ人を邪霊のついているものとして恐れるような、ならわしのあった点において、人に対する同情というこころもち、従って人を人として重んずる気分、の発達が抑えられていたことを示す一面もあるが、スサノオの命《みこと》のヒノカワカミの物がたりのように、人を生かすためには宗教上の儀礼をこわしてしまうという他の一面もある。（オロチはこの場合には神である。）宗教上の禁忌を犯しても旅人に宿をかしたり思いびとを家に入れたりした話が、『常陸風土記』や『万葉』にあるのも、同じ意味のこととして考えられる。（勿論これは、一般のならわしとして、神を祭り呪術を行うことが重んぜられていたことを、否定するものではない。）仏教が入って来ても、人生を苦と観じて解脱を求めるような思想は一般にはうけ入れられず、概していうと、仏は現世の、即ち人間としての、幸福を祈る神として見られていた。また儒家の教が知識としては学ばれても、人間性をおさえつける傾向のあるその一面は、実践的には、全くしりぞけられた。具体的に人の行為を規定する儒教の「礼」というものの用いられなかったのも、それとつながりのあることである。例えば、婚姻というものを家に子孫のあるようにし血統をたやさないようにすることを目的とする方法として見るような儒教の思想とそれにもとづいた礼とは、少しもうけ入れられなかった。儒教の婚姻の礼というものを学ぼうとしなかったのは、葬祭の礼が学ばれなかったことと共に、家族制度、家族生活の風習、及びそれに伴うこころもちや考えが、シナ人とは全く違っていたからではあるが、人間性の一つの現われとして両性の間がらを見ていた日本人には、その意味からも儒教の思想と礼とをとり入れることはできなかったのである。

平安朝の貴族の生活には、すべての方面において特殊の教養があったが、その教養は人間性をゆがめたりおさえつけたりするものではなかった。「あわれ」を知るということが教養の精神であったといってもよかろうが、それは、とりもなおさず、ゆたかな人間性の一つのあらわれである。その「あわれ」を知るにも、貴族的であるということに伴ういろいろの欠点もあったし、また全体に彼らには男性的のつよさやほがらかさやが乏しかったということもあるが、その代り、こまかい感受性をもち、世に立ってゆくについてはかなりに鋭い慧智のはたらきをも具えていた。理性はわりあいに発達せず、呪術としての仏教やいろいろの迷信にとらわれていて、それが人間の道徳性を弱めるはたらきをしたという一面もあるが、それとても上に述べた教養を甚しく妨げるようなことはなかった。いろいろのものがたり、特にそれらのうちで最もすぐれた作である『源氏ものがたり』が、人というものをあらゆる方面からこまかく見こまかく写しているところに、人間性を尊重する精神が強くあらわれていることを、考えねばならぬ。『大鏡』などに見える人物の描写や批判にも同じ精神が潜んでいる。源平時代から後の武士には、武士の生活によっておのずから養われた特殊の気風があり、戦争という武士のしごとに伴って生じた情を抑えるならわしもその一つであって、これは平安朝の貴族にはなかったことであるが、同じく戦争のならわしから生じたこころもちとして武士の「なさけ」ということが尊ばれ、その点では「あわれ」を知ることを重んずる平安朝貴族の修養と或るむすびつきがあり、いくらかはそれからうけつがれたところもある。武士の一面には、その生活と社会的地位とから生ずる粗野なところもあり、特に下級武士、もしくはそれから成り上がったものにおいてそうであるが、その代り、その粗野は、矯飾が伴いがちの修養のない点において、素朴といわるべき半面をもつものであり、そこに却って自由な人間性の新に育て上げられる地盤がある。戦乱が長くつづいて古い文化と古い秩序とをうちこわすはたらきの強くなった戦国時代になると、一般に武士の気風のこの一面が著しくなり、それがいくさをするというしごとと戦国という社会情勢とによって、特殊の色あいを帯びながら、あるいはゆがめられた形となりながら、力強く浮かび上がって来るので、いわゆる桃山時代前後の武士の気風の一面とそれから生まれ出た文芸とは、その最もよき現われである。いろいろの俚謡や新しく起った歌舞伎や、さまざまの風俗画などが、その例であって、人としての欲求や情緒が自由なこころもちで表現せられ、従ってまたそれが肯定せられている。こういう気風が、江戸時代になってだんだん固められて来た平和の生活によって精錬せられ、一つの形を具えるようになったのが、元禄の文芸に現われている人間性の高揚である。もっとも武士には、いのちをすてて戦場ではたらかねばならぬという、そのしごとの上から来るいろいろの気風があり、特に江戸時代になると、平和の世に戦国武士のこの気風を保たせようとするところから、むりならわしや道義観念も養われて来たので、それはこういう人間性を抑えつけるものであった。近松の戯曲などに力強く写されているいわゆる義理と人情との衝突がここから生じたのであって、いわゆる義理は武士の道義とせられたものをいうのである。しかし、その義理には人情によって緩和せられる一面もあったので、武士の道義は人間性をいじけさせてしまうものではなかった。また道義が宗教の権威によって人に臨むものではなく、社会的風尚によって養われもし保たれもしたということが、一つの意味においては、道義そのものの含む人間性をよく示すものであるともいわれよう。日本人の道義観念は、概していうと、宗教とはかかわりがなく発達したものであるので、それは一つは宗教そのものに道義的意義が少ないからのことであるが、武士の道義とてもまた同様であった。

日本民族の人間性とそれを重んずる思想とが、歴史の発展と共に次第にその内容と意味とをゆたかにし深めも高めもして来たとは、必しもいいがたいかも知れぬが、生活の歴史的変化につれて時代時代に変った姿を現わして来たとは、いい得られよう。いつも何らかの形でそれがはたらいていたのである。日本の歴史にはルネサンスのような思想運動の起ったことはなかったが、それも実は、そういう運動の起らねばならなかったようなありさま、人間性をひどく抑えつけた時代がなかったからだ、といってもよかろう。仏教が、その教理はともかくも、事実において人間生活を肯定しているものであったことも、考えらるべきである。さて近い時代になって人間性を重んずることがヨウロッパの文化とその精神とを理会することによって大なる助を得たことは、いうまでもあるまい。特に、理性のはたらきの重んぜられも強められもするようになったことにおいて、そうである。

第三にとりあげねばならぬのは、ほかの民族の文化によって造り出された、従って外からとり入れた、ものごとと民族生活とのいろいろの関係が日本の歴史の展開には大なるはたらきをしている、ということである。この外からとり入れられたものごとは、むかしにおいてはシナ及びシナをとおしてシナ化せられて入って来たインドのであり、近ごろにおいてはヨウロッパのであるが、シナのとインドのとでは、そのとり入れかたも日本の民族生活におけるそのはたらきも違っているし、むかしのそれらのものと今のヨウロッパのものとの間には、なおさら大きな違いがある。むかしシナからとり入れたものについていうと、はじめのうちは、それをそのまま学びとろうとする風があったけれども、もともと風土、人種、民俗、そのほか、あらゆる生活のしかたが日本とはまるで違っているシナに起りシナで発達したものごとは、日本の民族生活にはそのままにうけ入れられるものではないから、それが日本の民族生活の内部に何ほどかのはたらきをするようになると、それは既にこの民族生活そのものによって形がかえられ、はたらきがかえられている、というありさまであった。あるいはまたそれが民族生活を外からおさえつけるはたらきをした場合には、むしろそれをおしのけて生活の自由を保とうとした。おしのけるについても、おしのける力とはたらきとには、上に述べたようにして形をかえてしまったシナ伝来のものごとがやくにたってはいるが、ともかくもこの二とおりのすじみちがあったことは考えられねばならず、それが日本の歴史の展開の大じなすがたとなっている。シナからとり入れたものの第一は文字であるが、シナの文字は音をうつす文字ではなくして、シナのことばのしるしであるから、シナとはことばの性質もくみたても、ことばそのものも、全く違っている日本のことばを、それでうつすことはできないものである。ところが日本人は、そういう文字をつかって日本のことばをうつすことを考えだした。そのつかいかたには二つあるので、一つは、日本のことばをくみたてている音と同じ音または似よった音のある文字をとって、それによって日本のことばをうつすのである。これがいわゆる仮名であって、文字の意義をすてて音だけをとった、いいかえるとシナのことばのしるしである文字を音のしるしとして用いたのである。日本とシナとのことばは違うが、ことばをくみたてる音には似よったものがあるから、こういうことができたのである。ハルということばを波留と書くようなのがそれである。次には日本のことばと似よった意義をもつシナのことばをうつした文字をつかうことであって、ハルを春と書くようなのがそれである。これは文字の音をすて意義だけをとったのであって、その意義を日本のことばでいいあらわすことを訓といっていた。こういう二つのしかたで、シナの文字を用いて日本のことばをうつしたのである。そうしてこの第一のしかたからカタカナ及びヒラガナ、即ち日本の音をうつした日本の文字、が作り出されるようになったのである。そこで日本のことばをうつすには、シナの文字の必要がなくなったはずであるが、しかしシナの文字を訓によってつかう昔からのならわしもなくなりはせず、また単語としてはシナのことばをそのままにとり、従って音と意義との両方を併せ用いるシナ文字のつかいかたも行われたのである。けれども、ともかく

よりのこと、シナのとも同じところがあるようにはならず、全く独自の生活を発展させて来たのである。これはもともと日本の民族生活とシナ(またはインド)のそれとが全く違ったものであり、それと共に日本人はシナ人(またはインド人)とは離れて日本人だけの世界で生活をしていたためであろう。日本にとり入れられたシナのものごとがシナの民族生活に特殊なものであって世界性をもっていないことも、またこのことについて大きな意味をもっている。

ところが、こういう歴史をもっている日本民族は近代に至ってヨウロッパに発達したものごとをいろいろ受け入れた。その最も著しいものは自然科学とその応用とであって、これは今日の日本の民族生活のあらゆる方面にゆきわたっている。それによって昔とは違った生活が展開せられ、その生活から新しい精神も道徳も形づくられてゆく。これがなくては日本の民族生活が忽ちとまるかくずれるかしてしまう。のみならず、同じ科学的な、即ち論理的実証的な、ものごとの考えかたから生じたいわゆる人文科学が自然科学と並んで今日の日本の学問となっているし、現実の民族生活を批判しそれを導いてゆくのも、またこの科学的方法によって形づくられる思想なのである。そうしてこの科学、特に自然科学とその応用とは、世界性をもっているものであるから、その点では日本人の生活と日本人のはたらきとは世界に共通なものである。学問の世界においても、科学とその方法とには或る限界のあることが考えられねばならず、現実の生活を支配するものが科学のみでないことも明かであるが、科学が大きいはたらきをしていることはいうまでもなく、そうして日本の民族生活はどの方面でもそのはたらきをうけていないものはない。科学とは反対な性質をもっている文芸とても、同じことである。そうしてその科学はもともとヨウロッパからとり入れられたものである。さすれば、近代になってヨウロッパからとり入れたものごとは、日本の民族生活そのものを変化させたのであり、それによって変化したのが今日の生活である。これは現代において世界が一つになって来たと共に、日本民族の生活が世界性をもって来たからである。むかし別の世界のシナからシナ民族の生活に特殊ないろいろのものをとり入れたのとは、その意味が全く違う。(外からとり入れたというだけのことでこの二つの場合を同じように見てはならぬ。)もっとも一方では、科学をとりあつかうしかたに日本の民族性がはたらくのであるが、それは科学そのものの性質をかえることではない。またこういう意味で日本の民族生活が世界性をもって来たということは、日本の民族の生活がすべての方面においてヨウロッパのいろいろの民族のそれと同じになったというのでないことは勿論であるが、ヨウロッパからとり入れたものが、今日の日本の民族生活のすべての方面に大きなはたらきをしていることは、疑いがない。そうしてそこに、日本の民族が世界に向ってはたらきかけることの根拠がある。これは日本の歴史においてはじめて現われたことである。

日本の歴史において著しく目にたつことは何であるかと考えてみて、これまで述べて来た三つが思いうかべられたのであるが、これらはもともと別々のことではなく、いずれも日本の民族生活のあらわれであり、その生活の発展の三つのすがたともいうべきものである。三つの間の互いの関係は、上に述べたところによっておのずから知られたであろうと思うが、そのすべてをつらぬくもの、三つのすがたとなって現われたそのもととなるものは、日本民族が絶えずみずからの生活をゆたかにしてゆき高めてゆこうとし、妨げをするものがあればそれと戦ってそれをうち破り、やくにたつものがあればそれをとり入れそれを用い、そうすることによって、絶えず生活を新にしてゆこうとして来た生活そのものの力であり、はたらきである。ただむかしにおいては、民族全体がそのときどきの情勢に応じて、全体としての生活の或る目じるしをもち、或る方向を定めて動いてゆくというようなことはなく、多くの場合では、ひとりひとりがひとりひとりの生活についてはたらかせる上に述べたような力が、おのずから結びあわされ、おのずからはたらきあうことによって、全体の民族の力とはたらきとになったのであるが、これはむかしにおいては日本民族のはたらきが今日のように世界的でなく、多くの民族の間にたって日本人全体が一つの民族としてはたらくということがなかったため、従ってまた民族意識が今日ほど強くもはっきりもしていなかったからである。しかしすべてが民族みずからの生活の力でありはたらきであることは、明かである。こういう生活の力の強く、はたらきの盛んであるのが、日本民族であり、日本民族の歴史はそれによって展開せられて来たのである。日本民族がたえず現在のありさまにあきたらず、じぶんらの生活をおさえつけたりしばりつけたりするものをうち破って、その間から新しい生活の道を見いだし新しい生活を造り出してゆこうとしてはたらいた、そのはたらきによって日本の歴史が形づくられて来たのである。日本の歴史は、その主体が日本民族という一つの民族である点において、一つの生命の展開であると共に、それが展開である点において、生活のすがたはたえず新しくなりたえず変ることを意味するものである。日本民族のに限らず、すべて歴史が一つの歴史であるということは、歴史のはじめにおいて形づくられていたものが後の後までもそのままの形で残っている、というようなことではない。もしそこに変らない何ものかがあるとするならば、それはたえず変ってゆく生活に順応してそのはたらきが変ってゆくからであり、そう変ってゆくところに歴史の展開があるのである。そうして日本においては、日本人が一つの民族であって、その内部に民族のちがいとか征服したものとせられたものとの区別とかいうことから生ずる争いというようなものがなかったと共に、生活の力が盛んであって、その生活を発展させるために必要なものを外からとり入れることを怠らなかったところに、かかる歴史の展開の意味と精神とがある。上に述べた三つのことがらも、それから生じたこと、またはその精神のあらわれである。

IV

日本歴史の研究に於ける科学的態度

一

ちかごろ世間で日本歴史の科学的研究ということがしきりに叫ばれている。科学的研究というのが近代史学の学問的方法による研究という意義であるならば、これは史学の学徒の間においては一般に行われていることであるから、今さらこと新しくいうには及ばないはずである。然《しか》るにそれがこと新しいことのように叫ばれるのは、日本の国家の成立の情勢とか、皇室の由来やその本質、ならびにそれと国民との関係とか、皇室の種々の事蹟とか、または日本の世界における地位とか、いうようなことがらについて、学問的の研究をもそれによって知られている明かな歴史的事実をも無視した、あるいはむしろ一般的な常識を無視した、恣《ほしいまま》な主張をもっているもの、もしくは歴史を政略の具にしようとするものが、政治的権力者の地位を占めて、その権力を弄《もてあそ》び、学徒や文筆にたずさわっているものの一部にも、それに迎合追従し、またはみだりに虚偽迷妄な説を造作してそれを支持するものがあり、それがために学問的の研究が政治的権力と乱暴な気ちがいじみた言論とによって、甚しく圧迫せられると共に、虚説妄説が声高く宣伝せられることによって、国民の多くが迷わされも惑わされもし、そうしてそれが起すべからざる戦争を起させ、またそれを長びかせた一つの力となったので、その戦争によって国家の危機が来たされた今日に至って、急にこれらのことがらについての正しい知識を国民に与える必要が感ぜられたからであろう。そうして上にいった権力者の権力がくずれ宣伝が声をひそめたことが、それを叫ぶによい機会となったのであろう。だから、その学問的研究というものは、日本歴史のすべての部面を対象としてのことではなく、ここに挙げたような特殊のことがらについての、少くともそれを主とし中心としての、ことであるらしく、従って時代からいうと、上代史にその重《おも》な問題があるとせられているようである。

もっとも、こういうことがらについての学問的研究は、近年ほどに乱暴な態度や方法によってではなかったにせよ、その前から、知識の乏しい官憲や固陋《ころう》な思想をもっているものの言動やによって、或る程度の、場合によっては少からぬ、抑制を蒙《こうむ》ってはいた。メイジ(明治)の或る時期には古典の批判がかなり活潑に行われ、皇室に関することについてもいろいろの新しい自由な研究が現われても来たが、その傍には、神道や国学やまたは儒教の思想をうけつぎ、それを固執するものがあって、こういう研究に反対し、時には官憲を動かしてそれを抑制しようとしたのである。それがために、学界においても、こういう問題については、自由な学問的研究の精神が弱められ、学徒をして、あるいは俗論を顧慮して不徹底な態度をとらしめ、あるいはそれに触れることを避けさせる傾向が生じ、そうしてその間には、学徒みずからのうちにもしらずしらず固陋な思想に蝕まれるものが生ずるようになり、全体として研究が進まなくなった。これがほぼメイジの末期からの状態であった。勿論、学界のすべてがこういう状態であったのではなく、特にタイショウ(大正)年間からは、シナ(支那)やチョウセン(朝鮮)の歴史の研究が進み、また考古学・民俗学・宗教学・神話学などの学問が次第に芽を出して来たので、それによって、側面から日本歴史のこの方面の研究を助けるようにもなったし、また第一次世界大戦の終ると共に、思想界の諸方面を動かして来た自由な、世界的な空気の影響をうけた気味があったかと思われるふしもあって、こういう問題もいろいろに取扱われて来た。いわゆる左翼思想の流行につれて、特殊の史観にもとづく歴史の解釈が試みられたことも、注意しなくてはならぬ。しかしこれは、上記の特殊の史観にもとづくものを除けば、純粋な学界のことであって、一般の世間にはさしたる交渉がなく、そうして世間の一部に固陋な思想の存在することも、また前と変らなかった。なおこのことに関聯して、学校における歴史教育が、上にいったようなことがらについては、曖昧《あいまい》な態度をとり、または真実でない知識を強いて注入していたことも、明かな事実である。世間に正しい知識が弘まらなかったのは、むりもないことである。学問的に研究しなければならぬ問題がそこにあるということすらも、一般には考えられなかった。

ところが、上記の固陋の思想は、近年に至って政治界における軍国主義の跳梁《ちょうりょう》に伴い、それと結合することによって急に勢を得、思想界における反動的勢力の一翼としてその暴威を振うようになった。上に権力者の恣な主張といい、虚偽迷妄な説といい、気ちがいじみた言論といったのは、即ちそれである。その主張その言論は、神道や国学や儒教やの思想から継承せられたものが主になってい、それを粉飾するためにヨウロッパのいろいろの思想や用語の利用せられた場合もあるが、その利用のしかたは極めて恣なものであった。しかし、こういう状態が現出したのも、また溯《さかのぼ》っていうとメイジ時代から固陋な思想の存在したのも、根本的には、日本人の文化の程度が低く教養が足らず、特に批判的な精神を欠いていて、事物の真実を究《きわ》めまたそれによって国民の思想と行動とをその上に立たせようとする学問の本質と価値とを理解するに至らないためであった。学徒が真理を愛し真理を求め真理のために虚偽と戦おうとする意気と情熱とを欠いていることも、またこれと深い関係がある。権力を恐れ俗論を憚《はばか》り、真理として信ずるところを信ずるままに主張することをしないのは、むかしからの日本の学者の通弊であり、そうしてそれは、みずから研究しみずから思索するのではなくして、他から学び知ることを主とする過去の学問の性質からも、また学問は身を立て名利を得るための方便と考えられていると共に、学者に独立の地位の与えられなかった社会的風習からも、来ているのであるが、近年に至って、知識人の間に小成に安んじ現在に満足する気風がひろまり、その点からもこういう態度がとられるようになったということも考えられる。そうしてそれは、一とおりヨウロッパの文化を学び得たがために、もはや彼れに及ばぬものがないように思い、その実、学問でも文芸でも一般の教養でも、はるかにヨウロッパに及ばぬ状態であるにかかわらず、メイジ年間における如くいわゆる先進文化国においつこうとするいきごみと努力とが弱められると共に、われの誇るべからざることを誇り、かれの侮《あなど》るべからざることを侮ったところにも、一つの理由があるのではないかと、解せられる。この一般知識人の気風が学徒にも及んで、彼らをして真理に対する熱愛を失わしめたのではあるまいか。

こう考えて来ると、日本歴史の学問的研究ということが急に叫ばれても、それがすぐに大なる効果を生ずるには限らない、ということが考えられる。こういう叫びには、一つは史学の学徒をしてその本来の使命に立ちかえって自由な研究を進めてゆかせるような気運を促すのと、一つは一般世間に対してこれまで注入せられていた虚偽迷妄な知識を正すのと、この二つの意味があろうと思われる。ところが第一については、外からの抑圧がなくなったことによって、おのずからその気運が開かれて来ることが考え得られるものの、長い間、世間に或る力をもっていて研究者みずからにおいてもその思想を幾らか曇らせていた固陋な考えかたの残滓《ざんし》がなおどこかにこびりついているために、それにわずらわされもしようし、あるいはまた人によっては、世間の空気の急激な変化に誘われて、いたずらに反抗的な態度に出で、または近年のとは違った方向においてではあるが、やはり真実を歪《ゆが》めるような見かたをすることもあろうし、いずれにしてもおちついた学問的の研究の妨げられる虞《おそ》れがないでもないから、このようにして呼びさまされた研究が真の研究の道を進み、そうしてそれによって何らかの成果に達するまでには少からぬ歳月がかかるからである。また第二については、学問的研究そのことがいま述べたような状態であるために、誤った知識を正そうとするその正しい知識が十分にでき上がっていないし、よしそれが或る程度にできているとするにしても、一般世間にはそれを理解しそれをうけ入れるだけの準備ができていず、そうしてまた一方では、権力の抑圧が解かれ恣な言論が声をひそめたにしても、その根柢となっていた固陋な思想なり考えかたなりは急になくなってはしまわないので、それが何らかの形において正しい知識の理解を拘束するであろうからである。

二

然らばその固陋の思想とは何であるかというと、それを一々ここで数えたてることはできないし、またそうするにも及ぶまいが、その主なるものは上代史に関することであって、その根本の考《かんがえ》は、いわゆる記紀の神代や上代の部分を歴史的事実を記したものとして信奉するところにある。もっとも神代については、必ずしもモトオリ・ノリナガ(本居宣長)の如く『古事記』の記載をすべて文字のままに事実として信ずるには限らず、それに何らかの恣な解釈や牽強附会《けんきょうふかい》な説明やを加える場合もあるが、それにしてもこの根本の考に変りはない。そうしてこの考から、神代という時代が事実あったとし、アマテラス・オオミカミ(天照大神)を実在の人物とし、皇室の万世一系であることはこの大神の神勅によって決定せられたとし、天皇は今日でも神であられるとし、わが国には神ながらの道という神秘的な道が昔からあったとし、オオヤシマ(大八嶋)は最初から皇室の統治をうけた一国であったとし、日本は世界の祖国であり本国であり、従って世界は日本に従属すべきものであるとし、チョウセン半島はスサノオ(素戔嗚)の命《みこと》によって経営せられたものであるから本来日本の一部であるとするような、主張が生ずるのである。これらは概していうと神道者や国学者の思想をうけついだものであるが、近ごろのこういうことを主張するものは、国学者の考えたように、漢文で書かれシナ思想で潤色せられているという理由で『日本紀(書紀)』を排斥することはせず、却ってそれを尊重するので、それがために、シナの種々の書籍のいろいろな辞句をつなぎ合わせて作ったその記事なり詔勅として載せられている文章なりをそのままに信じ、またはジンム(神武)天皇の即位を今から二千六百余年の前とする『日本紀』によって初めて定められた紀年をも、たしかなものとして説いているが、これらはエド(江戸)時代からメイジ年間へかけての幾人もの学者によって、事実でもなく真の詔勅でもなく、またシナ思想によって机上で作られた年数であることが証明せられ、それが学界の定説となっているものである。ところが、そういう過去の学者の研究による学界の定説をさえ無視した主張のせられたところに、漢文を尊重しシナ思想を尊重する儒者の偏見のうけつがれたところがある。なおこういう主張と関聯したこととして、日本人においてはその生命財産もすべて天皇のものであって、それが建国以来の日本人の信念であるとか、シナもしくは世界の文化の淵源が日本にあるとか、日本人が世界の最も優れた民族であるとかいうような、国学者の思想の一すじのつながりがあると共に、近年のヨウロッパの一隅に起ったいわゆる全体主義(その実は権力服従主義)的な、または特殊の意義における民族主義的な思想から学ばれたようなことも主張せられ、それが古典の記載によって知られることの如く説かれてもいたらしい。

しかしこういうようないろいろの主張には、第一に、記紀の記載を歴史的事実として信ずるといいながらそれに背《そむ》いていることがあるので、例えば、アマテラス・オオミカミが実在の人物であるというのは、それを日の神とし太陽神とし、タカマガハラ(高天原)という天上の世界にいることにしてある記紀の記載と矛盾するものであり、オオヤシマが最初から一つの国として皇室に統治せられていたことが事実であるとすれば、オオナムチ(大己貴)の命がアシハラノナカツクニ(葦原の中国)を皇孫に献上したというそれとは一致しない記紀の記載をも、ジンム天皇の東征ということをも、理解することができない。これは物語に語られていることをその全体にわたって考えず、一部分または一方面の記載を恣にとり出して、それだけを主張の根拠とするからのことであって、そこにこういう主張に学問的根拠のない理由がある。

第二には、記紀の用語や文字の意義に背いていることがある。例えば、日本は世界を従属させるべきものであるという主張が『日本紀』の神武天皇紀の「掩八紘而為宇」を根拠とするようなのがその一つである。この句は「兼六合以開都」と対になっているので、「為宇」の「宇」は建築物としての家屋のこと、「為」は造作の義であり、この場合では宮殿を作るということである。(大和地方は服属したからさしあたって橿原に皇居を設けることにするが大和以外の地方はまだ平定しないから）日本の全土を統一してから後に、あらためて壮麗な都を開き、宮殿を作ろう、というのがこの二句にいいあらわされていることなのである。（これは『文選』に見えている王延寿の魯霊光殿賦のうちの辞句をとってそれを少しくいいかえたものであるが、このことについての詳しい考証は近く発刊せられるはずの『東洋史会紀要』第五冊にのせておいた。）このような出典などを詮索せずとも、この句を含む「令」というものの全体と神武紀の始終とをよく読んでみれば、「為宇」がこういう意義であることは、おのずからわかるはずである。「宇をつくる」と訓《よ》むべきこの「為宇」を、いつのころからか「宇となす」と訓み「宇」を譬喩《ひゆ》の語として見るものがあったので、そこから八紘を一家とするというような解釈が加えられ、それによって上記の主張がせられたのであろう。こういう主張は、『古事記』の物語にもとづいたノリナガやアッタネ（篤胤）の思想にも一つの淵源があるが、近年の主張者はそれよりもむしろ『日本紀』のこの語を根拠としていたようである。そうしてこういうことのいわれたのは、誤った訓みかたから誘われたのではあるが、その訓みかたの正しいか否かを学問的方法によって吟味することなしに、特にこの句の用いてある文章の全体の意義を考えることなしに、この句だけをとり出してそれに恣な解釈をしたのであって、それはまた、古典を解釈するのではなくして、自己の主張のために古典を利用しようとする態度から出たことである。こういう態度から多くの虚妄な説が造作せられ宣伝せられたのが、近年の状態であった。

これに似たことは、孝徳紀の詔勅に見える「惟神我子応治故寄」の「惟神」の語を「神ながら」と訓み、それによって「神ながらの道」というものが建国のはじめから我が国にあったというように説かれていることである。「惟神」は一つの語ではなく、「惟」は意義のない発語であり、「神」は「我が子しらさむとことよさしき」の語の主格となっているものであるのを、いつのころからか、こういう誤った訓みかたがせられている。もっとも「惟神」の二字は「神ながら」の語にあてられたのではないが「神ながら」という語は上代に用いられていて、天皇についていう場合には、それはこの政治的君主が現《あき》つ神《かみ》といわれていることを示すものであった。しかし「神ながらの道」ということは、どの古典にも見えていない。「神ながら」はもともと道とすべきことではないから、これは実は意義をなさぬ語である。かかる語がエド時代の末期から世に現われたので、それは多分アツタネによってはじめていい出されたものらしい。(このことについては『上代日本の社会及び思想』と『日本の神道に於ける支那思想の要素』とに詳しく考えておいた。)もともと上代人の思想になかったことであるから、その意義として説かれることは一定せず、アツタネ及びその後の神道者・国学者によって思い思いの解釈が恣に加えられて来たが、近年に至って、この語が著しく神秘化せられると共に、世界に類のない日本特有の道であり、日本人はその道を世界に実現させねばならぬ、というようにさえいわれていたらしい。神秘化せられたのは、意義のない語を深い意義のあるもののごとく宣伝しようとするために、その意義が明かに説き得られないからでもあったろう。そこにこういうことを主張した宣伝者の態度が見える。

第三には、古典のどこにも見えず上代の思想としてあるべからざることをそうであるごとく主張することであって、国民の生命財産は本来天皇のものである、というようなのがそれである。エド時代の武士には生命は(俸禄との交換条件として)主君からの預りものであるということが教えられもしたが、上代にはそういう思想はなかった。天皇に仕えまつる武人は大君のために命を惜しまぬということは考えられていたが、それは武人の道徳的責任としてのことであって、近年の宣伝者がいうような思想を根拠としてのことではなかった。

また第四には、学問的研究の結果として得られた明かな知識に背くものがあるので、その例は上に挙げておいた。スサノオの命がチョウセンに行ったというような話を事実とすることが、チョウセンの歴史の研究の結果から見ても許し難いものであり、シナの文化の淵源が日本にあるというような主張が、少しでもシナの文化とその歴史とを知っているものには笑うべきたわごとであることは、いうまでもあるまい。

なお第五としては、常識に背いているということがだれにでも知られる、神代などの物語を上代の事実として信ずるということが、すでに常識に背くものであるが、何らかの主張を宣伝するために、それを利用することがらについては、例えばアマテラス・オオミカミを人であるとする如く、恣な解釈をそれに加えることによって或る程度に常識に背かないように説こうとするけれども、利用しないことがらについては、そういう解釈をしないから、それを事実とするのは常識を無視するものとしなければならぬ。君主の家の永久であるべきことが建国の初《はじめ》において決定せられ、そうしてそれがそのとおりになった、というようなことが、歴史の常識をもっているものに承認せられないことは明かである。物語ではないが上代の多くの天皇が百歳以上の長寿であられたということを信ずるのも、同じことである。ジンム天皇の即位が二千六百余年前であることを事実とする以上、これもまた事実として考えられているとしなければならぬからである。天皇が現つ神であられるというのは上代人の思想としては事実であったけれども、今日でもそうであるというのは、やはりこの類のこととしなくてはなるまい。

ところが、この最後にいったことは、近年の恣な主張をするものの態度の二つの方面を示すものとして注意せらるべきである。それは、皇室もしくは国家の本質に関することがらは、第一に、古《いにしえ》も今も同じである、あるいは同じでなくてはならぬ、ということ、第二に、学問的研究はもとよりのこと思慮を絶し常識を超越した信念であり、もしくはそうでなくてはならぬ、ということである。しかし第一のは歴史を、第二のは人の知性を、無視したものである。第一については、国体は永久不変であるということがいわれるであろうが、その国体の意義なり精神なり由来なりをどう考えるかということ、またその国体の実際の政治に現われる現われかたは、時代によって変って来ている。国民の生活は絶えず変化し、知識の広狭も思想の浅深も、また意欲し志向するところも、常に変化して来た。ただそれらがいかに変化しても、その変化した状態に常に適応するもの適応し得るものが永久不変なのであって、国体はこの意義において不変であったのである。政治の実際にあらわれたところについて見ても、権臣政治・摂関政治・院宣政治・幕府政治と、その形態は昔から幾度も変って来たにかかわらず、国体は変らなかったが、それは実は政治の形態がどう変ってもその変った形態が成立し存在し得るような国体だからのことであり、一層適切にいうと、政治の形態が変り得たがために国体が変らずに来たのである。古典に現われているような上代人の思想や上代の政治の形態が国体と離るべからざるものであるとすれば、こういうことはなくなる。国民生活の歴史的発展は、その思想や活動のしかたやを変えてゆくが、国民が国民として生きているかぎり、その生活には歴史的発展があるはずだからである。そうして国民生活のこの歴史的発展において、国体が変らずに続いて来たという事実と、それを永久に続けようという志向とが、常に強いはたらきをして来たのである。

また第二については、こういう宣伝によって皇室を神秘化しようとするのであろうが、知性が発達し常識が高められ、何ごとについても学問的の研究が要求せられている現代においては、それは事実できないことであるのみならず、これまでとても皇室の地位や権威やについていろいろの説明なり解釈なりがせられて来たので、神代の物語とてもその一つのしかたに外ならぬのである。そうしてこういうことを主張するものが、これまで人がいわず過去にはなかった虚妄な説を新に造作してそれを宣伝したことは、この二つの主張をみずから否認したものといわねばならず、それによってその主張の無意味であることが明かにわかるのである。天皇が現つ神であられるというのは、政治的権力が宗教的のものである(「あきつ神と大八嶋国しろしめす」)という意義のことであり、部族の首長の地位において政治的権力と宗教的権威との分化しなかった未開時代の多くの民族に共通な思想のうけつがれたものとして解し得られるので、日本がまだ多くの小国に分裂していた時代においても、その小国の君主の地位はみなそうであったらしく、日本全土の君主となられた皇室のみに特有のことではなかった。文化が進んで人が人としてすべきことを自覚し、政治が政治として独立のはたらきをする時代になると、こういう思想はおのずからその力が弱められて来るので、日本でも、中世以後には公文の上にもそれは殆《ほと》ど現われなくなった。今日において常識あるものがそういう思想をもっていないことは、明かな事実である。上代人の思想における現つ神の観念とても、天皇が宗教的に崇拝せられる神であられるというのではないが、現代人にとってはなおさらであって、天皇の性質とその真の尊厳とは、天皇を人として見ることによってのみ明かになることは、いうまでもない。上代には祭政一致であったから今日でもそうでなければならぬ、というような主張が、現代において承認せられるはずのないものであることも、またこれと関聯して考えられるであろう。上代は祭政一致であったというのは、後世になっていい出されたことであって、それは、あるいは古典の記載を誤解したところから、あるいはことばの意義を明かにしなかったところから、またあるいは儒教思想による恣な臆説から、出たことであるから、そういう考そのものが実は上代の事実にあてはまらぬものであるが、政治に神の意志がはたらくものとせられ、従って政治の一つのしごととして神の祭祀が行われた、という意義でそれをいうにしても、それは、上代の思想と風習とであって、現代の政治には何のかかわりもないことである。（祭政一致ということについては数年前の雑誌『史苑』にのせた「マツリといふ語と祭政の文字」で考えておいた。)

三

以上は、神代の物語や上代の歴史やに関する固陋な、または放恣な、主張についていったのであるが、これと同じような主張は、例えば大化改新とか南北朝の争とか下っては明治維新とかいう後代の歴史上の問題に関しても、また行われていたが、今はそれらにはふれないことにする。ところが、日本歴史の非学問的な解釈は、このような固陋な思想や近年における権力者の政略から出て甚《はなは》だしき私意を含んでいるもののみではなく、学者によって唱えられたものもある。それは学問的方法の理解の足らぬために生じたものであるが、そのうちには、エド時代から後のいろいろの学者の間にそういう解釈が行われていたため、世間にはかなり広く信ぜられるようになったものもあり、そうしてそれが結果においては、やはり世をあやまり人をあやまらせている。

その二つ三つを挙げてみると、神代の物語を歴史的事実が譬喩の形でいいあらわされたものとするのが、その一つであって、タカマガハラは、天上の世界ではなくして地上のどこかの土地が天上にある如く語られたものであり、日の神たるアマテラス・オオミカミは日そのものではなくして実在の人物であるが、あるいはその徳が日の如く広大であるために、あるいは日を祭る任務をもっているために、日の神と称せられたのであり、いわゆる天孫降臨は皇室の御祖先が海外からこの国土に渡来せられたこと、またはこれまでこの国土に住んでいた民族とは違う別の民族(天孫民族)が新しくこの国土に来て土着の民族(出雲民族)を征服したことを語ったものである、というような考えかたがそれである。非合理的な物語を一々合理的な事実として解釈しようとする態度に知識人の共感をひいた点があるが、神代の物語はその本質としてもともと非合理的なものであるから、それを一々合理的に解釈しようとするのは、物語の解釈の学問的な方法ではない。第一に、何故にそういう解釈をしなければならぬかの理由が説明せられず、第二に、一々の物語のそういう解釈は確実な根拠がない恣意のものであるために、人によって相互に一致しない思い思いの解釈が加え得られるからである。特に天孫降臨を天孫民族というものの渡来のこととするような考えかたは、民族の異同や移住の径路などを考える学問的研究の方法を無視するものである。この場合に民族という語がどういう意義に用いられているか知らぬが、一般に民族といえば、長い間共同の生活をして来て同じ歴史をもっているために、言語や生活の状態やを同じくする一つの集団をさすのであり、従ってこれらの点で他の民族とはちがった特色のあるものをいうのであるが、それには他の民族と人種を異にする場合もあり、同じ人種の分派である場合もある。だから、民族の異同を考えるには、これらのことがらについての事実を精細に研究するのが学問的の方法であるのに、物語の上記の解釈にはこういう研究がせられていないのである。またこういう解釈のしかたは神代の物語を日本の上代史と見るものであるが、実はそれによって上代の歴史は何ごともわからない。こういう方法によって物語をどう解釈するにしても、日本の国家の成立の情勢、即ちいわゆるオオヤシマの全体がどうして皇室の統治の下に帰したかということも、そうなる前の日本の状態も、全く知ることができないのである。だから神代の物語の学問的研究は、こういう解釈のしかたとは違った方法によらねばならぬ。それは即ち非合理的な物語をそのまま非合理的なものとして、それにいかなる意味があり、いかなる思想が表現せられているか、またいかにしてそれが形づくられたか、を考察することでなければならぬのである。

いま一つの例を挙げるならば、日本の国家は一家族のひろがったものである、皇室は宗家であって国民はその支族である、ということのいわれているのがそれである。これがもし、事実そうであるというのならば、それは事実としては決してあるべからざることである。一家族がひろがって一つの国民になったということがもしあるとすれば、それがためにどれだけの世代と年数とがかかるか、ということを考えてみただけでも、このことはわかろう。あるいはまた、事実そうであるのではなくして、そう考えることがむかしからの国民の信念であった、もしくは現代人の思想上の要請である、というのならば、それもまた全くの誤りである。こういう信念が上代にあったらしい形迹《けいせき》は古典のどこにも見えていないし、現代における国家は家族とは全く性質の違ったものであることが何人にも明かに知られているからである。『古事記』や『日本紀』に見えている諸家の系譜には朝廷の貴族や地方の豪族の祖先やが、神代の神や後の皇族であるように記されているが、よしそれが事実であるとするにせよ、この系譜は一般民衆とは関係のないことであるのみならず、貴族や豪族やの祖先についてのこういう系譜は事実を記したものでなく、彼らがそれぞれその家がらを尊くしようとするために作られたものであることは、神代の神の性質や皇族の名やまたはこういう系譜そのものやを、少しくきをつけて考えて見れば、すぐにわかることである。だからこういう考えかたで日本の国家の性質を説明しようとするのは、何の根拠もないことである。また上代とても国家の政治には権力がなくてはならなかったので、その権力が家族を統制するのとは全く性質のちがうものであったことは、歴史上の事実によって明かであるのみならず、神代のイズモ(出雲)平定とかジンム天皇の東征とかいう物語の上にさえもあらわれている。だから日本の国家が家族国家であるというような考は、その本質のちがっている二つの生活形態である家族の結合と政治的権力による国家の統治とを混同したものである、といわねばならぬ。この思想はエド時代までは全くなく、メイジ時代になってはじめて世間に宣伝せられたものであって、日本が新に世界の多くの国家の間に立ってその地位を守ってゆくには、内部における国民的結合を固くしなければならぬために、その思想的根拠として思いつかれたことであるらしく、何ら学問的の研究を経たものではない。

なおこの思想と関聯して、『日本紀』にユウリャク(雄略)天皇の詔勅として記されているもののうちにある「義乃君臣、情兼父子」の語に日本の皇室と国民との関係の特色が示されているように説くことも行われているが、この詔勅というものは『隋書』高祖本紀に見えている高祖の遺詔を殆どそのままに写しとったものであり、そうしてその君臣というのは、君主とその君主から俸禄を与えられてそれに奉仕する官人との関係をいったのであり、民衆には全く関係のないことである。日本でも、君臣という語はそれと同じ意義に用いられていたので、臣は民のことではなく、ウマヤド(厩戸)皇子の作といわれているいわゆる十七条の憲法にも、臣と民とは明かに区別せられている。皇室と国民とを君臣という語でいいあらわすことは、エド時代の末期まではなく、メイジ時代になってから次第に世に行われるようになったが、これは語義が変じたものとして解し得られよう。武士の社会がくずれてその社会組織の骨ぐみになっていた君臣関係というものがなくなった時代に、そのもとの意義が忘れられて、こういう変化を来《きた》したのであろう。従って皇室を君としてそれに対していう場合の臣と民との区別はなくなり、帝国憲法にも臣民という一つの称呼が用いてある。今でも宮廷では、旧くからの風習により或る地位をもっているものが臣と称することがあるらしいが、一般の用例ではない。

話はわきみちへ入ったが、もとへもどっていうと、上記の『日本紀』に見える君臣の語の意義は明かであり、『隋書』において臣の語が民の義に用いてないことはいうまでもないから、上に引いた辞句によって日本の上代の国家が家族的精神によって統治せられていたように説くのは用語の意義を考えず、近ごろになって用いはじめられた意義でそれを解するところから来たものであり、そこにこういう考の学問的でないところがある。古典の用語は古典時代の意義によって解するのが、学問的の方法だからである。もっともシナには、天子は民の父母というような語もあるので、それがこの場合に思いよせられているのかも知れぬが、これは天子に対して民を慈愛すべきことを教えたことばであり儒教思想から出た考であるので、いわゆる天子によって統治せられることになっているシナの政治形態の本質がここにあるというのではない。シナでも儒教思想に反対する学派ではこういうことを説いてはいない。もしこの語をそのように解し、そうしてそれによってシナの政治は家族的であるとするならば、家族的精神で国を治めることは日本の特色ではないことになるが、もともと日本の皇室の政治が家族的精神によって行われたというのは、日本の国家の特色をそれによって示そうとするのであるから、こういう考はそれと背反する。然るにこういうことがいわれるのは、日本とシナとを混同する考の上に立っているので、その考は『日本紀』をはじめとして日本の古典に漢文を用いるシナ思想によって書かれたものが多いところから、それと日本の現実の状態とを弁別することなしに、みだりに何ごとかを主張するためである。そうしてそこにも、こういう考が、古典の文字と思想との精細なる検討を基礎ともしなければならぬ学問的研究を無視したものであることが、示されている。

四

後世の思想で上代の状態を推測し、それが建国の初めから定まっていたことのように考える場合は、このほかにもなおいろいろあるので、皇室の万世一系であるのは国民的信念であったというようなことのいわれているのも、その一つである。一般国民が何らの政治的地位をもっていず、その文化その思想が低級であった状態から考えると、上代の政治において国家の形態についての国民の意見というようなものがはたらいていたとは考えられず、国民がそういう意見をもっていたということすら肯《うべな》われないことである。民衆が中央の貴族及び地方の豪族、即ちいわゆる伴造国造に分領せられ、すべての生活がそれによって規制せられていた上代において、このような特殊のことがらに関し、すべての国民に共通な意見などがあったはずはないからである。現代の国民一般の間に存在するこういう信念は、長い歴史によって養われ、従って後世になって次第に形づくられて来たものであるのみならず、それが強くも明かにもなったのは現代の学校教育によって教えこまれた結果である。エド時代までは知識人(少数の儒者を除く)においてそれが考えられていたけれども、一般の民衆はこういうことについて深い関心をもたなかった。

あるいはまた神社についても同じようなことがある。これについては世間に二つの誤った見解が行われているので、その一つは神社は古人を祭ったものであるということ、一つは神社の本質は道徳的意義のものであって宗教的意義のものではないということである。現実に生きていた人を神として祭るということは、上代にはなかったので、それは中世のころからはじまり、エド時代になってやや広く行われ、メイジ時代に至って一種の流行となったものであるが、それには儒教思想に由来するところが多く、仏者の習慣によって助けられた点もある。宮中に皇霊殿《こうれいでん》の設けられたのも明治四年のことである。それを上代からの風習のように思うのは、上代の宗教思想を学問的に研究しないからのことである。また神社の祭神が上代から宗教的崇拝の対象であったことは、明かな事実であるので、それは神社において何ごとが行われたかを古典によって考えるだけでも明かなことであるが、祭祀の儀礼に報本反始《ほうほんはんし》とか追孝とかいうような道徳的意義を附会した儒教思想に誘われて、日本の神社の崇敬をもそういう思想の表現のように説きなすものが、近代には生じたので、それには神を古人とするのと関聯して考えられた場合もある。なお近年になって神社の崇敬に国家的意義がある如く宣伝せられて来たが、民俗としての神社の崇敬には昔から、事実として、そういうことはなかった。イセ(伊勢)神宮のみは特殊な由来の語られている皇室の祭祀であり、天皇が国家の元首であられる点において、この神宮の祭祀に国家的意義が含まれてはいたが、もとは民衆の祭祀の対象ではなかったし、近代に至りその崇敬が民衆化せられるようになると、その民衆の崇敬には国家的意義は含まれていなかった。神の祭祀が政治の一つのしごととして行われたことは上代の風習であったが、それは朝廷のこと治者の地位に立ってのことであって、一般民衆の関することではなかった。それを国民全体のことでもあったように説くのは、近年にはじまったことを上代からのことのようにいいなすのである。神社についても神の崇敬祭祀についても、時代によって変化があり、権力者の態度行動と、学者の講説と、一般の民俗や民衆の心理とは同じでないのに、そういうことを細かに考えず、上代も今のようであったとし、民俗も学者の講説と同じであるように思うのが、世間には例の多いことである。そうしてそれもまた、歴史についての学問的研究による正しい知識が一般世間に与えられていないことを示すものである。

なお一つ挙げて置くべきは、上代の政治は天皇の親政（すべての政治が天皇の意志から出、天皇が大小の政務を親《みずか》ら執られるという意義でいう）であった、ということが一般に信ぜられていたらしいが、それは事実ではない、ということである。文献によって知ることのできない時代のことはわからぬが、皇室が皇室として統治者の地位につかれたはじめには、多分、親政のような状態であったろうとは推測せられる。いかなる場合にか有為の君主が出てその権力をうち立てられたのでなければ、皇室として存在せられるには至らなかったにちがいなく、そうしてそういう君主の事業は君主みずからから出たものであろうと考えられるからである。しかし文献によって知ることのできる時代になると、天皇がみずから政治の局に当られたことは殆どないといってよい。政治に関する歴史的事実のいくらかがほぼ知られるのは、早くとも四世紀の末もしくは五世紀ごろからのことであるが、六世紀の終に近いころにおいてはソガ（蘇我）氏が実権をもっていて、その権力の強くなった時には、日本で最初の女性の天皇が位に即《つ》かれ、政治に参与せられたろうと推測せられるウマヤドの皇子は天皇とはなられなかった。ソガ氏が亡びた後にいわゆる大化の改新が行われたが、その主動者の一人であり政務を統率せられたナカノオオエ(中大兄)皇子も、長い間、天皇の位に即かれなかった。これには天皇みずから政治の局に当られることの不便な事情があったからのことであるらしく、政治の実務を執られなかったことの明かな女性の天皇が位にあってもそれで少しも支障がなかったのも、唐にならって定められた大化の後の官制において支那にはない太政大臣という官の設けられたのも、この故のことと解せられる。そうしてそれはソガ氏の権力を得たよりも前からの因襲であり、ソガ氏の前にはどの家かが実権をもっていたのであろう。どうして上代にそういう風習が生じたのかは問題であるが、事実そうであったと見なされる。テンム(天武)天皇の時は親政であったかと思われるが、ジトウ(持統)天皇の時はもはやそうではなくなり、それから後は概《おおむ》ねフジワラ(藤原)氏などの権家《けんか》が実権をもつようになった。上代は天皇の親政であったというのは、エド時代の末にトクガワ(徳川)氏が実権をもっていることを非とするところからいい出されたことであって、歴史上の事実を明らめた上の考ではない。

五

こういう二、三の例のように、必ずしも権力者の恣な主張や固陋な思想やから出たものとはいわれないけれども、歴史上のたしかな事実にもとづかない考がいろいろあり、そうしてそれらはみな学問的方法によって歴史を研究しないところから生じたものである。その学問的方法をここで説明がましくいうには及ばず、またそういうことをすべき場合でもないが、ただ次のことだけはいっておくべきであろう。

それは、学問的に古典を取扱うには、古典の用語文字の意義をこまかに考え、その意義のままに、それを解釈すべきであって、その間に私意を交えてはならず、上代人の述作は上代人の思想によってそれを理解すべきであって、後世の思想でそれを見てはならぬこと、これが第一の用意であるということ、――こういう用意の下に古典に記されている神代の物語を見れば、それはどこまでも物語であって上代史ではないことがわかるということ、――物語はその作られた時代における作ったものの思想の表現であるところにその意味と価値とがあって、それは上代の或る時期における政治や文化やの状態、特に皇室及び国家に関する思想を知るための貴重なる史料であるということ、――ジンム天皇の東征ならびにそれより後のこととして記紀に記されている種々の物語も、また神代のと同じであるということ、――神代の物語が記紀の巻首にあり、外観上、歴史的事実の記録のごとく見える部分のあるいわゆる人代についての記載の前に置かれそれと連接しているために、神代を学問の上で先史時代と呼ばれている時代と同じもののように考える通俗の見解があるらしいが、それは全くの誤《あやまり》であって、神代は歴史時代の或る時期に思想の上で構成せられたものであり、現実に存在したものではないのに、先史時代はそれとは違って、現実にわれわれの祖先が閲歴して来た過去の時代であるということ、——物語は物語としての性質上、非合理的なことがらが多く語られているから、その一々を合理的なことがらとして解釈すべきではないということ、——真の上代史を知るにはこれらのことを明かに認識してそこから出発しなければならぬということ、などである。

わたくしの考によれば、神代の物語の根幹となっているものとジンム天皇以後のこととして記されている物語の主要なものとは、六世紀の前半のころにヤマト(大和)の朝廷において作られたものであって、その時代の治者階級の思想がそれに表現せられているから、そこに上代思想史の史料としての大なる価値がある。神代の物語などが歴史的事実を記したものでないということから、それを無価値のものとして斥《しりぞ》けるのは、大なる誤である。普通に事実といわれるのは外部に生起した何らかの事件をいうのであるが、思想が実は歴史的存在であり大なる歴史的事実である。ところで歴史の研究には史料がなくてはならず、そうして厳密なる学問的方法によるその史料の批判の結果、確実なものと認められる歴史的事実の記載を基礎としなければならぬが、上代史のごとき史料とすべき文献の乏しい時代のことについては、よしその史料に確実なものとすべき歴史的事実の記載があっても、それだけでは歴史を知るに必要な多くの事実がわかりかねる。従って上代史の研究には文献だけでは知ることのできない学問上の知識、例えば日本及びその周囲の民族に関する考古学・民俗学・言語学などの研究の結果が重要なるやくわりをもっていること、またシナ及び半島の歴史の研究によって知られたことが大なるはたらきをするものであることに、特に注意しなければならぬ。日本の国家の形成せられた情勢やその時代やそのころの文化の状態やの或る程度に知られるのは、シナの史籍があり、それが史料として用い得られるからのことである。

しかし史料は史料であって歴史ではない。史料はそれがいかに豊富である場合でも、われわれが知ろうとする歴史上の事実のすべてにわたる知識を供給するものではない。必ず足らぬところがあり必ず欠けているところがある。史料の多くは偶然後世に残ったものであって、残らないものの中に史料とすべき貴重なものがあったはずであるし、よし昔書かれたものが少しも亡くならずに今に残っているという、実際には決してあるべからざることを、あるように想像するにしても、その筆者の考は今日のわれわれの知識上の要求とは違っていたために、われわれの知ろうとすることがそれに記されていると は限らないからである。後世に残すために編纂せられたものにおいてはなおさらであって、編纂者によって棄て去られたことにわれわれの要求するものの多いのが実際の状態である。あるいはまた史料たる文献が人の記録したものである以上、そうして人の観察や思想やはその能力や性癖や地位や境遇やによっておのずから規制せられるものである以上、その記録には必ず偏するところがあり必ず僻するところがあり、またその多くは何らかの誤謬を含んでいるのが普通の状態である。なお記録者や編纂者が何らかの意図によって故意に事実を曲げまたは虚構の記事を作る場合も甚だ多い。そこで史料の批判が必要になるのである。批判というのは、その記載が歴史的事実であるかないかの弁別のみではなく、その文献が何時《いつ》いかにして何人によって書かれ、その述作の精神と動機と目的とがどこにあるかを明らかにすることであるので、それについては偏僻や誤謬や虚構やがやはり一つ一つの歴史的事実であることが考えられるのである。

また史料は一つ一つのことがらについての知識を供給するのみであって、歴史の推移発展の径路や情勢やを、即ち歴史そのものを、示すものではない。だからそれを知ろうとするには史料の外の何ものかがなくてはならぬが、それは即ち歴史家の識見と洞察力と構成の能力とであって、それによって歴史が初めて形づくられるのである。歴史を研究するということは、この意味で歴史を構成することである。のみならず、歴史の研究には、先ず一つ一つの事実を明かにし、さて後その明かにせられた多くの事実を全体の推移発展の系列として構成するという一面があると共に、その推移発展の情勢がおおよそに考えられていなくては一つ一つの事実が明かにせられないという他の一面がある。いかなる事実も単独なもの孤立したものではなく、長い歴史のうちの一つの過程だからである。この両面の間の交渉は歴史の研究において頗《すこぶ》る微妙なものであるので、そこに歴史家のはたらきがあり、その個性の現われるところもある。歴史はこのようにして個性のある歴史家によって始めて構成せられ形づくられるものであって、上代史とてもまた同様であり、『古事記』や『日本紀』はかかる歴史を構成するための資材を供給する史料の一部分をなすものである。記紀は歴史ではなくして史料である。史料だけでは歴史はわからず、記紀だけによって上代史を明かにすることはできぬ。

六

歴史の学問的研究の方法についてこのように考えて来ると、ここにぜひともいい添えておかねばならぬことがある。この論稿のはじめに科学的研究という語を史学の学問的方法による研究という意義に解するといったが、特に科学という語の用いられていることについては、別に注意すべき点があるからである。

科学という語が用いられると、何となく自然科学が思い出される傾向があるが、もし歴史の研究の方法もしくは態度が自然科学のそれと同じであるように考えられるならば、それは大なる誤である。勿論、自然科学に対して文化科学とか精神科学とかいうような語が作られているのでも知られる如く、科学が自然科学のみをさすものでないことは、普通に知られているであろうが、同じく科学と呼ばれるために、研究の対象は違っていてもその方法は同じであるように、ともすれば思われがちなのが一般のありさまではなかろうか。対象が違えばそれを取扱う方法もそれにつれて違わねばならず、史学の対象は自然界の事物とは違って情意あり思慮ある人の生活であるところにその特殊性がある。かつて歴史科学という語が一時或る方面で流行したことがあるが、この語を用いた人々の歴史の取扱いかたは、よしそれが自然科学者の自然界の取扱いかたと同じではなかったにせよ、史学の研究法としては適切でないところが多かったようである。それを今ここで列《なら》べあげるつもりはないが、例えば上代史を考えるについても、記紀の記載をそのままに、あるいはそれに恣な解釈を加えて、上代の普通にいう、歴史的事実を記録したものと見なし、それによって何らかの見解を立てることが行われていたようである。が、もしそうならば、これは記紀の記載を史料と見てその史料の批判をすることを忘れたものである。こういう態度は、実は、史学の研究の方法の明かにせられなかった時代の過去の学者、もしくはかの固陋な主張をもっていたものの態度と同じであり、畢竟《ひっきょう》それをうけついだものに外ならぬ。違うところはただ、別に社会組織経済機構の歴史的変遷についての一種の思想的規準をもっていて、それにあてはめて上代史を解釈しようとした点にあるのみである。そうしてその点に、考えかたとしては、自然科学のそれから導かれたところのある側面もあるように見うけられた。

そこで、歴史の科学的研究という語を用いるならばその研究について、次のことを注意しておきたいと思う。歴史は国民の生活の過程であり、国民の生活は過去に作り出して来た、あるいは過去によって与えられた状態のうちにありながら、現在の生活の要求によってそれを変化させ、未来に向って新しい状態を作り出してゆくものであり、そこに国民の意欲と志向とがはたらくのであるから、歴史の研究は過去の生活の展開の必然的な径路を明かにするのみならず、その径路そのものにおいて、この自由な志向と、どうしてそれが生じたかの由来と、どうそれがはたらいて来たかの情勢とを、究めることが必要であるということ(ここに昔からむつかしい問題とせられた自由と必然との交渉がある)、——一国民の生活には歴史の養って来たその国民の特殊性のあること、——この特殊性とても歴史的に絶えず変化して来たものでありまた変化してゆくべきものであって、そこに生活の意義があるが、特殊性がありまたそれの生ずるのを否認すべきではないということ、——歴史の研究の任務は生活の進展の一般的な、人類に普遍な、法則を見出そうとするところにあるのではなくして、国民の具体的な生活のすがたとその進展の情勢とを具体的なままに把握し、歴史としてそれを構成するところにあるということ、従ってその研究の道程においても、何らかの一般的な法則や公式やを仮定してそれを或る国民の生活にあてはめるというような方法をとるべきでないということ(古典の記載を無批判に承認しながら、それにこういう公式を結びつけるのは、二重の錯誤を犯すものである)、――生活の進展に人類一般の普遍的な径路があることを必ずしも、否認しようとするのではなく、またそういうことを研究するいろいろの学問、例えば人類一般を通じての考古学なり経済学なり民俗学なり宗教学なり神話学なりの成立を疑うのでもなく、却ってこれまで研究せられたこれらの学問の業績が、例えば日本のにおけるが如く、或る特殊の国民の生活の状態を考えるに当って大なるはたらきをすることを主張しようとするのではあるが、それらの業績は現在においてはなお不完全なものであり偏するところの多いものであるから、それを用いるには用いる方法があるべきことを知らねばならぬということ、――人の生活には多方面がありそれらが互にはたらきあって一つの生活をなすものであるから、そのうちの一、二をとって基礎的のものとし他はそれから派生したものと考えるのは僻見であるということ、――過去の史学者の深く注意しなかった社会史・経済史の研究が行われるようになったのは、もとより喜ぶべきことであり、それによって人の生活に一層深き理解が与えられ歴史に新面目が開かれることを承認すべきではあるが、それだけで歴史の全体もしくは真相が明かになるのではないということ、――歴史の科学的研究という語には誤解が伴いやすいから、これだけのこともいっておくのである。もしこの語を用いることによって史学の本質に背き歴史研究の学問的方法に背くような考えかたが流行するようにでもなるならば、過去の学者によって日本人の生活とその歴史とに誤った解釈が加えられたのと、解釈そのものは違いながら、同じような結果とならぬにも限るまい。のみならず、学者の態度によっては、その世間一般に及ぼす影響において、かの固陋な放恣な主張の宣伝せられたのと、似たようなことが起らぬとはいいかねるかも知れぬ。

建国の事情と万世一系の思想

今、世間で要求せられていることは、これまでの歴史がまちがっているから、それを改めて真の歴史を書かねばならぬ、というのであるが、こういう場合、歴史がまちがっているということには二つの意義があるらしい。

一つは、これまで歴史的事実を記述したものと考えられていた古書が実はそうでない、ということであって、例えば『古事記』や『日本紀』は上代の歴史的事実を記述したものではない、というのがそれである。これは史料と歴史との区別をしないからのことであって、記紀は上代史の史料ではあるが上代史ではないから、それに事実でないことが記されていても、歴史がまちがっているということはできぬ。史料は真偽混雑しているのが常であるから、その偽なる部分をすて真なる部分をとって歴史の資料とすべきであり、また史料の多くは多方面をもつ国民生活のその全方面に関する記述を具えているものではなく、或る一、二の方面に関することが記されているのみであるから、どの方面の資料をそれに求むべきかを、史料そのものについて吟味しなければならぬ。史料には批判を要するというのはこのことである。例えば記紀において、外観上、歴史的事実の記録であるが如き記事においても、こまかに考えると事実とは考えられぬものが少なくないから、そこでその真偽の判別を要するし、また神代の物語などの如く、一見して事実の記録と考えられぬものは、それが何ごとについての史料であるかを見定めねばならぬ。物語に語られていること、即ちそこにはたらいている人物の言動などは、事実ではないが、物語の作られたことは事実であると共に、物語によって表現せられている思想もまた事実として存在したものであるから、それは外面的の歴史的事件に関する史料ではないが、文芸史思想史の貴重なる史料である。こういう史料を史料の性質に従って正しく用いることによって、歴史は構成せられる。史料と歴史とのこの区別は、史学の研究者においては何人も知っていることであるが、世間では深くそのことを考えず、記紀の如き史料をそのまま歴史だと思っているために、上にいったようなことがいわれるのであろう。

いま一つは、歴史家の書いた歴史が、上にいった史料の批判を行わず、またはそれを誤り、そのために真偽の弁別がまちがったり、史料の性質を理解しなかったり、あるいはまた何らかの偏見によってことさらに事実を曲げたり、恣《ほしいまま》な解釈を加えたりして、その結果、虚偽の歴史が書かれていることをいうのである。

さてこの二つの意義の何《いず》れにおいても、これまで一般に日本の上代史といわれているものは、まちがっている、といい得られる。然《しか》らば真の上代史はどんなものかというと、それはまだでき上がっていない。という意味は、何人にも承認せられているような歴史が構成せられていない、ということである。上にいった史料批判が歴史家によって一様でなく、従って歴史の資料が一定していない、ということがその一つの理由である。従って次に述べるところは、わたくしの私案に過ぎないということを、読者はあらかじめ知っておかれたい。ただわたくしとしては、これを学界ならびに一般世間に提供するだけの自信はもっている。

一　上代における国家統一の情勢

日本の国家は日本民族と称し得られる一つの民族によって形づくられた。この日本民族は近いところにその親縁のある民族をもたぬ。大陸におけるシナ(支那)民族とは、もとより人種が違う。チョウセン(朝鮮)・マンシュウ(満洲)・モウコ(蒙古)方面の諸民族とも違うので、このことは体質からも、言語からも、また生活のしかたからも、知り得られよう。ただ半島の南端の韓民族のうちには、あるいは日本民族と混血したものがいくらかあるのではないか、と推測せられもする。また洋上では、リュウキュウ(琉球)(の大部分)に同じ民族の分派が占居したであろうが、タイワン(台湾)及びそれより南の方の島々の民族とは同じでない。本土の東北部に全く人種の違うアイヌ（蝦夷）のいたことは、いうまでもない。

こういう日本民族の原住地も、移住して来た道すじも、またその時期も、今まで研究せられたところでは、全くわからぬ。生活の状態や様式やから見ると、原住地は南方であったらしく、大陸の北部でなかったことは推測せられるが、その土地は知りがたく、来住の道すじも、世間でよく臆測せられているように海路であったには限らぬ。時期はただ遠い昔であったといい得るのみである。原住地なり、来住の途上なり、またはこの島に来た時からなりにおいて、種々の異民族をいくらかずつ包容し、またはそれらと混血したことはあったろうが、民族としての統一を失うほどなことではなく、遠い昔から一つの民族として生活して来たので、多くの民族の混和によって日本民族が形づくられたのではない。この島に来た時に、民族の違うどれだけかの原住民がいたのではあろうが、それが、一つもしくは幾つかの民族的勢力として、後までも長く残ってはいなかったらしく、時と共に日本民族に同化せられ包容せられてしまったであろう。

こういう日本民族の存在の明かに世界に知られ、世界的意義をもつようになったことの今日にわかるのは、前一世紀もしくは二世紀であって、シナでは前漢の時代である。これが日本民族の歴史時代のはじまりである。それより前のこの民族の先史時代がこの島においてどれだけつづいていたかはわからぬが、長い、長い、年月であったことは、推測せられる。

先史時代の日本民族の生活状態は先史考古学の示すところの外は、歴史時代の初期の状態から逆推することによって、その末期のありさまがほぼ想像せられる。主なる生業は農業であったが、この島に住んでいることが既に久しいので、親子夫妻の少数の結合による家族形態が整い、安定した村落が形づくられ、多くのそういう村落のを包含する小国家が多く成り立っていたので、政治的には日本民族は多くの小国家に分れていたのである。この小国家の君主は、政治的権力と共に宗教的権威をももっていたらしく、種々の呪術《じゅじゅつ》や原始的な宗教心のあらわれとしての神の祭祀やが、その配下の民衆のために、かれらによって行われ、それが政治の一つのはたらきとなっていた。地方によっては、これらの小国家の一つでありながら、その君主が附近の他の幾つかの小国家の上に立ってそれらを統御したものもあったようである。君主の権威は民衆から租税を徴しまたはかれらを使役することであったろうが、小国家においては、君主は地主としての性質を多分に具えていたのではないか、従ってまた君主は、政治的権力者ではあるが、それと共に配下の民衆の首長もしくは指導者というような地位にいたのではないか、と推測せられもする。農業そのことの本質に伴う風習として、耕地が何人かの私有であったことは、明かであろう。この日本民族は牧畜をした形跡はないが、漁猟は到るところで営まれ、海上の交通も沿海の住民によって盛《さかん》に行われた。しかしこういうことを生業としたものも、日本民族であることに変りはなく、住地の状態によってそれに適応する生活をしていたところに、やはりこの島に移住して来てから長い歳月を経ていたことが示されている。用いていた器具が石器であったことは、勿論である。

日本民族の存在が世界的意義をもつようになったのは、今のキュウシュウ(九州)の西北部に当る地方のいくつかの小国家に属するものが、半島の西南に沿うて海路その西北部に進み、当時その地方にひろがって来ていたシナ人と接触したことによって、はじまったのである。彼らはここでシナ人から絹や青銅器などの工芸品や種々の知識やを得て来たので、それによってシナの文物を学ぶ機会が生じ、日本民族の生活に新しい生面が開け初めた。青銅器の製作と使用との始まったのは前一世紀の末のころであったらしく、その後もかなり長い間はいわゆる金石併用時代であったが、ともかくもシナの文物をうけ入れることになった地方の小国家の君主はそれによって、彼らの権威をもその富をも加えることができた。キュウシュウ地方の諸小国とシナ人とのこの接触は、一世紀二世紀を通じて変ることなく行われたが、その間の関係は時がたつにつれて次第に密接になり、シナ人から得る工芸品や知識やがますます多くなると共に、それを得ようとする欲求もまた強くなり、その欲求のために船舶を派遣する君主の数も多くなった。鉄器の使用もその製作の技術もまたこの間に学び初められたらしい。ところが三世紀になると、文化上の関係が更に深くなると共に、その交通にいくらかの政治的意義が伴うことになり、君主の間には、半島におけるシナの政治的権力を背景として、あるいは附近の諸小国の君主に臨み、あるいは敵対の地位にある君主を威圧しようとするものが生じたので、ヤマト(邪馬台、今の筑後の山門か)の女王として伝えられているヒミコ(卑弥呼)がそれである。当時、このヤマトの君主はほぼキュウシュウの北半の諸小国の上にその権威を及ぼしていたようである。

キュウシュウ地方の諸君主が得たシナの工芸品やその製作の技術や、その他の種々の知識は、セト(瀬戸)内海の航路によって、早くから後のいわゆるキンキ(近畿)地方に伝えられ、一、二世紀のころにはその地域に文化の一つの中心が形づくられ、そうしてそれには、その地方を領有する政治的勢力の存在が伴っていたことが考えられる。この政治的勢力は種々の方面から考察して、皇室の御祖先を君主とするものであったことが、ほぼ知り得られるようであり、ヤマト(大和)がその中心となっていたであろう。それがいつからの存在であり、どうしてうち立てられたかも、その勢力の範囲がどれだけの地域であったかも、またどういう径路でそれだけの勢力が得られたかも、すべてたしかにはわからぬが、後の形勢から推測すると、二世紀ごろには上にいったような勢力として存在したらしい。その地域の西南部は少くとも今のオオサカ(大阪)湾の沿岸地方を含んでいて、セト内海の航路によって遠くキュウシュウ方面と交通し得る便宜をもっていたに違いないが、東北方においてどこまでひろがっていたかは、知りがたい。この地域のすべてが直接の領土として初めから存在したには限らず、あるいは、そこに幾つかの小国家が成立っていたのを、いつの時からかそれらのうちの一つであったヤマト地方の君主、即ち皇室の御祖先、がそれらを服属させてその上に君臨し、それらを統御するようになり、更に後になってその諸小国を直接の領土として収容した、というような径路がとられたでもあろう。

三世紀にはその領土が次第にひろがって、西の方ではセト内海の沿岸地方を包含するようになり、トウホク(東北)地方でもかなりの遠方までその勢力の範囲に入ったらしく、想像せられるが、それもまた同じような道すじを経てのことであったかも知れぬ。しかし具体的にはその情勢が全く伝えられていない。ただイズモ(出雲)地方にはかなり優勢な政治的勢力があって、それは長い間このヤマトを中心とする勢力に対して反抗的態度をとっていたようである。さてこのような、ヤマトを中心として後のキンキ地方を含む政治的勢力が形づくられたのは、一つは、西の方から伝えられた新しい文物を利用することによって、その実力が養い得られたためであろうと考えられるが、一つは、その時の君主の個人的の力によるところも少なくなかったであろう。如何《いか》なる国家にもその勢力の強大になるには創業の主ともいうべき君主のあるのが、一般の状態だからである。そうして険要の地であるヤマトと、豊沃で物資の多いヨドガワ(淀河)の平野と、海路の交通の要地であるオオサカの沿岸とを含む、地理的に優れた地位を占めていることが、それから後の勢力の発展の基礎となり、勢力が伸びれば伸びるに従って君主の欲望もまた大きくなり、その欲望が次第に遂げられて勢力が強くなってゆくと、多くの小国の君主はそれに圧せられて漸次服属してゆく、という情勢が展開せられて来たものと推測せられる。

しかし三世紀においては、イズモの勢力を帰服させることはできたようであるけれども、キュウシュウ地方にはまだ進出することはできなかった。それは半島におけるシナの政治的勢力を背景とし、九州の北半における諸小国を統御している強力なヤマト(邪馬台)の国家がそこにあったからである。けれども、四世紀に入るとまもなく、アジヤ大陸の東北部における遊牧民族の活動によってその地方のシナ人の政治的勢力が覆《くつが》えされ、半島におけるそれもまた失われたので、ヤマト(邪馬台)の君主はその頼るところがなくなった。東方なるヤマト(大和)の勢力はこの機会に乗じてキュウシュウの地に進出し、その北半の諸小国とそれらの上に権威をもっていたヤマト(邪馬台)の国とを服属させたらしい。四世紀の前半のことである。そうしてこの勢の一歩を進めたのが、四世紀の後半におけるヤマト(大和)朝廷の勢力の半島への進出であって、それによって我が国と半島とに新しい事態が生じた。そうして半島を通じてヤマトの朝廷にとり入れられたシナの文物が皇室の権威を一層強め、従ってまた一つの国家として日本民族の統一を一層かためてゆくはたらきをすることになるのである。ただキュウシュウの南半、即ちいわゆるクマソ(熊襲)の地域にあった諸小国は、五世紀に入ってからほぼ完全に服属させることができたようである。東北方の諸小国がヤマトの国家に服属した情勢は少しもわからぬが、西南方においてキュウシュウの南半が帰服した時代には、日本民族の住地のすべてはヤマトの国家の範囲に入っていたことが、推測せられる。それは即ちほぼ今のカントウ(関東)からシナノ(信濃)を経てエチゴ(越後)の中部地方に至るまでである。

皇室の御祖先を君主として戴いていたヤマトの国家が日本民族を統一した情勢が、ほぼこういうものであったとすれば、普通に考えられているような日本の建国というきわだった事件が、或る時期、或る年月、に起ったのでないことは、おのずから知られよう。日本の建国の時期を皇室によって定め、皇室の御祖先がヤマトにあった小国の君主にはじめてなられた時、とすることができるかもしれぬが、その時期はもとよりわからず、また日本の建国をこういう意義に解することも妥当とは思われぬ。もし日本民族の全体が一つの国家に統一せられた時を建国とすれば、そのおおよその時期はよし推測し得られるとしても、たしかなことはやはりわからず、そうしてまたそれを建国とすることもふさわしくない。日本の国家は長い歴史的過程を経て漸次に形づくられて来たものであるから、特に建国というべき時はないとするのが、当っていよう。要するに、皇室のはじめと建国とは別のことである。日本民族の由来がこの二つのどれとも全くかけはなれたものであることは、なおさらいうまでもない。むかしは、いわゆる神代の説話にもとづいて、皇室は初から日本の全土を領有せられたように考え、皇室のはじめと日本全土の領有という意義での建国とが同じであるように思われていたし、近ごろはこの二つとこの島における日本民族のはじめとの三つさえも、何となく混雑して考えられているようであるが、それは上代の歴史的事実を明かにしないからのことである。

さて、ここに述べたことには、それぞれ根拠があるが、今はそういう根拠の上に立つこの建国史の過程を略述したのみであって、一々その根拠を示すことはさしひかえた。ところで、もしこの歴史的過程が事実に近いものであるとするならば、ジンム(神武)天皇の東征の物語は決して歴史的事実を語ったものでないことが知られよう。それはヤマトの皇都の起源説話なのである。日本民族が皇室の下に一つの国家として統一せられてから、かなりの歳月を経た後、皇室の権威が次第に固まって来た時代、わたくしの考《かんがえ》ではそれは六世紀のはじめのころ、において、一層それを固めるために、朝廷において皇室の由来を語る神代の物語が作られたが、それには、皇祖が太陽としての日の神とせられ、天上にあるものとせられたのであるから、皇孫がこの国に降ることが語られねばならず、そうしてその降られた土地がヒムカ(日向)とせられたために、それと現に皇都のあるヤマトとを結びつける必要が生じたので、そこでこの東征物語が作られたのである。ヤマトに皇都はあったが、それがいつからのことともわからず、どうしてそこに皇都があることになったかも全く知られなくなっていたので、この物語はおのずからその皇都の起源説話となったのである。東征は日の神の加護によって遂げられたことになっているが、これは天上における皇祖としての日の神の皇都が「天つ日嗣」をうけられた皇孫によって地上のヒムカに遷され、それがまた神武天皇によってヤマトに遷されたことを、語ったものであり、皇祖を日の神とする思想によって作られたものである。だからそれを建国の歴史的事実として見ることはできない。

それから後の政治的経営として『古事記』や『日本紀』に記されていることも、チュウアイ(仲哀)天皇のころまでのは、すべて歴史的事実の記録とは考えられぬ。ただ歴代の天皇の系譜については、ほぼ三世紀のころであろうと思われるスシン(崇神)天皇から後は、歴史的の存在として見られよう。それより前のについては、いろいろの考えかたができようが、系譜上の存在がどうであろうとも、ヤマトの国家の発展の形勢を考えるについては、それは問題の外におかるべきである。創業の主ともいうべき君主のあったことが何らかの形で後にいい伝えられたかと想像せられるが、その創業の事跡は皇室についての何ごとかがはじめて文字に記録せられたと考えられる四世紀の終において、既に知られなくなっていたので、記紀には全くあらわれていない。

ところで、ヤマトの皇室が上に述べたように次第に諸小国の君主を服属させていったそのしかたはどうであったかというに、それはあいてにより場合によって一様ではなかったろう。武力の用いられたこともあったろう。君主の地位に伴っている宗教的権威のはたらきもあったろう。しかし血なまぐさい戦争の行われたことは少かったろうと推測せられる。もともと日本民族が多くの小国家に分れていても、その間に断えざる戦争があったというのではなく、武力的競争によってそれらの国家が存在したのではなかった。農業民は本来平和を好むものである。この農業民の首領であり指導者であり或る意味においては大地主らしくもある小君主もまた、その生存のためには平和が必要である。また、ともすれば戦争の起り易い異民族との接触がなく、すべての国家がみな同一民族であったがために、好戦的な殺伐な気風も養われなかった。小国家が概して小国家たるにとどまって、甚だしく強大な国家の現われなかったのも、勢力の強弱と領土の大小とを来たすべき戦争の少かったことを、示すものと解せられよう。キュウシュウ地方においてかのヤマト(邪馬台)が、附近の多くの小国を存続させながら、それらの上に勢力を及ぼしていたのも、戦勝国の態度ではなかったように見える。かなり後になっても、日本に城廓建築の行われなかったことも、またこのことについて参考せらるべきである。皇室が多くの小国の君主を服属させられたのは、このような一般的状態の下において行われたことであり、皇室がもともとそれらの多くの小国家の君主の家の一つであったのであるから、その勢力の発展が戦争によることの少かったことは、おのずから推測せられよう。国家の統一せられた後に存在した地方的豪族、いわゆる国造県主など、の多くが統一せられない前の小君主の地位の継続せられたものであるらしいこと、皇居に城廓などの軍事的設備が後までも設けられなかったこと、なども、またこの推測を助ける。皇室の直轄領やヤマトの朝廷の権力者の領土が、地方的豪族の領土の間に点綴して置かれはしたので、そのうちには昔の小国家の滅亡したあとに設けられたものもあろうが、よしそうであるにしても、それらがどうして滅亡したかはわからぬ。

統一の後の国造などの態度によって推測すると、ヤマトの朝廷の勢威の増大するにつれて、諸小国の君主はその地位と領土とを保全するためには、みずから進んでそれに帰服するものが多かったと考えられる。かれらは武力による反抗を試みるにはあまりに勢力が小さかったし、隣国と戦争をした経験もあまりもたなかったし、また多くの小国家に分れていたとはいえ、もともと同じ一つの日本民族として同じ歴史をもち、言語・宗教・風俗・習慣の同じであるそれらであるから、新におのれらの頭上に臨んで来る大きな政治的勢力があっても、それに対しては初から親和の情があったのであろう。また従来とても、もしこういう小国家の同じ地域にあるいくつかが、九州における上記の例の如く、そのうちの優勢なものに従属していたことがあったとすれば、皇室に帰服することは、その優勢なものを一層大きい勢力としての皇室にかえたのみであるから、その移りゆきはかなり滑かに行われたらしい、ということも考えられる。朝廷の側としては、場合によっては武力も用いられたにちがいなく、また一般に何らかの方法による威圧が加えられたことは、想像せられるが、大勢はこういう状態であったのではあるまいか。

国家の統一の情勢はほぼこのように考えられるが、ヤマト朝廷のあいてとしたところは、民衆ではなくして諸小国の君主であった。統一の事業はこれらの君主を服属させることによって行われたので、直接に民衆をあいてとしたのではない。武力を以て民衆を征討したのでないことは、なおさらである。民衆からいうと、国家が統一せられたというのは、これまでの君主の上にたつことになったヤマトの朝廷に間接に隷属することになった、というだけのことである。皇室の直轄領となった土地の住民の外は、皇室との直接の結びつきは生じなかったのである。さて、こうして皇室に服属した民衆はいうまでもなく、国造などの地方的豪族とても、皇室と血族的関係をもっていたはずはなく、従って日本の国家が皇室を宗家とする一家族のひろがったものでないことは、いうまでもあるまい。

二　万世一系の皇室という観念の生じまた発達した歴史的事情

ヤマトに根拠のあった皇室が日本民族の全体を統一してその君主となられるまでに、どれだけの年月がかかったかはわからぬが、上に考えた如く、二世紀のころにはヤマトの国家の存在したことがほぼ推測せられるとすれば、それからキュウシュウの北半の服属した四世紀のはじめまでは約二百年であり、日本の全土の統一せられた時期と考えられる五世紀のはじめまでは約三百年である。これだけの歳月と、その間における断えざる勢力の伸長とは、皇室の地位をかためるには十分であったので、五世紀の日本においては、それはもはや動かすべからざるものとなっていたようである。何人もそれに対して反抗するものはなく、その地位を奪いとろうとするものもなかった。そうしてそれにはそれを助ける種々の事情があったと考えられる。

その第一は、皇室が日本民族の外から来てこの民族を征服しそれによって君主の地位と権力とを得られたのではなく、民族の内から起って次第に周囲の諸小国を帰服させられたこと、また諸小国の帰服した状勢が上にいったようなものであったことの、自然のなりゆきとして、皇室に対して反抗的態度をとるものが生じなかった、ということである。もし何らかの特殊の事情によって反抗するものが出るとすれば、それはその独立の君主としての地位と権力とを失った諸小国の君主の子孫であったろうが、そういうものは反抗の態度をとるだけの実力をもたず、また他の同じような地位にあるものの同情なり助力なりを得ることもできなかった。こういう君主の子孫のうちの最も大きな勢力をもっていたらしいイズモの国造が、完全に皇室の下におけるその国造の地位に安んじていたのを見ても、そのことは知られよう。一般の国造や県主は、皇室に近接することによって、皇室の勢威を背景としてもつことによって、かれらみずからの地位を安固にしようとしたのである。皇室が武力を用いて地方的豪族に臨まれるようなことはなく、国内において戦闘の行われたような形跡はなかった。この意味においては、上代の日本は甚だ平和であったが、これはその根柢に日本民族が一つの民族であるという事実があったと考えられる。

また皇室の政治の対象は地方的豪族であって、直接には一般民衆ではなかったから、民衆が皇室に対して反抗を企てるような事情は少しもなかった。わずかの皇室直轄領の外は、民衆の直接の君主は地方的豪族たる国造(及び朝廷に地位をもっている伴造)であって、租税を納めるのも労役に服するのも、そういう君主のためであったから、民衆はおのれらの生活に苦痛があっても、その責を皇室に帰することはしなかった。そうして皇室直轄領の民衆は、その直轄であることにおいて一種のほこりをもっていたのではないかと、推測せられる。

第二は、異民族との戦争のなかったことである。近隣の異国もしくは異民族との戦争には、君主みずから軍を率いることになるのが普通であるが、その場合、戦に勝てばその君主は民族的英雄として賞讃せられ、従ってその勢威も強められるが、負ければその反対に人望が薄らぎ勢威が弱められ、時の状勢によっては君主の地位をも失うようになる。よし戦に勝っても、それが君主みずからの力でなくして将帥《しょうすい》の力であったような場合には、衆望がその将帥に帰して、終にはそれが君主の地位に上ることもありがちである。要するに、異民族との戦争ということが、君主の地位を不安にし、その家系に更迭の生ずる機会を作るものである。ところが、日本民族は島国に住んでいるために、同じ島の東北部にいたアイヌの外には、異民族に接触していないし、また四世紀から六世紀までの時代における半島及びそれにつづいている大陸の民族割拠の形勢では、それらの何れにも、海を渡ってこの国に進撃して来るようなものはなかった。それがために民族的勢力の衝突としての戦争が起らず、従ってここにいったような君主の地位を不安にする事情が生じなかったのである。

ただ朝廷のしごととして、上に述べたように半島に対する武力的進出が行われたので(多分、半島の南端における日本人と関係のある小国の保護のために)、それには戦争が伴い、その戦争には勝敗があったけれども、もともと民族的勢力の衝突ではなく、また戦においてもただ将帥を派遣せられたのみであるから、勝敗のいずれの場合でも、皇室の地位には何の影響も及ぼさなかった。(チュウアイ天皇の皇后の遠征というのは、事実ではなくして物語である。)そうしてこの半島への進出の結果としての朝廷及びその周囲におけるシナの文物の採取は、文化の側面から皇室の地位を重くすることになった。また東北方のアイヌとの間には民族的勢力としての争があったが、これは概《おおむ》ねそれに接近する地域の住民の行動にまかせてあったらしく、朝廷の関与することが少く、そうして大勢においては日本民族が優者として徐々にアイヌの住地に進出していったから、これもまた皇室の勢威には影響がなかった。これが皇室の地位の次第に固まって来た一つの事実である。

第三には、日本の上代には、政治らしい政治、君主としての事業らしい事業がなかった、ということであって、このことからいろいろの事態が生ずる。天皇みずから政治の局に当られなかったということもその一つであり、皇室の失政とか事業の失敗とかいうようなことのなかったということもその一つである。多くの民族の事例について見ると、一般に文化の程度の低い上代の君主のしごとは戦争であって、それに伴っていろいろのしごとが生ずるのであるが、国内においてその戦争のなかった我が国では、政治らしい政治は殆《ほとん》どなかったといってよい。従ってまた天皇のなされることは、殆どなかったであろう。いろいろの事務はあったが、それは朝廷の伴造のするしごとであった。四世紀の終にはじまり五世紀を通じて続いている最も大きな事件は、半島の経営であるが、それには武力が必要であるから、武事を掌《つかさど》るオオトモ(大伴)氏やモノノベ(物部)氏やはそれについて重要のはたらきをしたのであろう。特にそのはたらく場所は海外であるから、本国から一々それを指揮することのできぬ場合が多い。そこで、単なる朝廷の事務とは違うこの国家の大事についても、実際においてそれを処理するものは、こういう伴造のともがらであり、従ってそういう家がらにおのずから権威がついて来て、かれらは朝廷の重臣ともいうべきものとなった。

そうしてこういう状態が長くつづくと、内政において何らかの重大な事件が起ってそれを処理しなければならぬようなばあいにも、天皇みずからはその局に当られず、国家の大事は朝廷の重臣が相謀ってそれを処理するようになって来る。従って天皇には失政も事業の失敗もない。これは、一方においては、時代が進んで国家のなすべき事業が多くなり政治ということがなくてはならぬようになってからも、朝廷の重臣がその局に当る風習を開くものであったと共に、他方においては、政治上の責任はすべて彼らの負うところとなってゆくことを意味するものである。いうまでもなく、政治は天皇の名において行われはするが、その実、その政治は重臣のするものであることが、何人にも知られているからである。そうしてこのことは、おのずから皇室の地位を安固にするものであった。

第四には、天皇に宗教的の任務と権威とのあったことが考えられる。天皇は武力を以てその権威と勢力とを示さず、また政治の実務には与《あずか》られなかったようであるが、それにはまた別の力があって、それによってその存在が明かにせられた。それは、一つは宗教的の任務であり、一つは文化上の地位であった。政治的君主が宗教上の地位をももっているということは、極めて古い原始時代の風習の引きつづきであろうと考えられるが、その宗教上の地位というのは、民衆のために種々の呪術や神の祭祀を行うことであり、そのようなことを行うところから、或る場合には、呪術や祭祀を行い神人の媒介をする巫祝《ふしゅく》が神と思われることがあるのと同じ意味で、君主みずからが神としても考えられることがある。天皇が「現《あき》つ神《かみ》」といわれたことの遠い淵源と歴史的の由来とはここにあるのであろうが、しかし今日に知られている時代の思想としては、政治的君主としての天皇の地位に宗教的性質がある、いいかえると天皇が国家を統治せられることは、思想上または名義上、神の資格においてのしごとである、というだけの意義でこの称呼が用いられていたのであって、「現つ神」は国家を統治せられる、即ち政治的君主としての、天皇の地位の称呼なのである。天皇の実質はどこまでも政治的君主であるが、その地位を示すために歴史的由来のあるこの称呼が用いられたのである。

これは、天皇が天皇を超越した神に代ってそういう神の政治を行われるとか、天皇の政治はそういう神の権威によって行われるとか、いうのではないと共に、また天皇は普通の人とは違って神であり何らかの意義での神秘性を帯びていられる、というような意味でいわれたのでもない。天皇が宗教的崇拝の対象としての神とせられたのでないことは、いうまでもない。日本の昔には天皇崇拝というようなことはなかったと考えられる。天皇がその日常の生活において普通の人として行動せられることは、すべてのものの明かに見も聞きも知りもしていることであった。記紀の物語に天皇の恋愛譚や道ゆきずりの少女にことといかわされた話などの作られていることによっても、それは明かである。「現つ神」というようなことばすらも、知識人の思想においては存在し、また重々しい公式の儀礼には用いられたが、一般人によって常にいわれていたらしくはない。シナで天帝の称呼として用いられていた「天皇」を御称号としたのは六世紀のおわりころにはじまったことのようであって、それは「現つ神」の観念とつながりのあることであったろうが、それが一般に知られていたかどうか、かなりおぼつかない。そういうことよりも、すべての人に知られていた天皇の宗教的な地位とはたらきとは、政治の一つのしごととして、国民のために大祓のような呪術を行われたりいろいろの神の祭祀を行われたりすることであったので、天皇が神を祭られるということは天皇が神に対する意味での人であることの明かなしるしである。日常の生活がこういう呪術や祭祀によって支配せられていた当時の人々にとっては、天皇のこの地位と任務は尊ぶべきことであり感謝すべきことであるのみならず、そこに天皇の精神的の権威があるように思われた。何人もその権威を冒瀆《ぼうとく》しようとは思わなかったのである。政治の一つのしごととして天皇のせられることはこういう呪術祭祀であったので、それについての事務を掌っていたナカトミ(中臣)氏に朝廷の重臣たる権力のついて来たのも、そのためであった。

第五には、皇室の文化上の地位が考えられる。半島を経て入って来たシナの文物は、主として朝廷及びその周囲の権力者階級の用に供せられたのであるから、それを最も多く利用したのは、いうまでもなく皇室であった。そうしてそれがために、朝廷には新しい伴造の家が多く生じた。かれらは皇室のために新来の文物についての何ごとかを掌ることによって生活し、それによって地位を得た。のみならず、一般的にいっても、皇室はおのずから新しい文化の指導的地位に立たれることになった。このことが皇室に重きを加えたことは、おのずから知られよう。そうしてそれは、武力が示されるのとは違って、一種の尊とさと親しさとがそれによって感ぜられ、人々をして皇室に近接することによってその文化の恵みに浴しようとする態度をとらせることになったのである。

以上、五つに分けて考えたことを一くちにつづめていうと、現実の状態として、皇室は朝廷の権力者や地方の豪族にとっては、親しむべき尊むべき存在であり、かれらは皇室に依属することによってかれらの生活や地位を保ちそれについての欲求を満足させることができた、ということになる。なお半島に対する行動がかれらの間にも或る程度に一種の民族的感情をよび起させ、その感情の象徴として皇室を視る、という態度の生じて来たらしいことをも、考えるべきであろう。皇室に対する敬愛の情がここから養われて来たことは、おのずから知られよう。

さて、こういうようないろいろの事情にも助けられて、皇室は皇室として長く続いて来たのであるが、これだけ続いて来ると、その続いて来た事実が皇室の本質として見られ、皇室は本来長く続くべきものであると考えられるようになる。皇室が遠い過去からの存在であって、その起源などの知られなくなっていたことが、その存在を自然のことのように、あるいは皇室は自然的の存在であるように、思わせたのでもある。(王室がしばしば更迭した事実があると、王室は更迭すべきものであるという考が生ずる。)従ってまたそこから、皇室を未来にも長く続けさせようという欲求が生ずる。この欲求が強められると、長く続けさせねばならぬ、長く続くようにしなければならぬ、ということが道徳的義務として感ぜられることになる。もし何らかの事態が生じて(例えば直系の皇統が断えたというようなことでもあると)、それに刺戟せられてこの欲求は一層強められ、この義務の感が一層固められる。六世紀のはじめのころは、皇室の重臣やその他の朝廷に地位をもっている権力者の間に、こういう欲求の強められて来た時期であったらしく、今日記紀によって伝えられている神代の物語は、そのために作られたものがもとになっている。

神代の物語は皇室の由来を物語の形で説こうとしたものであって、その中心観念は、皇室の祖先を宗教的意義を有する太陽としての日の神とし、皇位(天つ日つぎ)をそれから伝えられたものとするところにあるが、それには政治的君主としての天皇の地位に宗教的性質があるという考と、皇位の永久という観念とが、含まれている。なおこの物語には、皇室が初からこの国の全土を統治せられたことにしてあると共に、皇室の御祖先は異民族に対する意味においての日本民族の民族的英雄であるようには語られていず、どこまでも日本の国家の統治者としての君主となっているが、その政治、その君主としての事業は、殆ど物語の上にあらわれていない。そうして国家の大事は朝廷の伴造の祖先たる諸神の衆議によって行われたことにしてある。物語にあらわれている人物はその伴造の祖先か地方的豪族のそれかであって、民衆のはたらいたことは少しもそれに見えていない。民衆をあいてにしたしごとも語られていない。宗教的意義での邪霊悪神を掃蕩せられたことはいわれているが、武力の用いられた話は、初めて作られた時の物語にはなかったようであり、後になってつけ加えられたと思われるイズモ平定の話には、そのおもかげが見えはするが、それとても妥協的平和的精神が強くはたらいているので、神代の物語のすべてを通じて、血なまぐさい戦争の話はない。やはり後からつけたされたものであるが、スサノオの命《みこと》が半島へ渡った話があっても、武力で征討したというのではなく、そうして国つくりを助けるために海の外からスクナヒコナの命が来たというのも、武力的経略のようには語られていないから、文化的意義のこととしていわれたものと解せられる。なお朝廷の伴造や地方的豪族が、その家を皇室から出たものの如くその系譜を作り、皇室に依附することによってその家の存在を示そうとした形跡も、明かにあらわれている。

さすれば、上に述べた四・五世紀ころの状態として考えられるいろいろの事情は、そのすべてが神代の物語に反映しているといってもよい。こういう神代の物語によって、皇室をどこまでも皇室として永久にそれを続けてゆこう、またゆかねばならぬ、とする当時の、またそれにつづく時代の、朝廷に権力をもっているものの欲求と責任感とが、表現せられているのである。そうしてその根本は、皇位がこのころまで既に長くつづいて来たという事実にある。そういう事実があったればこそ、それを永久に続けようとする思想が生じたのである。神代の物語については、物語そのものよりもそういう物語を作り出した権力階級の思想に意味があり、そういう思想を生み出した歴史的事実としての政治－社会的状態に一層大なる意味があることを、知らねばならぬ。

皇位が永久でありまたあらねばならぬ、という思想は、このようにして歴史的に養われまた固められて来たと考えられるが、この思想はこれから後ますます強められるのみであった。時勢は変り事態は変っても、上に挙げたいろいろの事情のうちの主なるものは、概していうと、いつもほぼ同じであった。六世紀より後においても、天皇はみずから政治の局には当られなかったので、いわゆる親政の行われたのは、極めて稀な例外とすべきである。タイカ(大化)の改新とそれを完成したものとしての令の制度とにおいては、天皇親政の制が定められたが、それの定められた時は、実は親政ではなかったのである。そうして事実上、政権をもっていたものは、改新前のソガ(蘇我)氏なり後のフジワラ(藤原)氏なりタイラ(平)氏なりミナモト(源)氏なりアシカガ(足利)氏なりトヨトミ(豊臣)氏なりトクガワ(徳川)氏なりであり、いわゆる院政とても天皇の親政ではなかった。政治の形態は時によって違い、あるいは朝廷の内における摂政関白などの地位にいて朝廷の機関を用い、あるいは朝廷の外に幕府を建てて独自の機関を設け、そこから政令を出したのであり、政権を握っていたものの身分もまた同じでなく、あるいは文官でありあるいは武人であったが、天皇の親政でない点はみな同じであった。そうしてこういう権家《けんか》の勢威は永続せず、次から次へと変っていったが、それは、一つの権家が或る時期になるとその勢威を維持することのできないような失政をしたからであって、いわば国政の責任がおのずからそういう権家に帰したことを、示すものである。この意味において、天皇は政治上の責任のない地位にいられたのであるが、実際の政治が天皇によって行われなかったから、これは当然のことである。天皇はおのずから「悪をなさざる」地位にいられたことになる。皇室が皇室として永続した一つの理由はここにある。

しかし皇室の永続したのはかかる消極的理由からのみではない。権家はいかに勢威を得ても、皇室の下における権家としての地位に満足し、それより上に一歩をもふみ出すことをしなかった。そこに皇室の精神的権威があったので、その権威はいかなるばあいにも失われず、何人もそれを疑わず、またそれを動かそうとはしなかった。これが明かなる事実であるが、そういう事実のあったことが、即ち皇室に精神的権威のあったことを証するものであり、そうしてその権威は上に述べたような事情によって皇位の永久性が確立して来たために生じたものである。

それと共に、皇室は摂関の家に権威のある時代には摂関の政治の形態に順応し、幕府の存立した時代にはその政治の形態にいられたので、結果から見れば、それがまたおのずからこの精神的権威の保持せられた一つの重要なる理由ともなったのである。摂関政治の起ったのは起るべき事情があったからであり、幕府政治の行われたのも行わるべき理由があったからであって、それが即ち時勢の推移を示すものであり、特に武士という非合法的のものが民間に起ってそれが勢力を得、幕府政治の建設によってそれが合法化せられ、その幕府が国政の実権を握るようになったのは、そうしてまたその幕府の主宰者が多数の武士の向背によって興りまた亡びるようになると共に、その武士によって封建制度が次第に形づくられて来たのは、一面の意味においては、政治を動かす力と実権とが漸次民間に移り地方に移って来たことを示すものであって、文化の中心が朝廷を離れて来たことと共に、日本民族史において極めて重要なことがらであり、時勢の大なる変化であったが、皇室はこの時勢の推移を強いて抑止したりそれに反抗する態度をとったりするようなことはせられなかった。時勢を時勢の推移に任せることによって皇室の地位がおのずから安固になったのであるが、安んじてその推移に任せられたことには、皇室に動かすべからざる精神的権威があり、その地位の安固であることが、皇室みずからにおいて確信せられていたからでもある。もっとも稀には、皇室がフジワラ氏の権勢を牽制したり、またショウキュウ(承久)・ケンム(建武)の際のごとく幕府を覆えそうとしたりせられたことがありはあったが、それとても皇室全体の一致した態度ではなく、またくりかえして行われたのでもなく、特に幕府に対しての行動は武士の力に依頼してのことであって、この点においてはやはり時勢の変化に乗じたものであった。(大勢の推移に逆行しそれを阻止せんとするものは失敗する。失敗が重なればその存在が危くなる。ケンム以後ケンムのような企ては行われなかった。)

このような古来の情勢の下に、政治的君主の実権を握るものが、その家系とその政治の形態とは変りながらも、皇室の下に存在し、そうしてそれが遠い昔から長く続いて来たにもかかわらず、皇室の存在に少しの動揺もなく、一種の二重政体組織が存立していたという、世界に類のない国家形態がわが国には形づくられていたのである。もし普通の国家において、フジワラ氏もしくはトクガワ氏のような事実上の政治的君主ともいうべきものが、あれだけ長くその地位と権力とをもっていたならば、そういうものは必ず完全に君主の地位をとることになり、それによって王朝の更迭が行われたであろうに、日本では皇室をどこまでも皇室として戴いていたのである。こういう事実上の君主ともいうべき権力者に対しては、皇室は弱者の地位にあられたので、時勢に順応し時の政治形態に順応せられたのも、そのためであったとは考えられるが、それほどの弱者を皇室として尊重して来たことに、重大の意味があるといわねばならず、そこに皇室の精神的権威が示されていたのである。

けれども注意すべきは、精神的権威といってもそれは政治的権力から分離した宗教的権威というようなものではない、ということである。それはどこまでも日本の国家の政治的統治者としての権威である。ただその統治のしごとを皇室みずから行われなかったのみであるので、ここに精神的といったのは、この意味においてである。エド(江戸)時代の末期に、幕府は皇室の御委任をうけて政治をするのだという見解が世に行われ、幕府もそれを承認することになったが、これは幕府が実権をもっているという現在の事実を説明するために、あとから施された思想的解釈に過ぎないことではあるものの、トクガワ氏のもっている法制上の官職が天皇の任命によるものであることにおいて、それが象徴せられているといわばいわれよう。これもまた一種の儀礼に過ぎないものといわばいわれるかもしれぬが、そういう儀礼の行われたところに皇室の志向もトクガワ氏の態度もあらわれていたので、官職は単なる名誉の表象ではなかった。さて、このような精神的権威のみをもっていられた皇室が昔から長い間つづいて来たということが、またその権威を次第に強めることにもなったので、それによって、皇室は永久であるべきものであるという考が、ますます固められて来たのである。というよりも、そういうことが明かに意識せられないほどに、それはきまりきった事実であるとせられた、というほうが適切である。神代の物語の作られた時代においては、皇室の地位の永久性ということは朝廷における権力者の思想であったが、ここに述べたようなその後の歴史的情勢によって、それが朝廷の外に新しく生じた権力者及びその根柢ともなりそれを支持しているる一般武士の思想ともなって来たので、それはかれらが政治的権力者となりまたは政治的地位を有するようになったからのことである。政治的地位を得れば必ずこのことが考えられねばならなかったのである。

ところで、皇室の権威が考えられるのは、政治上の実権をもっている権家との関係においてのことであって、民衆との関係においてではない。皇室は、タイカの改新によって定められた耕地国有の制度がくずれ、それと共に権家の勢威がうち立てられてからは、新に設けられるようになった皇室の私有地民の外には、民衆とは直接の接触はなかった。いわゆる摂関時代までは、政治は天皇の名において行われたけれども、天皇の親政ではなかったので、従ってまた皇室が権力を以て直接に民衆に臨まれることはなかった。後になって、皇室の一部の態度として、ショウキュウ・ケンムのばあいの如く、武力を以て武家の政府を覆えそうという企ての行われたことはあっても、民衆に対して武力的圧迫を加え、民衆を敵としてそれを征討せられたことは、ただの一度もなかった。一般民衆は皇室について深い関心をもたなかったのであるが、これは一つは、民衆が政治的に何らの地位をももたず、それについての知識をももたなかった時代だからのことでもある。

　しかし政治的地位をばもたなかったが知識をもっていた知識人においては、それぞれの知識に応じた皇室感を抱いていた。儒家の知識をもっていたものはそれにより、仏教の知識をもっていたものはまたそれによってである。そうしてその何れにおいても、皇室の永久であるべきことについて何の疑いをも容《い》れなかった。儒家の政治の思想としては、王室の更迭することを肯定しなければならぬにかかわらず、極めて少数の例外を除けば、その思想を皇室に適用しようとはしなかった。そうしてそれは皇室の一系であることが厳然たる古来の事実であると共に、文化が一般にひろがって、権力階級の外に知識層が形づくられ、そうしてその知識人が政治に関心をもつようになったからでもある。仏家は、権力階級に縁故が深かったためにそこからひきつがれた思想的傾向があったのと、その教理にはいかなる思想にも順応すべき側面をもっているのとのために、やはりこの事実を承認し、またそれを支持することにつとめた。

しかし、神代の物語の作られたころと後世との間に、いくらかの違いの生じたことがらもあるので、その一つは「現つ神」というような称呼があまり用いられなくなり、よし儀礼的因襲的に用いられるばあいがあるにしても、それに現実感が伴わないようになった、ということである。「天皇」という御称号は用いられても、そのもとの意義は忘れられた。天皇が神の祭祀を行われることは変らなかったけれども、それと共にまたそれと同じように、仏事をも営まれた。そうして令の制度として設けられた天皇の祭祀の機関である神祇官は、後になるといつのまにかその存在を失った。天皇の地位の宗教的性質は目にたたなくなったのである。文化の進歩と政治上の情勢とがそうさせたのである。その代り、儒教思想による聖天子の観念が天皇にあてはめられることになった。これは記紀にすでにあらわれていることであるが、後になると、天皇みずからの君徳の修養としてこのことが注意せられるようになった。その最も大せつなことは、君主は仁政を行い民を慈愛すべきである、ということである。天皇の親政が行われないかぎり、それは政治の上に実現せられないことではあった(儒教の政治道徳説の性質として、よし親政が行われたにしても実現のむつかしいことでもあった)が、国民みずからがみずからの力によってその生活を安固にもし、高めてもゆくことを本旨とする現代の国家とはその精神の全く違っていたむかしの政治形態においては、君主の道徳的任務としてこのことの考えられたのは、意味のあることであったので、歴代の天皇が、単なる思想の上でのことながら、民衆に対して仁慈なれということを考えられ、そうしてそれが皇室の伝統的精神として次第に伝えられて来たということは、重要な意味をもっている。そうしてこういう道徳思想が儒教の経典の文字のままに、君徳の修養の指針とせられたのは、実は、天皇が親《みずか》ら政治をせられなかったところに、一つの理由があったのである。みずから政治をせられたならば、もっと現実的なことがらに主なる注意がむけられねばならなかったに違いないからである。

次には、皇室が文化の源泉であったという上代の状態が、中世ころまではつづいていたが、その後次第に変って来て、文化の中心が武士と寺院とに移り、そのはてには全く民間に帰してしまった、ということが考えられよう。国民の生活は変り文化は進んで来たが、皇室は生命を失った古い文化の遺風のうちにその存在をつづけていられたのである。皇室はこのようにして、実際政治から遠ざかった地位にいられると共に、文化の面においてもまた国民の生活から離れられることになった。ただこうなっても、皇室とその周囲とにそのなごりをとどめている古い文化のおもかげが知識人の尚古思想の対象となり、皇室が雲の上の高いところにあって一般人の生活と遠くかけはなれていることと相応じて、人々にそれに対する一種のゆかしさを感ぜしめ、なお政治的権力関係においては実権をもっているものに対して弱者の地位にあられることに誘われた同情の念と、朝廷の何ごとも昔に比べて衰えているという感じから来る一種の感傷とも、それを助けて、皇室を視るに一種の詩的感情を以てする傾向が知識人の間に生じた。そうしてそれが国民の皇室観の一面をなすことになった。このようにして、神代の物語の作られた時代の事情のうちには、後になってなくなったものもあるが、それに代る新しい事情が生じて、それがまたおのずから皇室の永久性に対する信念を強めるはたらきをしたのである。

ところが、十九世紀の中期における世界の情勢は、日本に二重政体の存続することを許さなくなった。日本が列国の一つとして世界に立つには、政府は朝廷か幕府かどれかの一つでなくてはならぬことが明かにせられた。メイジ(明治)維新はそこで行われたのである。この維新は思想革命でもなく社会改革でもなく、実際に君主のことを行って来た幕府の主宰者たる将軍からその権を奪って、それを天皇に属させようとしたこと、いわば天皇親政の制を定めようとしたことを意味するのであって、どこまでも政治上の制度の改革なのである。この意味においては、タイカ改新及びそれを完成させた令の制度への復帰というべきである。ただその勢のおもむくところ、封建制度を廃しまたそれにつれて武士制度を廃するようになったことにおいて、社会改革の意義が新にそれに伴うようになっては来たが、それとても実は政治上の必要からのことであった。ヨウロッパの文物や思想をとり入れたのは、幕府の施設とその方針とをうけついだものであるから、これはメイジ維新の新しいしごとではなかった。維新にまで局面をおし進めた力のうちには、むしろ頑冥《がんめい》な守旧思想があったのである。

さて幕府が消滅し、封建諸侯と武士とがその特殊の身分を失って、すべての士民は同じ一つの国民として融合したのであるから、この時から後は、皇室は直接にこの一般国民に対せられることになり、国民は始めて現実の政治において皇室の存在を知ることになった。また宮廷においても新にヨウロッパの文物を採用せられたから、同じ状態にあった国民の生活とは、文化の面においてもさしたる隔たりがなくなった。これはおのずから皇室と国民とが親しく接触するようになるよい機会であったので、メイジの初めには、そういう方向に進んで来た形跡も見られるし、天皇親政の制が肯定せられながら輿論政治・公議政治の要求の強く現われたのも、またこの意味を含んでいたものと解することができる。ヨウロッパに発達した制度にならおうとしたものながら、民選議院の設立の議には、立憲政体は政治を国民みずからの政治とすることによって国民がその責に任ずると共に、天皇を政治上の責任のない安泰の地位に置き、それによって皇位の永久性を確実にし、いわゆる万世一系の皇統を完からしめるものである、という考があったのである。

しかし実際において政治を左右する力をもっていたいわゆる藩閥は、こういう思想の傾向には反対の態度をとり、宮廷その他の諸方面に存在する固陋《ころう》なる守旧思想もまたそれと結びついて、皇室を国民とは隔離した高い地位に置くことによってその尊厳を示そうとし、それと共に、シナ思想にも一つの由来はありながら、当時においてはやはりヨウロッパからとり入れられたものとすべき、帝王と民衆とを対立するものとする思想を根拠として、国民に対する天皇の権力を強くし政治上における国民のはたらきをできるだけ抑制することが、皇室の地位を鞏固《きょうこ》にする道であると考えた。憲法はこのような情勢の下に制定せられたのである。そうしてそれと共に、同じくヨウロッパの一国から学ばれた官僚制度が設けられ、行政の実権が漸次その官僚に移ってゆくようになった。なおメイジ維新によって幕府と封建諸侯とからとりあげられた軍事の権が一般政務の間に優越な地位を占めていた。これらのいろいろの事情によって、皇室は煩雑にして冷厳なる儀礼的雰囲気の裡《うち》にとざされることによって、国民とは或る距離を隔てて相対する地位におかれ、国民は皇室に対して親愛の情を抱くよりはその権力と威厳とに服従するようにしむけられた。皇室の仁慈ということは、断えず説き示されたのであるが、儒教思想に由来のあるこの考は、上に述べた如く現代の国家と国民生活との精神とは一致しないものである。そうしてこのことと並行して、学校教育における重要なる教科として万世一系の皇室を戴く国体の尊厳ということが教えられた。一般民衆はともかくもそれによって皇室の一系であられることを知り、皇位の永久性を信ずるようになったが、しかしその教育は主として神代の物語を歴史的事実の如く説くことによってなされたのであるから、それは現代人の知性には適合しないところの多いものであった。皇室と国民との関係に、封建時代に形づくられ儒教道徳の用語を以て表現せられた君臣間の道徳思想をあてはめようとしたのも、またこういう為政者のしわざであり、また別の方面においては、宗教的色彩を帯びた一種の天皇崇拝に似た儀礼さえ学校において行わせることにもなったが、これらの何れも、現代人の国家の精神また現代人の思想と相容れぬものであった。

さて、このような為政者の態度は、実際政治の上においても、憲法によって定められた輔弼《ほひつ》の道をあやまり、皇室に責任を帰することによって、しばしば累をそれに及ぼした。それにもかかわらず、天皇は国民に対していつも親和のこころを抱いていられたので、何らかの場合にそれが具体的の形であらわれ、また国民、特にその教養あり知識あるものは、率直に皇室に対して親愛の情を披瀝《ひれき》する機会の得られることを望み、それを得た場合にそれを実現することを忘れなかった。「われらの摂政殿下」というような語の用いられた場合のあるのは、その一例である。そうして遠い昔からの長い歳月を経て歴史的に養われまた固められた伝統的思想を保持すると共に、世界の情勢に適応する用意と現代の国家の精神に調和する考えかたによって、皇室の永久性を一層明かにし一層固くすることに努力して来たのである。

ところが、最近に至って、いわゆる天皇制に関する論議が起ったので、それは皇室のこの永久性に対する疑惑が国民の一部に生じたことを示すもののように見える。これは、軍部及びそれに附随した官僚が、国民の皇室に対する敬愛の情と憲法上の規定とを利用し、また国史の曲解によってそれをうらづけ、そうすることによって、政治は天皇の親政であるべきことを主張し、もしくは現にそうであることを宣伝するのみならず、天皇は専制君主としての権威をもたれねばならぬとし、あるいは現にもっていられる如くいいなし、それによって、軍部の恣《ほしいまま》なしわざを天皇の命によったもののように見せかけようとしたところに、主なる由来がある。アメリカ及びイギリスに対する戦争を起そうとしてから後は、軍部のこの態度はますます甚しくなり、戦争及びそれに関するあらゆることはみな天皇の御意志から出たものであり、国民がその生命をも財産をもすてるのはすべて天皇のおんためである、ということを、ことばをかえ方法をかえて断えまなく宣伝した。そうしてこの宣伝には、天皇を神としてそれを神秘化すると共に、そこに国体の本質があるように考える頑冥固陋にして現代人の知性に適合しない思想が伴っていた。しかるに戦争の結果は、現に国民が遭遇したようなありさまとなったので、軍部の宣伝が宣伝であって事実ではなく、その宣伝はかれらの私意を蔽《おお》うためであったことを、明かに見やぶることのできない人々の間に、この敗戦もそれに伴うさまざまの恥辱も国家が窮境に陥ったことも社会の混乱も、また国民が多くその生命を失ったことも一般の生活の困苦も、すべてが天皇の故である、という考がそこから生れて来たのである。むかしからの歴史的事実として天皇の親政ということが殆どなかったこと、皇室の永久性の観念の発達がこの事実と深い関係のあったことを考えると、軍部の上にいったような宣伝が戦争の責任を天皇に嫁することになるのは、自然のなりゆきともいわれよう。こういう情勢の下において、特殊の思想的傾向をもっている一部の人々は、その思想の一つの展開として、いわゆる天皇制を論じ、その廃止を主張するものがその間に生ずるようにもなったのであるが、これには、神秘的な国体論に対する知性の反抗もてつだっているようである。またこれから後の日本の政治の方向として一般に承認せられ、国民がその実現のために努力している民主主義の主張も、それを助け、またはそれと混合せられてもいるので、天皇の存在は民主主義の政治と相容れぬものであるということが、こういう方面で論ぜられてもいる。このような天皇制廃止論の主張には、その根拠にも、その立論のみちすじにも、幾多の肯《うべな》いがたきところがあるが、それに反対して天皇制の維持を主張するものの言議にも、また何故に皇室の永久性の観念が生じまた発達したかの真の理由を理解せず、なおその根拠として説かれていることが歴史的事実に背《そむ》いている点もある上に、天皇制維持の名の下に民主主義の政治の実現を阻止しようとする思想的傾向の隠されているがごとき感じを人に与えることさえもないではない。もしそうならば、その根柢にはやはり民主主義の政治と天皇の存在とは一致しないという考えかたが存在する。が、これは実は民主主義をも天皇の本質をも理解せざるものである。

日本の皇室は日本民族の内部から起って日本民族を統一し、日本の国家を形成してその統治者となられた。過去の時代の思想においては、統治者の地位はおのずから民衆と相対するものであった。しかし事実としては、皇室は高いところから民衆を見おろして、また権力を以て、それを圧服しようとせられたことは、長い歴史の上において一度もなかった。いいかえると、実際政治の上では皇室と民衆とは対立するものではなかった。ところが、現代においては、国家の政治は国民みずからの責任を以てみずからすべきものとせられているので、いわゆる民主主義の政治思想がそれである。この思想と国家の統治者としての皇室の地位とは、皇室が国民と対立する地位にあって外部から国民に臨まれるのではなく、国民の内部にあって国民の意志を体現せられることにより、統治をかくの如き意義において行われることによって、調和せられる。国民の側からいうと、民主主義を徹底させることによってそれができる。国民が国家のすべてを主宰することになれば、皇室はおのずから国民の内にあって国民と一体であられることになる。具体的にいうと、国民的結合の中心であり国民的精神の生きた象徴であられるところに、皇室の存在の意義があることになる。そうして、国民の内部にあられるが故に、皇室は国民と共に永久であり、国民が父祖子孫相承《あいう》けて無窮に継続すると同じく、その国民と共に万世一系なのである。民族の内部から起って民族を統一せられた国家形成の情勢と、事実において民衆と対立的関係に立たれなかった皇室の地位とは、おのずからかくの如き考えかたに適応するところのあるものである。また過去の歴史において、時勢の変化に順応してその時々の政治形態に適合した地位にいられた皇室の態度は、やがて現代においては現代の国家の精神としての民主政治を体現せられることになるのである。上代の部族組織、令の制度の下における生活形態、中世にはじまった封建的な経済機構、それらがいかに変遷して来ても、その変遷に順応せられた皇室は、これから後にいかなる社会組織や経済機構が形づくられても、よくそれと調和する地位に居られることになろう。ただ多数の国民がまだ現代国家の上記の精神を体得するに至らず、従ってそれを現実の政治の上に貫徹させることができなかったために、頑冥な思想を矯正し横暴または無気力なる為政者を排除しまた職責を忘れたる議会を改造して、現代政治の正しき道をとる正しき政治をうち立てることができず、邪路に走った為政者に国家を委ねて、遂にかれらをして、国家を窮地に陥れると共に、大なる累を皇室に及ぼさせるに至ったのは、国民みずから省みてその責を負うところがあるべきである。国民みずから国家のすべてを主宰すべき現代においては、皇室は国民の皇室であり、天皇は「われらの天皇」であられる。「われらの天皇」はわれらが愛さねばならぬ。国民の皇室は国民がその懐にそれを抱くべきである。二千年の歴史を国民と共にせられた皇室を、現代の国家、現代の国民生活に適応する地位に置き、それを美しくし、それを安泰にし、そうしてその永久性を確実にするのは、国民みずからの愛の力である。国民は皇室を愛する。愛するところにこそ民主主義の徹底したすがたがある。国民はいかなることをもなし得る能力を具え、またそれをなし遂げるところに、民主政治の本質があるからである。そうしてまたかくのごとく皇室を愛することは、おのずから世界に通ずる人道的精神の大なる発露でもある。

歴史の学に於ける「人」の回復

一　歴史とは何か

世界の文化民族の多くは、その文化が或る程度に発達して文字が用いられて来ると、今日常識的に歴史的記録といわれるようなものを何らかの形において作り、そうしてそれを後世に伝えた。そういうものの由来、特にその前の段階としてのいい伝えのこととか、民族によるその特殊性とか、またはそれらがどれだけ事実を伝えているかとか、いうようなことは、別の問題として、今はただそれらが主として人のしたこと人の行動を記したものであること、従ってまたその記述がほぼ時間的進行の形をとったもの、いいかえると何ほどか年代記的性質を帯びているものであること、を回想したい。自然界の異変などが記されていても、それは人がそれに対して何ごとかをし、またそれが人の行動に何らかのはたらきをするからのことであり、個人の行動ではなくして一般的な社会状態などが語られている場合があるにしても、それはもとより人がその状態を作り、またその状態の下において行動するからのことである。上代の歴史的記録がかかるものであることは、人がその民族の生活において、何ごとを重要視し、何ごとを知ろうとし、何ごとを後に伝えようとしたか、を示すものであって、それは歴史の本質にかかわることなのである。勿論、今日の歴史学にとっては、そういうものはただ何らかの意味での史料となるに過ぎないものであるが、歴史学の本質はやはり同じところにある。歴史上の現象はどんなことでもすべてが人のしたこと人の行動だからである。

歴史は人の行動によって形づくられるものである。外面に現われた行動はいうまでもなく、心の動きとても、人の心の動きであるので、それを広義の行動の語に含ませることができよう。ところが人は具体的には個人である。民族の動き社会の動きといっても、現実に行動し思惟し意欲するものは、どこまでも個人である。或る民族の生活様式、風俗、習慣、道徳、宗教的信仰、または一般的な気風というようなもの、その他、その民族において何人にも共通のことがらはいろいろあるが、現実に喜怒哀楽するものは個人である。社会組織とか政治上の制度とか経済機構とかがあって、それが個人といろいろの関係をもっているけれども、現実に行動するものは個人の外にはない。さまざまの集団的な活動がせられ、またいつのまにか行われてゆく社会の動きとか世情の変化とかいうことがあっても、現実には個人の行動があるのみである。集団は単なる個人の集りではなくして、集団としての特殊のはたらきをするものであり、社会の動きもまた単に個人の行動の集められたものではなくして、それとは性質の違った、社会としての、はたらきによる、と考えられる。けれどもそのはたらきは、多くの個人の間に相互にまた幾様にも幾重にもつながれている錯雑した関係において、断えず行われるいろいろのことがらについての、またさまざまの形での、作用と反作用との入りまじったはたらきにおいて、あるいはそれによって、現われる。要するに、多くの個人の心の動きと行動とによってそれが生ずるのである。風俗とか習慣とかいうものの形づくられるのも、また同様である。制度や組織とても、それによって個人が制約せられるが、それを形づくりそれを成りたたせるものはやはり個人間の上記のようなはたらきである。あらゆる歴史的現象は人の行動であり、現実には個人の行動である、ということは、これだけ考えても明かであろう。「現実には」といったが、これは「具体的には」といったのと同じ意義である。社会として集団としてのはたらきとか民族の一般的な気風とか、または風俗習慣とか、そういうものは、人の行動についていう限りにおいては、抽象的な概念である。

ところが、人が行動すること、何ごとかをすること、は人の生活のはたらきである。人は行動することにおいて生活するのである。そこで、人の生活とはどういうものか、ということを考えてみなければならぬ。それについて第一に考えられるのは、生活は時間的に進行するもの、いいかえると過程をもつものだ、ということである。人のすることは、どんな小さなことにでもその過程がある。よし短時間においてのことであるにせよ、一言一行とても時間的進行の過程のないものはない。第二には、人が何ごとかをするのは、現在の状態を変えることだ、ということである。一言一行でも、それをいわない前しない前といった後した後とでは、それを聞いた人しかけられた人またはそれにあずかる事物に、何ほどかの変化を与えるのみならず、それによって自己自身に変化が生ずる。外に現われた言行でなく自己の心の動きだけでも、その前と後とではその心理に変化がある。けれどもまたそれと共に、自己は自己として持続せられている。今日の自己は昨日の自己ではないが、それと共に昨日の自己である。だからこそ変化があるのである。

第三には、生活は断えず動いていて一刻も静止していない、ということである。人は常に何ごとかをいい何ごとかをし、何ほどか心をはたらかせていて、そのために断えず生活が変化しているからである。その動きかたはいろいろであって、大きく強いこともあれば小さく弱いこともあり、突如として激しい動きの起るように見えることもあれば、徐々に動くともなく動いていることもあり、その徐々な小さい動きも、動くそのことの力によって、あるいは他からの刺戟によって、大きな動きとなることもある。そうしていかなる動きかたをするにしても、その動きは順次に前のをうけて後のを起してゆくから、生活の動きは断えることなく連続している。従ってその間にくぎりをつけることはできない。生活は一つの生活として一貫しているのである。この意味では今日の自己が昨日の自己であるのみならず、遥か隔《へだた》った前からの自己であり、遥か後までの自己なのである。そこで、第四としてこういうことが考えられる。それは、どんな一言一行でも、上記の如き生活の変化によって、あるいはその他の道すじによって、そのはたらきをかならず後の生活に及ぼす、ということである。そのはたらきが時を隔てた後に現われることもあり、明かに知られずして行われることもあるが、それのないことはない。そのはたらきに大小強弱のちがいはあっても、一たびしたことはそのまま消滅してしまうものではない。第五には、断えず動いている生活は一刻ごとにそれぞれの特異な姿をもち特異なはたらきをするので、二度と同じ状態にあることがない、ということである。一ことというにも、その時の気分、即ち生理的心理的状態、ふと思い出したこと、あいての人物や態度、対談のゆきがかり、周囲の状況、及びその他さまざまの条件、がはたらきあって、そのいうことといいかたとがきまるのであるが、これらの条件の一つ一つが、またそれぞれにさまざまの条件とそのはたらきあいとによってできているから、そういう多くの条件が同じように具わり同じようにはたらきあうことが二度あるはずはなく、従って同じことは二度とはいわれないのである。

第六には、生活を動かしてゆくものは、概していうと、心のはたらきだということである。ここに心のはたらきというのは、理智のみのことではなく、意欲、情感、一くちに生活気分といわれるようなもの、を含めてのことであって、実際に人の生活を動かすものは主として後の方の力であると考えられる。しかしこれらの心のいろいろのはたらきは必しも常に調和しているのではなく、その間に齟齬《そご》のあることがあり、時には衝突も生ずる。思想とても、多くの異質のもの、互に一致しない考えかたから構成せられたもの、を併せもっていることがある。従って、そういう心のはたらきが生活を動かしてゆく動かしかたも単純ではない。第七には、人の生活は一つの生活であるが、それには多方面がある、ということである。衣食住に関すること、職業または職務に関すること、娯楽に関すること、家庭の人として、社会の人として、またはその他の関係においての人として、のそれぞれのしごと、数え挙げればなおいろいろあろうが、人の生活にはこれらの多方面があり、そうしてそれらが互にはたらきあって一つの生活を形づくるのである。しかしそのうちには、性質の異なるもの、由来の同じからざるもの、互に調和しがたいものもあって、その間に衝突の起る場合が少なくない。そのために生活の破綻が生ずることさえもある。人はこういう生活をしているのである。いわば多方面の生活が一つの生活なのであって、それ故にこそ時に生活の破綻も生ずるのである。

さて第八には、人は孤立して生活するのではないから、一言一行に他人との、また集団としての社会との、交渉をもつものであり、一くちにいうと生活は社会的のものだ、ということであるが、これについては多くいう必要があるまい。ただ他の個人との交渉が相互的のものであることはいうまでもなく、社会との関係においても、社会のはたらきを受けながら社会にはたらきかけるのが人の生活であることを忘れてはなるまい。上にもいった如く、もともと社会というものが多くの人のはたらきあいによって形づくれているものなのである。第九には、人の生活は歴史的のものであり、人は民族または国民としての長い歴史のうちに生活しているものだ、ということである。人の思想が多くの異質のものを含んでいるのも、生活の多くの方面に調和しがたいもののあるのも、民族史国民史のいろいろの段階において生じたものが共に存在しているところに原因のあることが、少なくない。

最後に第十として、生活するについての人の態度を一言しておこう。生活は自己の生活である。しかしそれは、物質的精神的社会的自然的ないろいろの力いろいろのことがらがはたらきあって生ずる環境のうちにおいて営まれる。人はこの環境のはたらきをうけつつ、それに対応して、それを自己の生活に適合するようにしてゆこうとする。そこに生活の主体たる人の力があり、生活そのものの意味がある。人は環境に対して受動的な地位にあるのみではなくして、能動的なはたらきをするのである。けれども環境の力は強い。のみならず、この環境は、それを形づくるものの間に調和のない場合が多く、またそれにも常に変化がある。従って人の生活の環境から受けるはたらきにも混乱がありがちである。そこで人は、ともすれば環境に圧倒せられ、あるいはそれによって生活をかき乱される。ただ剛毅なる精神と確乎たる生活の理念とをもっているものが、よく環境に対して能動的なはたらきをなし、生活の主体としての人の力を発揮し、生活をして真の生活たらしめる。かかる人において、生活が人の生活であり自己の生活であることが、最もよく知られる。

以上は個人の生活についての考《かんがえ》であるが、民族生活とか国民生活とかの如く、集団の生活ということが、一種の比擬的な意義において、いい得られるならば、そういう生活についても同じことが考えられよう。上にいった如く人の行動は具体的にはすべて個人の行動であるが、その多くの個人の行動が互にはたらきあうことにおいて、一つの集団としてのはたらきが生ずるとすれば、それを集団それ自身の生活と称することができるであろう。そうしてその生活は個人のに比擬して考えられるのである。ただ集団の生活を動かす心的なはたらきは個人の場合よりも遥かに複雑であり、生活そのもののはたらきも遥かに多方面であり、特に生活の主体が多くの個人によって形づくられていることが、個人の生活とは同じでなく、従ってそのはたらきかたにも個人のとは違ったところがあるが、その性質は同じである。その他においては、集団の生活は個人のについて上にいったことがほぼあてはまる。この意味においては集団の生活もまた具体的のものである。

ここまでいって来て、問題を歴史に立ちかえらせる。歴史は生活の姿であるが、通常の場合、それは個人の生活をいうのではなくして集団生活、特に民族生活または国民生活、をさしていうのである。さて生活は断えず生活する自己を変化させつつ時間的に進行してゆくので、その進行の過程がそのまま歴史なのである。ただそれが歴史として人の知識に入って来るのは、その過程のうちの或る地点に立って、それまで経過して来た過程をふりかえって見る時のことである。生活は断えず進行してゆくから、進行している或る現在の瞬間にこの地点を定める時、過去からの生活の過程が歴史として現われて来るのである。これが普通の意義での歴史であるが、歴史が生活の過程であるとすれば、現在の瞬間から更に先きの方に進行してゆくその過程、即ち未来の生活、もまた歴史であるべきはずであるから、歴史の語の意義を一転させて、人は常に歴史を作ってゆく、というようないいかたをすることもできる。あるいは、未来の生活の進行におけるその時々の現在の地点に立って、その時までの過程をふりかえって見れば、今から見ると未来である生活が過去の生活として眺められ、普通の意義での歴史がそこに見られるのだ、といってよかろう。この地点は刻々にさきの方に移ってゆくから、歴史の過程は次第次第にさきの方に伸びてゆく。しかし、未来に作られてゆく歴史の如何《いか》なるものであるかは、現在からは知ることができぬ。そこで、うしろを向けば作られて来た歴史が知られるが、前を向けば知られない歴史を刻々に作ってゆくことだけがわかる、といわれよう。この知られない歴史を刻々に作ってゆき、知られない歴史を刻々に知られる歴史に転化させてゆくのが、生活なのである。

さて、歴史が人の生活の過程であるとすれば、それはその本質として具体的なものでなくてはならぬ。歴史を知るということは、具体的な生活の過程を具体的なままに意識の上に再現させることである。しかし、かくして知られた歴史はそれを書き現わさねば歴史としての用をなさぬ。そこでそれを書くことになるが、その書きかたは、知られた歴史をそのままに、即ち具体的な生活の過程を具体的なままに、叙述することでなくてはならぬ。刻々に作ってゆく歴史を、作って来たものとして見る立場に立って、その作って来た過程を具体的な過程のままに再現し叙述するのが、歴史を書くことなのである。勿論、或る時代の文化状態、或る社会の組織構造、または一般的の風俗習慣気風、というようなことを概念として構成し把握するのも、具体的の生活過程を知るため、また書くため、の一つの方法として必要ではあるが、歴史そのものの本質はそこにあるのではない。最初にいったような多くの民族が昔から作って来た歴史的記録が歴史の本質にかかわるものだというのも、このことから考えられるのであって、人の行動を記したもの、年代記的性質を帯びたものは、生活の過程をそのままに知り、そのままに叙述すべき歴史の使命と、おのずから一致するところがある。かかる歴史を知りまた叙述することは、古今を通じ諸民族を通じての人生の内的要求から出たことなのである。

しかし、こういう風に歴史を知ること書くことが果してできるであろうか。上に過去の生活の過程は知られる歴史であるといったが、「知られる」というのは歴史の性質のことであって、実際はその歴史がすべて知られているというのではなく、また知り得られるというのでもない。かかる歴史を知るのは、いろいろの形での、またいろいろの意義で用をなす、史料によるのであるが、その史料は知ろうとする歴史の全体からいうと極めて僅かしかなく、そうしてその僅かなものにも誤謬や偏僻やまたはその他のいろいろの欠点がありがちであるから、史料を取扱うには特殊の用意がなくてはならぬ。そこで歴史の研究の方法論というようなものが生じ、それによって歴史の学問が成りたつことになるが、どんな方法を用いるにせよ、知られないことは知られないから、そこに歴史の学の限界がある。しかし今はそういうことには立ち入らない。ただ歴史的現象は人の生活であり、人の行動であるから、歴史を知るには何よりも「人」を知らねばならず、そうして「人」を知るには、知ろうとするもの自身がそれを知り得るだけの「人」であることが必要である、ということと、知るということは、生活とその過程と、即ち生きている人の生きている生活、断えず未来に向って歴史を作って来たその過程、を具体的のイメェジとして観ずる意義であることと、この二つのことをいっておきたい。過ぎ去った生活を意識の上に再現すると上にいったのは、このことである。そうすることによって、歴史を叙述することもできるのである。そうしてそれは、「人」に対する鋭い洞察と深い同情とをもち、具体的なイメェジを作るゆたかな想像力を具えているもの、一くちにいうと詩人的な資質をもつもの、にして始めてなし得られる。歴史を研究するのは学問であり、それを科学といってもよいが、歴史を知りまた書くのは、詩人でなくてはならぬ。歴史には知られないところがあるから、詩人とてもその限界を越えることはできないが、その限界の内においても、通常の意義においての学問だけのしごとではないところに、歴史を知ることの特殊の意味がある。

しかし、学問として歴史を研究するためには、なお重要なしごとのあることを、ここにいっておかねばならぬ。生活の過程は複雑なもの、また波瀾起伏に富むものであり、多くのことがらがこみ入った関係でからみあい、もつれあい、または摩擦しあい衝突しあい、そうしてその一つ一つの力が強くなったり、弱くなったり、時に顕われ時に隠れたり、あるいは前からのものがなくなって、新しいものが生じたりするのみならず、それらのはたらきあう状態も断えず変化してゆくのであるから、それを一つの生活の過程として意識の上に再現させることは、実は甚だむつかしいことである。そのためにはからみあっているものを一すじ一すじに細かくほぐして、一々その性質を究め、その由来や行くえをたどって、どこからどこへどうつながっているかを明かにすると共に、その間のもつれあいかたとその変化とを見、そうしてそれらがどうはたらきあいどう動いて全体としての生活となり、生活の上のどんな事件をどう起し、それがまた新しいどんな事件をどう導き出し、それによってどのように生活を進行させて来たかの過程を、考えてみなくてはならぬ。こういう風にして生活の変化して来た道すじを明かにするのが、歴史を知るために必要なしごとである。これは通俗に因果の関係を考えるといわれていることに当るのであるが、このいいかたは妥当でないと思う。さてこういうしごとをした後において、始めて生活の過程の正しいイメェジを具体的な姿で思い浮かべることができるのである。のみならず、それによって史料がないために知られないことの推測せられる場合があり、歴史の限界が幾らかは広められないにも限らぬ。ただしこれは一般的な方法論などを適用するのみではできず、具体的な現実の生活に接して始めてできることであるが、それには、観察と思惟とが綿密また正確であり、特にさまざまのことがらにおいてそれを統一する精神を見出す哲学者的な資質が要求せられる。けれども、そのしごとはどこまでも具体的な生活の真相を明かにするところにあるので、抽象的な観念なり理論なりを構成することではない。上にもいった如く、何ごとかを概念として把握するのは、思惟のためには必要でもあるが、それは具体的な生活の過程を理解する一つの方法としてのことである。生活の過程の道すじを知るといっても、それはどこまでも特殊な、二度とは起らない、具体的の、生活、現実の歴史的現象、についてのことである。

以上は、これまでおりにふれて筆にしたことを含んでもいるし、全体が講義めいたものになってもいるので、ここでいうにはふさわしからぬ感じがするが、次にいおうとすることの根拠となり前提となる考であるから、敢てそれを書いてみることにした。読者の寛恕を希望する。

二　近ごろの歴史研究の一傾向

歴史は生活の過程であり、歴史を知ることは具体的なその生活の過程を過程のままに意識の上に再現させるところにその本質があるというのがわたくしの考であるが、今の我が国で歴史、特に日本の歴史、の研究と呼ばれているものには、これとは甚しく違った考えかたのものがあり、そうしてそれが好んで歴史を語ろうとする一部の人々の間に流行しているように見える。これはヨウロッパから学ばれたものであるが、彼《か》の地ではそれとは違った傾向のものもいろいろあるのに、日本では何ごとについても同じ例があるように、何か一つ新しい傾向として伝えられて来ると、それでなくてはならぬように、それのみが流行するのである。勿論、その背景としては、これも同じ性質の流行としての唯物史観があるらしいが、今はそれには立ち入らないこととして、こういう傾向の歴史研究にどれだけの意味があるかを、これから少しばかり考えてみよう。

近ごろの歴史に関する論文などを見ると、まず気がつくのは、或る時代の政治形態、社会組織、特にその経済機構、または都市や村落や家族やの構成、土地制度、商業上の習慣、工業の状態、もしくはこれらに類似のことがら、一くちにいうと或る時代または或る部面における社会状態(やや適切でないことばづかいのようであるが、しばらくこういっておく)、またはその一般的性質、というようなことを主題としたものが多いことである。次には、社会現象に何らかの一般的法則があることを予想し、もしくはその法則を仮定して、それによって歴史上の事象を判断すること、あるいはそういう法則を求めるのが歴史研究の目的であるかの如き態度をとっているらしいことであって、これは史学をいわゆる社会科学として見ることになろう。この二つの間には密接な関係があるので、第二の如き考えかたをすれば、その取扱う主題がおのずから第一の如きものとなるのである。またこの二つには共通の思想がそれぞれの根柢にあることも考えられるが、これらについては後にいうこととして、まず二つの一つ一つに歴史の学としてどういう価値があるかを吟味してみることにする。

歴史の研究の主題を上記のようなことに求めるのは、人の生活はすべて社会状態及びその一般的性質によって規定せられる、という考がその根柢にあるからだと推測せられる。なるほど、これは人の生活の一面の事実である。しかし、人はその行動によって社会状態を作ってゆくのが生活の他の一面の事実である。現実においては生活は一つの生活であって、社会状態に制約せられて行動することが即ち新しい社会状態を作ってゆくことであるが、思惟の上ではしばらくこの二面に分けて考えられよう。そこで人が社会状態を作ってゆく一面に注意するならば、歴史の研究において人の行動を主題とするところがなくてはなるまいに、そうはせずして、何よりも社会状態を取扱おうとするのは、上記の如き考えかたのためだと推測せられるのである。けれどもかかる考えかたによって考えられることは、生活の、従って歴史の、一面に過ぎないのみならず、生活の本質は、人がその行動によって断えず生活を新にしてゆくところにあり、そうしてそれは社会状態を変化させてゆくことでもあるから、かかる考えかたは生活の本質に背《そむ》き歴史の本質に背くものである、といわねばならぬ。かかる考えかたでは、社会状態によって人の生活が規定せられることを、自然界のはたらきと同じである如く見られているようにさえ思われる。社会状態が機械的に人を動かすものの如く見られているらしいのである。またかかる考えかたは社会状態というものを人の生活に対立して存在する何らかの固定したものの如き感じを人に与えるが、これもまた社会というもの生活ということの事実に背いている。或る時代の社会状態というものがよし知られるとしても、それは断えず動いてゆく歴史の過程を示すものではなくして、いわばその過程の或る断面を見せるものであり、その点からも静止しているものの如き観を呈する。従ってその状態の変化も、一つの断面が忽然として次の断面に変る如く思わせる傾きがある。もともと社会状態というのは抽象的な概念であるから、おのずからこうなるのである。だからそういうものを考えることは具体的な生活の過程であるべき歴史を知ることにはならぬ。

もう一つ考えねばならぬのは、そういう社会状態をどうして知るか、いいかえるとそういう概念をどうして構成するか、ということである。その資料は、過去の時代のことに関する限り、いわゆる史料による外はないが、史料の多くは何人かの行動、何らかの事件、を記したものであって、直接にこういうことの資料となるものは少い。そうしてそういう性質の史料によって、社会状態を考えようとするには、その行動その事件が如何なる社会状態において生起し得たかを尋ねるか、またはその事件その行動によって如何なる社会状態が形成し得られたかを究《きわ》めるか、何《いず》れかの方法をとらねばなるまい。ところが、上にいったような今日流行している考えかたでは、このうちの前の方のがおのずから取られることになろう。が、その場合には上にいったと同じ欠点がその方法にあることになる。もしまた後の方がとられるとするにしても、それにはいろいろの困難があり、そうしてその困難は前の方のにも同じようにある。

その困難の一つは、史料というものは何ごとを考えるについても極めて少いものであり、それだけではわかりかねることが多い、ということである。もっともこれは或る事件なり或る人の行動なりを具体的に思い浮かべるについても同じことであるが、社会状態というようなことを考える場合にはなおさらである。それを成りたたせる要因が甚だ複雑であるのみならず、それらがみな他のことがらと複雑な交渉をもっているし、またいろいろの事情によって同じことがらとても多くの変異があるからである。例えば或る時代の土地制度を考えようとしても、それの成りたった政治上経済上の事情は複雑であり、またそれはその時代の家族形態や道徳観念や宗教思想やその他のさまざまの文化現象の影響をうけているし、また地理的位置や風土や過去の歴史やその時の土地の所有者や耕作者やの違いによって一様ではないから、今日遺っている少数の文書などによってその一般的状態を推測するためには、いろいろのむりをすることになり易い。その一つは、僅かな史料によって一応或る一般的な仮定を設け、次にその仮定に本づいてその史料を取扱い、そう取扱うことによって逆にその仮定の確実なことが証明せられたように考えることである。こういう方法がむりであることは、いうまでもあるまい。もう一つは、史料以外の何らかの知識によってそれを補うことであるが、その知識が正確なものまたそのことに適切なものである場合はよいとしても、もしそこに何らかの既定概念や、偏見や、特殊の学派的教説や、そういうものの介入するようなことがあり、そのために正確でなくまたそのことに適切でない知識をはたらかせるようになるならば、そこから多くの過誤が生じよう。これほどのことはだれでも知っていて、それだけの用意をしているはずであるが、実際にはかかるむりを犯しかかる過誤に陥ることがありがちである。もともとむつかしいしごとだからである。

次の困難は、上記の二つの方法の何れを取るにしても、或る社会状態とその状態の下における人の行動なり起った事件なりとの間に必然的の関係があり、またその関係の外には人の行動や事件を起させまたは或る社会状態を成りたたせるものが何もない、ということが予想せられねばならぬが、それはむつかしいということである。人が或る行動をしたり何らかの事件が起ったりするのは、多くの事情の複合したはたらきによることであって、その時の社会状態ばかりによるのではなく、またその事情のうちには偶然性をもっていることが少なくないし、或る社会状態の成りたつのにも多くの要因があって、その時またはそのすぐ前に生じた事件などからのみ形づくられるものではなく、一般的にいうと、遠い昔からの長い歴史がそのために大きなはたらきをしているのであり、また人の行動は社会状態を成りたたせる効果をもつのみでなく、その他のあらゆる生活を動かすものだからである。

もう一つは、史料に記されているような人の行動なりある事件なりは常に動き常に変化しているものであり、またそれは個人的に違ったところのある多人数の心理と行動との複雑なはたらきあいであるのに、それによって社会状態という静止したものとしての一般的概念を構成することにはむりがある、ということである。そうしてそれは歴史というものの本質にかかわることである。歴史として知ろうとすることは、一つの社会を形成している人々が、どういう心理でどういう行動をなしどういう事件を起し、それが互にどうはたらきあって社会全体がどう動き、その動きがまた人々の上にどんなはたらきをすることによって、社会全体の生活が変ってゆくか、の過程である。社会状態というような概念を構成するのは、かかる過程を知るについての思惟を整理するために或るはたらきをするものであって、その点で意味のあることであるが、それを構成することはむつかしいしごとであると共に、そのはたらきには限界がある。もしてがるにそれを行い、そうしてそれによって逆に現実の社会の動きを思惟の上で規定するようなことをするならば、それは却って歴史を知ることの妨げになるのみであろう。

以上は、過去の或る時代の何らかの部面における社会状態を考えるについて如何なる史料が用い得られるか、ということからの観察である。勿論史料には、例えば法令とか或る集団に属するものの名籍とか、何らかの規約の如きものを記した文書とか、風俗習慣などを叙したものとか、いう類のものもないではなく、人の行動や事件を記したものには限らぬが、そういうものとても、それに記されていることが実生活においてどうはたらいているかを知らなくては、社会状態を考えるための用をしないので、それを知るにはやはり上にいって来たような性質の史料によらなくてはならぬのである。

ところで、社会状態については、その状態を状態として知るのみでなく、その一般的性質を明らめることが考えられているので、その方法としては、状態の分析ということが主なるしごととせられているようである。分析といえばその状態をいろいろの要素に分解することであろうが、それにはその多くの要素がどう綜合せられてその状態を形成しているかを観察することが伴うのであろう。分析という語もその方法も多分自然科学から学ばれたものであろうが、社会上の現象は自然界のとは違う。要素といったけれども、その要素は固定しているものでなく、常に動き常に変化している。またそれはそれぞれに独立しているものではなく、要素そのもののうちにおいて既に他の要素と互にはたらきあっている。従ってそのはたらきあう有様が常に変化する。要素といってもそれは人の生活の或る姿であり、人の心理の動き人の行動から成り立っているから、それには自由の意志がはたらき、また捕捉しがたき生活気分というようなものが強い力をもっていて、どう動きどう変化するかの道すじが一定していないものであるし、また人の生活は個人だけのものでないことはいうまでもなく、個人のうちにおいても複雑な心理がはたらいているものだからである。そこで分析ということがどこまでできるかが問題になる。のみならず、自然科学とは違って人のこと社会のことは実験ができないから、その分析の当否を判断することもむつかしい。あるいはまたその方法においても、分析して後に始めて如何なる要素があるかが知られるのでなく、その逆に如何なる要素があるかが、よし漠然ながらにせよ、分析する前に予想せられている場合が多いようにも見える。従ってそれには何らかの既定概念の介入する危険がある。なお分析して得た要素を綜合することによってもとの社会状態の性質が知られるとは限らぬ。本来人の生活は一つの生活として分割すべからざるところに生活の意味があるからである。要するに、こういう方法によって社会状態の性質を明かにするということには多くのむりがあろう。

ここまでいって来ると、問題はおのずから歴史の学を社会科学として見るという考えかたに移ることになる。社会科学という名は近ごろ我が国でもしばしば用いられるようになったが、その用いかたはいろいろであり、その意義は甚だ曖昧《あいまい》である。しかしその名から考えても、何らかの社会現象についてその一般的法則を求めるものとせられているではあろう。もしそうならば、それは歴史の学とは性質の違ったものであるのに、それが同じもののように、または歴史の学は社会科学の一部面であるように、またあるいは歴史の学は社会科学の求め得た何らかの一般的法則を適用することによって成りたつもののように、或る方面の人たちには思われているのではないかと推測せられる。歴史は具体的な生活の過程であり、従ってその学は、具体的な個人、民族、または国民、の具体的な行動、その行動によって起った具体的の事件とその具体的な動きとを知ることであるが、それらはすべて個性をもったものである。具体的なものごとはみなそれぞれに個性があるからである。個人、国民、民族、が個性をもったものであることはいうまでもなく、その行動にもその過程にもみな個性がある。同じことは決して二度とは起らず同じ過程を二度とはとらないところに、個性の意味がある。だからそれは、一般的法則を求める意味での科学とは本質的に違うものである。然《しか》らば歴史の学といわゆる社会科学との間に何か関係するところがあるであろうか。

歴史の学においてもし何らかの法則のあることが考え得られるとするならば、それは歴史の過程についてのことであろう。そうしてそれを求める方法は、多くの類似した事例から帰納することの外にはなかろう。それについては二つのことが考えられるので、その一つは、多くの事例に共通なことを取り出して然らざるものを捨てるということであろう。しかし歴史の過程はすべてが個性のある特異のものであって、そこに過程の意味があるから、類似の過程というものを求めることは、本来できないはずである。強いてそういうものを探し出してみたところで、その数は極めて少く、従ってそれから法則を帰納するようなことはできそうにない。同じようなことが幾度《いくた》びもくりかえされる場合にはそういうことができるとも考えられようが、くりかえされることは実は歴史の過程ではない。それは自然界においてのみ見られる現象であろう。もう一つは、その過程において必然的な関係をもつことを取り出して偶然に起ったことを捨てるということであろう。けれども何が必然的の関係をもつことであり何が偶然に起ったことであるかは、その場合場合で一々違っているし、根本的にはこの二つを性質の違ったもの対立するものとして区別することに既にむりがある。(このことについては別に詳しく考えておたものがあるから、ここにはいわぬことにする。）だからそれを区別しようとするならば、法則に合うことは必然的で合わないことは偶然だとする外はなく、法則が立てられてから始めてそれができるのではなかろうか。事実、歴史的必然として一部の人々に説かれていることには、例えば唯物史観によって考を立てる場合の如く、何らかの法則が予想せられているように見える。

次に法則があるというのは、一つのことがら一つの状態とそれから生ずる他のことがら他の状態との間に一定の関係があるということであろうが、歴史上の事象は一々違った特性をもつものであるから、こういうことを考えるには、それから何らかの類型を求めてかからねばなるまい。しかし類型は類型であり抽象的な観念であって、具体的な歴史上の事象ではないから、それによってどんな法則が立てられようとも、それは歴史の学には関係のないことである。そういう抽象的な法則によって歴史の具体的な過程が規定せられるはずはないからである。あるいはそういう法則のあることを考えるについて、心理学、社会学、経済学、などにおいて立てられた法則というものが想起せられるでもあろうが、よしそれがそれらの学の一つ一つの範囲内においては法則として認められるにせよ、現実の社会現象、歴史上の事態は、人間生活のあらゆるはたらきと多くの方面における長い歴史の結果との複雑なるはたらきあいによるものであるから、そういう一つ一つの学問において立てられた法則がそのまま全体としての社会に行われているとすることには、むりがあろう。もしまた上記の一定の関係というものが、歴史の過程にはその間に生起した事象の間に因果のつながりがあるというだけのことであるならば、それもまた具体的な過程を説明することにはならぬ。のみならず因果の関係というものは過程そのものではなくして、歴史の過程のうちから或る事象と他の事象とを抽出してその間の関係をこの概念にあてはめるにすぎない。現実の過程にはそれにあてはまらない事象が多く、また全体としての過程そのものは因と果とに分解することのできないものである。ただ何らかの事象を因果の概念にあてはめて考えることは思惟を整理するための一つの方法ではある。けれどもそれによって具体的の過程そのものを思い浮かべることはできない。

要するに、社会科学というものは、歴史の学とは別のものであるのみならず、歴史の学にとっては用のないものである。勿論ここでは社会科学そのものについていっているのではなく、その成立を否定しようとするのでもない。ただ、それが歴史の学と関係があるかないかを考え、歴史の学がそれから与えられるものは何もない、ということをいおうとしたのみである。却って社会科学はその資料として歴史から供給せられねばならぬもののあることが考えられる。社会科学が社会現象を取扱うものであるとすれば、その社会現象は歴史上の事象でないものはないからである。ところが、歴史の学をこういう社会科学もしくはその一部面として見るような考えかたのあるのは、一つはヨウロッパの学界における或る傾向に追従したのであり、一つは唯物史観の流行に伴うことでもあったが、また一つは歴史を学問的に研究するという態度が横みちに外れてかかる方向をとったという事情もあろう。学ということを科学と同義語に解すると共に、科学といえば自然科学を想起し易いことが、その自然科学から導かれて形成せられたところがあったと推測せられる社会科学というものに心を傾けさせた、と見られるのである。あるいは科学という語に魅力を感じたのでもあろう。歴史を知るには或る限界内において学問的研究をしなければならず、その意味において歴史学という称呼が用い得られるので、この学に関して方法論の講ぜられるのもそのためであるが、その方法論、特に史料の取扱いかたに関するものにおいては、歴史が「人」の生活であることを忘れ、ともすれば機械的な方法に堕する虞《おそ》れのあるものがある。こういう傾向をもった史学の研究に慣らされたものが、社会科学というものに心を移すのは自然だともいわれようか。ところでそうなると、いわゆる研究の主題がおのずから社会状態とかその一般的性質とかいうことになる。具体的なものを抽象化し、従って複雑なものを単純化して考え、人を見るよりは社会を見、社会を動いているものとするよりは静止したもののように考えるところに、こういう主題を取扱うことが「科学的」に見える理由がある。しかし「人」の生活を知らねばならぬ歴史の学は、学問でありながら学問を超越する性質を有《も》っている。然るに今日のこういう傾向はその「人」を見失っているのではあるまいか。どうしてこうなったのであろうか。それが次の問題である。

三　近代文明の欠陥とその補正

前節に述べたような歴史の取扱いかたは、ヨウロッパに発達した近代文明の一般的傾向と関聯しているのではなかろうか。

常識的な見解によれば、ヨウロッパの近代文明はルネサンスに始まり、そのルネサンスの効果は「人」の権威を樹立したところにあるという。これにはいろいろの意味が含まれているが、それはともかくもとして、「人」を全体として見る時、そのはたらきには多くの方面があり、その生活には多くの要素があるので、近代文明もまた多方面のはたらきと複雑な要素とを具えている。それと共に、そういう文明の発達がまた「人」のはたらきを多方面に展開させ、その内容をますます複雑にして来たので、自然科学の形成またはその進歩もその一つである。ところがこのことは、一方では「人」をも自然界の存在であるが如く考えさせ、自然科学の方法により機械観的立場に立って「人」を取扱おうとする傾向を、学界の一方面に生ぜさせるようになったが、他方では人の力に代るものとしての機械の発明を導き出し、その諸方面における発達がいわゆる機械文明を現出させた。この機械文明は、極言すると、人のために機械がはたらくのではなくして、人が機械によって動かされ、人が機械を使うのではなくして機械が人を使う、といってもよいような状態を作り出した。それほどでなくとも、人の生活が機械に制約せられて自由を失い、また生活を機械の動きに適応させようとして生活そのものが機械化せられる傾向を生じた。そうしてそのために近代人、特に都会人や機械力に依存することの多いものの心理が、自然さを失い「人」らしさを失って、一種異様のはたらきをすることになる。勿論これは一面の事実であって、機械の発達が人の生活に多くの便宜を与え人の幸福を増進した他の一面の事実のあることは、明かであるが、機械の力のあまりにも強くあまりにも大きいがために、人はともすればそれに圧倒せられるのである。「人」を機械観的立場から取扱おうとする思想界の一傾向にも、これと相応ずるところがある。ルネサンスによって樹立せられた「人」のはたらきの一面が科学の発達となって現われ、そうしてそれが機械文明を誘致した結果、却ってその「人」が「人」としての権威とその全体としてのはたらきを失い、ルネサンスの精神を没却せんとするようになって来たのである。近代的特色を帯びている道徳上社会上政治上の紛乱が、直接間接にそこから起る場合の多いことは、いうまでもない。

次には、この機械文明とその他の政治上社会上の種々の事情とが結合して、人の生活が集団的もしくは群集的のものとせられ、それによって個人の権威とはたらきとの抑圧せられ、もしくは無視せられるようになったことが、注意せられる。人の生活は本来社会的のもの、その意味で集団的のものではあるが、近代文明の世界においては、その集団が特殊の性格と形態と規模とを具え、従ってその力が甚しく強大になった。のみならず、単なる群集としての活動さえも盛《さかん》になって、それが常に人を圧迫している。これについてもまた、人が集団的行動をするというよりも集団によって人の動かされる場合の多いこと、群集の一人として群集の動きに加わるというよりも、群集によってひきずられることの多いことが、考えられねばならぬ。勿論、集団的行動にはそれを指揮する人物があり、群集の動きにも場合によっては先頭に立ってそれを導くもののあることもあるが、それにしても人に圧迫を加えるのは、集団なり群集なりの力である。組織をもった集団に属する場合はいうまでもなく、例えば汽車や電車によって貨物と同じく大量に運搬せられ、またその電車や汽車から吐き出された時に、個人としての存在が殆んどなくなっていること、思想的には、時流に追従するのが常であるいわゆるジャァナリズムの放つ騒音にまきこまれて、独自の思慮を失うものの多いことは、何人も日常に経験し見聞しているところである。

こういうように人が集合体として取扱われ個人として認められない場合の多いことから、人は集合体に支配せられ多数のものに支配せられるものであるという考、個人は社会に従属するもの社会によって動かされるものであるという考が生ずる。そこで道徳的にも、個人が自己の生活を自己の責任とせず、また自己が社会を構成するものとしてその社会に対する責務のあることを思わず、社会を自己に対立するものとして、自己の生活をその社会の責任とするようになる。人の困窮するのも罪悪を犯すのも、人の罪ではなくして社会の罪であるとし、従って人の生活を保障するのは社会の責務であるとするのは、一面の事実または社会の立ち場に立っての考えかたとしては、承認せられるものである。しかし他の一面の事実また個人の立ち場に立っての考えとしては、困窮も罪を犯すのもその人の責任であるし、また自己の生活は自己のなすべきことであるとしなければならぬ。現代の社会においては、個人の生活とても個人の力のみでは営みがたいことのあるのは事実であるから、そこに社会としてはその力をはたらかせねばならぬところがあるが、個人としては自己の努力によって自己の生を営む覚悟がなくてはならぬ。そこに「人」としての権威があり、責務があり、道徳の基礎もある。社会構造の欠陥ということも考えられねばならぬが、個人が自己の責任を無視するならば、如何なる社会構造の下においてでもその人の生活は決して安全には営まれぬ。然るにこういう考えかたのあるのは上記の如き事情のためであって、人が集合体として取扱われ個人の権威とはたらきとが抑圧せられたところから来ていよう。あるいはまたそれには、人の生活は環境によってのみ左右せられるという自然科学的の見かたと、機械文明が人の生活に対して殆んど支配的なはたらきをもつために、人の力が甚しく弱小化せられた感じのあるのとによって、助けられた気味もあろう。こう考えて来ると、ここにもまたルネサンスにおいて樹立せられた近代精神としての「人」の権威の失われて来たこと、そうしてそれには、この近代精神そのものの一面のはたらきによって誘致せられたところのあることが見られる。

ところで、近代文明のこの欠陥はそのまま前節に述べた歴史の学の一傾向にも現われている。この傾向に追従するものは、近代文明のこの欠陥を欠陥と考えず、却ってそれを文明の正当の姿と認めているのではなかろうか。彼らのみならず、今日の日本のいわゆる知識人には「近代的」なるものに絶対の価値を置き、日本の事物において「近代化」しないところのあるものをすべて価値なきもの廃棄すべきものとする傾向がある。勿論、ヨウロッパの近代文明には多くの側面があって、そのうちには長い間の人の努力によって次第に作り上げて来た美しい事物、それによって人の生活が深められも高められもしたものも多く、自然科学の成果とてもまた同様であるが、しかしそういう側面と欠陥のある側面とが離れ離れに存在するのではなく、互に入りまじりはたらきあって一つの近代文明を形成しているのであるから、全体としての近代文明を無上のもののように思うのは、正しい考えかたではあるまい。のみならず、近代化として讃美せられるものには、社会状態なり生活様式なりにおいて、上記の欠陥を有っている側面のことが多いように見える。こういうと、近代の社会構造の欠陥を認めているからこそそれの変革を要求するのだ、というものがあるかも知れぬが、例えばいわゆる資本主義社会に対して社会主義社会を建設しようというような考えがあっても、その社会主義社会の構想そのものが、実は上記の欠陥を高度にもっているものなのである。あるいはその欠陥を更に大きくするものなのである。社会主義というものが実現せられていないもの彼岸のものであるからこそ、実現しようとする欲求が美しい幻影と化して社会主義者の目に映ずるのであるが、一たび実現せられて此岸のものとなったならば、それから生ずる弊害には恐るべきものがあろう。それは「人」を軽視するものだからである。従ってまたそれは近代文明の讃美者たることにおいて、社会主義者ならぬものと変りはない。いうことはやや横みちにそれたが、要するに、こういう考えかたは、近代文明が歴史の最後の到着点ででもあるかの如く思うものである。

しかし、今日は明日には昨日となる。百年の後には今年は百年の昔となり、千年の後には千年の昔となる。今日を最後の日とし今年を最後の年と思うほど、無意味なことはない。今日の近代は何時《いつ》までも近代ではなく、時がたってゆくに従って、それは中古になり古代になる。それは単なる時間の経過ではなく、生活の変化であり文明の変化である。五百年前に生活したものはその生活に誇りをもっていたであろうが、今のわれわれはそれを回顧してその欠陥を指摘する。それと同じく五百年後に生をうけるものは今の文明を回顧してその欠陥の甚しきに驚き、今の世に生きていたものがそれを「近代的」として誇っていたのに驚くであろう。「近代的」なるものを謳歌してその欠陥を覚らないのは、歴史が断えず前進してゆくことを知らないものである。一般のいわゆる知識人はしばらく措《お》く。好んで歴史を口にするものが近代文明に絶対の価値を置くのは、歴史の何たるかを知らないからのこととしなくてはなるまい。歴史は未来に向って刻々に生活を変えてゆき新しくしてゆく。変えてゆくのは現在の状態に欠陥があるためにそれを補正してゆくことであって、それが「人」の生活なのである。

然らば近代文明の欠陥をどう補正してゆくべきであるか。それは失われんとする「人」を回復し、「人」の権威を立て、「人」の責務を明かにし、「人」のはたらきを全面的に旺盛にすることである。「人」が機械の主人となり「人」が集団をはたらかせ、群集の流れにおし流されずして自己を堅持するようにすることである。アメリカは機械文明が最も発達していると共に、アメリカ一流の集団的行動の盛んに行われているところであるが、そこには、伝統的な自由主義的個人主義的思想と、本質的にはそれと必しも一致しないところがあるけれどもやはり伝統的なキリスト教とがあって、その欠陥を或る程度に補正しているらしい。しかし近代文明の世界に入りこんで来てそれから利益をうけると共に、その欠陥をもうけつぐようになった我が国には、そういう伝統が二つともない。そこで日本人はその欠陥を補正するために別の方法を要する。それは一つは日常生活そのものにおいてであり、一つは思想の力によってである。前の方についていうと、日本は近代文明の世界に入りこんで来たけれども、日本人の生活のすべてが近代化したのではないことが考えられねばならぬ。この近代化せられない側面に、素朴ではあるが、またそれみずからにいろいろの欠陥を伴ってはいるが、近代文明によってまさに失われんとする「人」の保持せられているところがある。最近の戦争が甚しくそれを傷《きず》つけ、戦後の種々の不用意な施設と思慮の足らぬ言論とが更に別のしかたでそれを破壊しようとしたが、なお全く破壊せられてはいない。(最近の戦争は日本人の性情の現われではなくして却ってそれを傷けたものである。)そこでその傷を癒《いや》し破壊せられんとしたものを建てなおすことにおいて、近代文明の欠陥を補正する一つの道が開かれるであろう。日本人は最近に至るまでヨウロッパの文明の圏外に立っていて、その形成には関与していなかったから、その圏内にあってそれに制約せられているヨウロッパ人とは違い、外部から自由な批判をそれに対して行うことのできる地位にあることを、知らねばならぬ。しかしここではこのことを詳しく考えている余裕がないから、それには別の機会をまつことにする。ただ今日の日本の一部の知識人言論人ほど、自国民としての誇りをもたず、自国民を軽侮し自国民の生活の伝統を破壊せんとすることに一種の優越感を抱いているものは、世界に類があるまい、ということを一言しておく。(この態度この気分は、最近の戦時中に日本を無上の国として宣伝し、そう宣伝することによってみずからもそれを信じそれを誇るようになったのと、同じ根柢から生じたものであり、一つの意味においては、それと同じ平面に立っての反動である。)なおかかる知識人言論人は、その言議がヨウロッパやアメリカなどの書物のうちから得た知識によって自己を蔽《おお》われたところから生じたもの、現実の国民の生活とその生活気分とから遊離しているものでありながら、自己から出たもの国民の思想を代表するものである如く錯覚していることをも、附言すべきであろう。

次には近代文明の欠陥を補正すべき思想上のしごと、特に学問のしごとが考えられる。それはすべての学問、特に人に関し社会に関する学問は、「人」の自覚から出発せねばならぬ、ということである。歴史の学においては、現実の自己の生活によって、またそのうちから、「人」としての自覚を喚びさますところにこの学の出発点があるので、人が歴史を作ってゆくものであること、歴史を作ってゆくというのは、現在の生活に変化を与えて未来に新しい生活を展開させてゆく意義であることが、それによって明かにせられよう。そうしてそれがおのずから機械文明と集合体としての生活とによってまさに失われんとする「人」を回復し、それによって近代文明の欠陥を補正してゆく思想的根拠が得られるであろう。そうしてそれはまた、逆に、「人」を知ることは歴史を知ることによって始めてなされる、ということにもなる。歴史の学は、未来に向って人が如何に歴史を作って来たかを知ることによって、現在の自己とその生活とを知らしめるものであり、そうして自己とその生活とを知ることによって「人」を知らしめるものであるからである。遠い昔から人の行動を記した歴史の作られて来たのも、ここに深い根柢がある。人は行動するものであり、行動することは自己を作り社会を作ってゆくことであることが、素朴な考えかたながら知られていたからこそ、こういうものが書かれて来たのである。

歴史家は歴史の学においてまさに失われんとする「人」をとりもどすべきである。歴史の主体は、通常の場合、民族なり国民なりであるが、それがここにいった意義での

「人」であることは、いうまでもなかろう。そうしてかかる「人」をとりもどすには、多方面を有する生活の過程を一つの生活の過程としてそのままに思い浮かべ、そうしてそれを叙述することが必要である。こういう叙述をすることは、一面だけの観察をしたり、合理主義的な考えかたでのみ事物を取扱おうとしたりしたのでは、決してできない。固定した学派的教説を適用するに至っては、なおさらである。歴史を叙述することは、人を「人」として、生きた人として、一刻も休止することがなく動いている人として、一言一行にも極めて複雑な因子があり多方面のはたらきをもっている人として、またみずからも明かには意識しない生活気分生活感情によって動くことの多い人として、その心情その行動を具体的のイメエジとして思い浮かべるのでなくては、できないからである。社会状態とかその一般的性質とかを概念として構成することも、歴史の学においては、かかる具体的のイメエジを作ることを助けるための一つの方法としては、その用をなすであろうが、それは歴史の学そのものではない。

しかし歴史家がかかる任務を遂げるには、歴史家みずからが「人」でなくてはならぬ。機械文明に圧倒せられ、従って人の生活を機械観的に取扱ったり、群集の力にひきまわされ、世間の風潮におし流されたりして、自己を失い「人」を失ったのでは、歴史は解せられず歴史を叙述することはできぬ。歴史の学において「人」を回復せんとするには、歴史家みずからが先ず自己自身において「人」を回復しなければならぬ。これがわたくしのいおうとすることの根本である。

解説

今井　修

一

津田左右吉(一八七三―一九六一)は、死後すぐに『津田左右吉全集』全三三巻(岩波書店、一九六三―六六。以下『全集』と略す)が編集され、さらに補巻二巻を加えての第二次『全集』(一九八六―八九)も続刊されていることからもわかるように、近代日本史学史に大きな位置を占める思想史家であり、その学的生涯は稀にみる独創性に満ちたものであった。「国民思想」史の探究を主軸として、古典に対する自由で精緻な文献批判的研究を強力に推進した津田の研究領域は、「記紀」(『古事記』と『日本書紀』)「日本上代史」「神道」「日本文芸」「満鮮歴史地理」「道家」「論語」「左伝」「儒教」「シナ仏教」等、まことに広範囲に及んで、いずれの分野においても津田独自の達成を示している。

ただ、それだけにそのほとんどが高度に専門的な、包括性・体系性を重視した硬質の学術論文と研究書であって、一般の読者にとっては必ずしも親しみやすいものではないであろう。岩波文庫では主著の『文学に現はれたる我が国民思想の研究』全四巻を八分冊で収録しているが(一九七七―七八)、津田思想史学の世界に接することができる簡便な一書となると、岩波新書の『支那思想と日本』を挙げ得るくらいで、その他に適切な単行本がない状況であった。そこでこの度、「津田思想史学入門」的意味ももたせて、この『津田左右吉歴史論集』を新たに編集することにしたのである。

まず簡単に編集方針と意図について説明しておく。

書名とした「歴史論」とは広義のそれで、津田の諸業績のなかから、それらの基底をなす歴史観・歴史学(家)論・研究方法論(批評)およびその観点からする同時代思潮批判ともいえる論説類を選んで、原則として発表年代順に配列した。もとより、津田の学問の本領、なによりの魅力は、「歴史論」をなまのかたちで展開した関係論説にあるのではなく、前述のごとく明確な方法的自覚にもとづく独自の体系的著述を一貫して志向した自由な研究態度にあり、それこそが同時代研究者と津田とを分かつ重要な特色であると考えられるのであって、その意味では「歴史論」といってもそれ自体を主題にした論説以上に体系的著作そのものの中に探求し、考察するのが本来的なあり方ではあろう。しかしここでは文庫の性格上、長大な本格的研究論文を収録することは見合わせ、上記の方針をとった。また底本としては『全集』からとせず、発表初出誌に拠った。『全集』

の本文は、初出以降の何段階かの補訂を経た戦後最終到達点を示すテキストであって、津田の研究過程を同時代のなかで理解するためには、『全集』ではなく初出誌本文が望ましいのである。既発表論文・著作にくり返し補訂を施すことは、津田の限りなき探究心の表現、特有の研究スタイルを示すものではあるが、この補訂過程の思想史的検討・評価自体が津田左右吉研究における重要論点になっていることも考慮すると、初出時の本文の提供は学問的にも意義があろう。

時代状況と津田の研究過程との対応関係によって全体を「I」から「IV」の四章構成としたが、その時期区分について、津田の履歴とともにあらかじめ略述しておこう。

津田は一八七三(明治六)年一〇月三日、岐阜県加茂郡栃井村(現在の美濃加茂市下米田町東栃井)に尾張藩附家老竹腰家家臣の帰農士族津田藤馬の長男として生まれ、開設間もない郷里の文明小学校を卒業するが、以後は変則的な学歴で、一八九〇(明治二三)年に上京して東京専門学校邦語政治科に編入学、翌年に卒業すると、一九〇八(明治四一)年に白鳥庫吉を主任とする満鉄の満鮮歴史地理調査部の研究員となるまでの明治二〇年代末から三〇年代にかけては関東近辺の中学校を転々としていた。文明開化期から自由民権期に送った幼少年期を別にして、まさしく明治憲法体制の成立時に東京専門学校を卒業し、日露戦争後に専門的な研究生活へと入り、大正の開幕とともに第一作『神代史の新しい研究』(二松堂、一九一三)を刊行する前後までが、津田思想史学のいわば胎動期であり、この時期の論説を「I」とした。

以後、津田は精力的に自己の研究成果を公刊し続ける息の長い充実した多産な学究生活を推し進めていくが、『文学に現はれたる我が国民思想の研究』全四巻(洛陽堂、一九一六―二一)と『古事記及び日本書紀の新研究』(洛陽堂、一九一九)は、それぞれ津田のライフワークである「国民思想」史の研究と、その起点的位置を占めた記紀研究においての、津田思想史学の「出発点」(『我が国民思想の研究』第一巻「例言」)を示す作品であった。この間、一九一八(大正七)年には吉田東伍急死の後をうけて早稲田大学講師に就任、二〇年教授となり、二二年には論文「上代支那人の宗教思想」によって文学博士の学位を授与され、二四年には『神代史の研究』『古事記及日本書紀の研究』(ともに岩波書店)を相ついで刊行、「神代史」と記紀の性質・本文批評のこの間における進展、到達点をまとめて提示、研究に一段階を画している。時代状況はほぼ大正デモクラシー期に相当し、この津田思想史学の成立・出発期が「Ⅱ」である。

つづく「Ⅲ」は、昭和初年、一九三〇年代から敗戦までの十五年戦争の時代であって、時代思潮でいえば戦前・戦中期の超国家主義、日本精神論、皇国史観が横行・風靡していくなかで、津田自身直接にその迫害の対象となり、戦争の激化と相俟《あいま》って一貫した研究生活に中断を余儀なくされるに到る。大正デモクラシーから中国侵略の拡大へと時勢が暗転していくなか、大正末以来、津田も研究の主領域を「支那思想」の研究へと移行させるとともに、その研究をふまえての「東洋文化」論や研究批評・社会的発言にも踏み出していく。一九二七(昭和二)年刊の『道家の思想と其の開展』(東洋文庫)の大作をはじめとして、三五年に『左伝の思想史的研究』(同上)、三八年の『儒教の実践道徳』(岩波全書)と続刊し、併行して三〇年と三三年に『日本上代史研究』『上代日本の社会及び思想』(ともに岩波書店)を公刊して戦前における記紀研究四部作を完成させた。くわえて三八年に大教育家文庫の一冊として『蕃山・益軒』(岩波書店)を書き下ろし、同じく三八年の岩波新書の創刊に際しては『支那思想と日本』をもって応え、さらには戦後に『日本の神道』(岩波書店、一九四九)としてまとめられる雄篇「日本の神道に於ける支那思想の要素」を『東洋学報』に連載(一九三七・一一―三九・五)するなど、この「Ⅲ」の時期こそが、津田の学究生活のなかでも最も豊饒な、津田思想史学の深化・拡充期であったといってよく、また時代状況との緊張関係もたかまりを見せて、その積極的交錯のなかに思想史的には微妙な陰影をともなった社会的位相にあったことになろう。記紀批判が皇室の尊厳冒瀆罪に当るとして引き起こされた出版法違反事件は、一九四〇(昭和一五)年一月の津田の早大辞任、四二年五月の第一審で有罪判決のあと、戦争末期の四四年一一月の東京控訴院の「時効完成により免訴」宣告によってうやむやのうちに解消したが、この事件のもっている意味、津田の研究に与えた影響は決して小さくはなかったのである。

戦後を「Ⅳ」とした。敗戦時、津田は古稀を超えていたが、一九六一（昭和三六）年一二月四日の死まで研究を続行するとともに、戦後の歴史学と歴史教育のあり方への批判と時評類の発表にも力を傾けた。四五年六月に平泉へと疎開し、五〇年まで留まって武蔵野市境に移るとともに発病、入退院をくり返しながらも、『我が国民思想の研究』の補訂を中心として戦前以来の研究成果の集約・再編成作業に従事する一方で、後述する『世界』論文「建国の事情と万世一系の思想」が天皇制論議の渦中で大きな注目を浴び、戦後の「左翼」「進歩」思想に対する批判を昂進させていくことになった。この間、戦中期の迫害から一転して、帝国学士院会員、文化勲章、文化功労者、美濃加茂市名誉市民、朝日賞、などの栄誉を与えられている。

二

各章ごとに収録論説を中心として、関連する論説・資料などにも適宜言及しながら、解説していきたい。

まず四章構成と別に、巻頭に全体への導入的意味をこめて、「学究生活五十年」(五ページ)を置いた。津田は自己を語ること比較的少なく、戦後になって自伝に類した回想数篇を草したに過ぎないが(『全集』第二四巻に集成されている)、この一篇は津田自身による研究のモチーフの証言、研究生活の回顧として貴重であり、戦後の平泉からの上京翌年に発表されたものである。「学究生活五十年」と題されてはいるが、前述の時期区分でいえば「II」まで、とくに『我が国民思想の研究』の成立過程を中心に述べた内容で、その抑制された筆致、淡々とした語り口ともども津田の人柄と研究生活の特色のおおよそを推察することができよう。「ぼくの閲歴はぼくだけの閲歴であって、それによって学界の動向などが知られるわけでもなく」、「ぼくは世間でいう私学のものでも官学のものでもなく、ただのぼくであった」。「従ってぼくのしごとは学界の趨向《すうこう》にも世間の風潮にもかかわりはなく、ぼくひとりの心の動いてゆくままにしたことである」といった口調などは、いかにも内発的問題意識と独創を重視した津田らしいが、その津田が最後になって「平凡な生活のうちでも、ぼく自身としては、しごとの上でわりあいに重要な時期であったと思う大正の末期から後のことについては、……簡単には書けないことである」と記している点に注意しておきたい。

この回想でも述べられているが、『我が国民思想の研究』への長い道程の起点になったのは、一九世紀最後の年、一九〇〇(明治三三)年九月に獨逸学協会中学へと赴任したのを心機一転として明治維新の思想史的研究を志したことにあった。明治二〇年代末から三〇年代にかけての津田は、群馬・千葉・栃木の中学を転々とし、不如意な煩悶生活に沈淪していたのであったが、『全集』第二五・二六巻に収録された当時の詳細な日記によって、その具体相を知ることが可能である。「隻狂児」と称した青年教師の「沈痛憂鬱多情多感」の激しさが充満しているなかで、一八九九年一一月二三日の記述、白鳥庫吉を訪ねて「わが「現代」研究の志をかたり」、白鳥に激励されて「われもいささかおもひ定むる志を起しぬ」とあるのが注目されよう。この日記は日清・日露戦間期における津田のロマンチックな心的傾向、和漢洋にわたった広範旺盛な読書体験、歴史学や歴史教育をめぐる日々の思索の記録として、きわめて重要な史料的価値を有しており、本論集の主題「歴史論」を考察する上においても、多くの関係記述をひろいあげることができるものである。

一例のみ掲げれば、なかでも一八九七(明治三〇)年一月一九日の次の一文は、抱懐する歴史学のあり方を集約的に書き記したものとして、この後の津田思想史学のめざした方向性をも予示するものであったとさえいえよう。

「歴史家は精緻明覈なる哲学的眼光を有すると共に、美妙荘厳なる詩的構想を具へざるべからず、史実を判断するに当りては不偏不党にして冷なる理性を以てするを要すると共に、其の真実なりとせられたる人物事件に関しては溢るるばかりの温かき同情を注がざるべからず、社会の表面にあらはれたる事実の真相を描写すると共に、裏面に潜伏せる人心思想の隠微を観破せざるべからず、国勢変転の形勢を叙述すると共に、人情及び理想の推移を注視するを要す」

日記原本を確認するに、右の「国勢変転」は「国家」と書いて「国勢」と直しているのだが、青年津田にとって「国家」本位の歴史学から「人心思想」注視のそれへの転換こそが希求されていたのであった。

「I」の五篇の論説は、前述のように津田思想史学胎動期のそれを示すいずれも小文ではあるが、今日残されている最初期の論説**「史論の流行」**(一八ページ。右の日記から四年ばかりさかのぼる)においてすでに、「史学の根底は正確なる事実にあり」、「国史の学は国民の過去に経過し来れる事蹟の実相を究明するの謂《いい》なり」と明確に断言して、折りから強まりをみせていた重野安繹ら考証史学派の「抹殺論」への神道・国学派の非難攻撃に対して、「反証を挙げて学術上の攻撃をなすことを勉めずして漫に之を嘲罵するの如きはこれ学問の何たるかを知らざる没理性漢なり」と反批判し、「かの楯を国家に託して跡を国体論に隠るるが如きは顧るに足らず」と切って捨てているのは、久米邦武の

「神道は祭天の古俗」事件についてこそ明言していないが、それに憤慨しての檄文であったことは明白である。日本近代史学の成立に深刻な屈折をもたらした久米への迫害に敏感に反応できた津田の早熟な歴史的理性のきらめきを見ると同時に、後年の津田思想史学が何を主敵として奮闘することになるかを、まさしく象徴するものとなっている。

つづく**「仏教史家に一言す」**(三六ページ)も同様に、「公平を第一義とする史学」に対して「概していはば、今の仏教史家と称するものが、故意の偏私をその間に挟まんとする傾向ある」ことを慨歎し、「国体」や「忠孝の思想」に擦り寄る「護法」的立場の仏教史論を厳しく難詰する内容である(ちなみに津田はこの論説を含め、一八九六年に真言宗新義派の機関雑誌『密厳教報』に集中的に寄稿し、仏教界腐敗を批判しての東本願寺教団の宗門革新運動につよい関心を示していた)。

「芸術と社会」(四〇ページ)**「偶言」**(四五ページ)**「芸術と国民性」**(五六ページ)の三篇は、『我が国民思想の研究』の執筆に入った段階の、大正初めに発表されている一連の論説であって、まとめれば、芸術の国民的基盤・民衆的要素への着目と、固定的「国民性」論批判、の二点が強調されており、いずれも『我が国民思想の研究』の史眼に通じ、津田の論説・批評において一貫して重視され、問題とされていった論点であった。右の論説に関連して留意すべきなのは、津田の文学はもとより演劇・音楽・造形美術に及ぶ貪婪な持続的関心であり、「学究生活五十年」にも言及されている。一九〇〇年一一月には明治音楽会に入会していて、「音楽俗話」なる西洋音楽についての連載解説(一九〇五から六年の『をんな』誌上)などがある一方、『日本文藝の研究』(岩波書店、一九五三)に収録されている「高麗楽についての一二の臆説」をはじめとする古代音楽史の先駆的諸論考は、この三論説と同時期に矢継ぎ早にものされたものであった。一九〇八(明治四一)年の日記断簡、八月四日の条に、「Muther の「絵画史」をよみはじむ」とあって、『我が国民思想の研究』の方法論に有力な示唆を与えたとされる *The History of Painting From the Fourth to the Early Nineteenth Century* を繙読するかたわら、歴史地理調査室内の「鼠日記」では「芸術の天地はなつかしい、それをおもうと百済がどうとか、新羅がどうとか、どちらにしても自分の inner life に一向さしひびきの無い問題にあたまをつかうのが馬鹿気てならぬ」(一九一一年五月二三日)と欲求不満をかこってもいる津田であった。

三

『神代史の新しい研究』(一九一三)と『古事記及び日本書紀の新研究』(一九一九)に始まる津田の記紀研究が、近代天皇制国家のもとでその発達を著しく制約されていた日本古代史研究にあって、画期的な業績として聳立するものであったことは、現在では贅言《ぜいげん》を要しない。しかし、戦前においては津田の研究は〝異端〟視されたし、戦後古代史学界にあっても、課題としての津田史学の批判的摂取が強調されはしたが、記紀研究に限っても津田の長期に及んだ研究過程に十分目配りした上での批判的検討となると未だしの感があった。

津田の記紀研究を理解する上でまず確認しておくべきことの第一は、それが「国民思想」史研究の一環、そのための重要課題としてなされたということ、したがって第二に、津田の研究の核心は記紀が「国民思想」史研究の上でいかなる意義を有する資料であるかの解明にあったという点である。津田の記紀研究関係の著書は、書名に「新」や「の」の有無、「及び」と「及」の相違など微妙に異なって紛らわしいが、書名が内容を必ずしも十分に表わしておらず、戦後になってその研究成果を『日本古典の研究』二巻と『日本上代史の研究』の二種類に改編集成したのは、右の第二の点を書名で明確化しようとしたものであり、しかもその成果が「上代史そのものの研究」よりも、そのための基礎的前提としての文献批判(古典研究)に大きな比重があったことがわかるのである。その研究過程と主要な達成をここで過不足なく要約することはできないが、それでも簡略にその粗筋のみたどると、まず『神代史の新しい研究』は、神代史の全体としての性質、その述作意図を究明したものであり、『古事記及び日本書紀の新研究』の方は、記紀の一般的性質と神武天皇以後仲哀天皇(及び神功皇后)以前の部分に対する本文研究、『神代史の研究』ではその続篇として、神代史を構成する物語や系譜に批判をくわえ、その成立意図や潤色の事情を解明し(したがって本書は、書名から推定されるような『神代史の新しい研究』の改訂本ではない)、それをうけて『古事記及日本書紀の新研究』に増補・削除をおこなった『古事記及日本書紀の研究』を同年に刊行、さらに『日本上代史研究』は、その続篇たる応神朝以後天智紀までの記紀の記載に関する研究、古語拾遺の研究、上代の部の研究*、の三論文を、『上代日本の社会及び思想』の方は、書紀の書きかた及び訓みかた、神とミコト、大化改新の研究*、上代日本人の道徳生活*、の四論文を収録した論文集となっている(以上のうち、戦後の『日本上代史の研究』は＊印を付した三論文で構成されている)。このように一覧すると、津田の研究の内実は、神代史から天智紀までの記紀の本文研究を主体とし、その成果をふまえて、「部」「大化改新」「道徳生活」などの上代史上の二、三の重要問題に対する先駆的考察を展開したものであったことが見えてこよう。

「II」の**「神代史の研究法」**(六二ページ)は、『古事記及び日本書紀の新研究』と同年の寄稿で、津田の記紀批判の基本的立場を確立したとされる同書の「総論」の「一　研究の目的及び其の方法」のダイジェストといってよく、ここに津田の方法的立場の核心が説明されているとともに、津田にとって特にどのような方法がまず克服対象として置かれていたかが明らかである。すなわち、文中に新井白石流の「譬喩」説や「伝説化」説を「浅薄なるRationalism」と厳しく批判しているが、名前こそ挙げていないが、これは明治時代の久米邦武や吉田東伍の研究方法でもあった。

『古事記及び日本書紀の新研究』の「例言」において津田は、本書が一九一八年から翌年にかけての着任したばかりの早稲田大学史学科での講義をまとめたものである旨記しているが、同時に「それがために著者の予定の計画に狂いが生じ、「文学に現はれたる我が国民思想の研究」の続稿を起すことを遅延せしめた。しかし、遠からずして「平民文学の時代」の下巻の述作に従事するを得る時期が来るであろう」と結んでいる。一九一六(大正五)年八月の「貴族文学の時代」を第一巻として、『我が国民思想の研究』は、一七年一月に「武士文学の時代」、一八年一〇月に「平民文学の時代 上」と順調に刊行されて来ていたが、当初上下二巻の予定であった「平民文学の時代」は肥大化して、中巻を二一年一二月に出したまま下巻はついに未刊におわった。

「流れ行く歴史の動力」(七五ページ)と**「陳言套語」**(八四ページ)の二篇は、前者が「神代史の研究法」と同年一一月の早大史学会講演の筆記、後者は里見弴らが創刊して間もない文芸雑誌『人間』にただ一回寄稿した評論で、前者と同じく一九二〇年の発表で、ともに続刊中の『我が国民思想の研究』の歴史認識のほとばしりを感じさせてくれる。「我が国文学の上に現われている国民思想の種々相とその変遷及び発達の経路との研究」を企図したこの未完の労作をめぐっては、様々な観点からの評価や問題点を指摘でき、またされてもきているが、津田における「国民思想」把握のユニークさは、第一巻「序」で強調されているように、「国民の思想が国民の全生活と共に歴史的に発達するものである」として、「我が国民の思想と実際生活との交渉を探求しようとする点」であり、まず何よりもこの「思想と実生活」の交渉と遊離の様相を執拗に追跡したところに、この研究の方法的独自性とすぐれた達成があったというべきだろう。

このような明確な課題意識と方法的自覚によって構築された同書の歴史像の特色として第一に指摘されなければならないのが、書名に明示してあるように、「貴族文学の時代」「武士文学の時代」「平民文学の時代」の三時代区分を施し、「国史上に於ける平民の地位の変遷」に視点をすえて、「平民」(「民衆」という言葉も節レベルではよく用いられている)の漸次的解放・成長過程を基軸として「国民思想」の歴史的発達を描出している点である。換言すれば、歴史発展の原動力としての「平民」の「生活力」への一貫した着目と信頼が見られ、「都会的」「貴族的」要素に対する「地方」「民間」「中等階級」勢力の重視である。すなわち、津田においては歴史を発展させる主体、その原動力というものに特につよい関心が示されているのであって、「歴史進展の動力如何という事に就いて一面の観察を為して」、社会の「進歩発展の為には物騒なる反抗型の人といえどもまた大いに大切」と結ぶ「流れ行く歴史の動力」なる講演は、まさしくそのような問題関心の一端を話してみたものということができる(「徳川時代に於ける尊王論の由来」を説述した青年時代の長篇の習作が「明治維新の原動力」と題されていたことに、あわせて注目したい)。

歴史発展の原動力の注視とともに歴史認識のあり方の上であらためて再認識しなければならないのは、歴史的変化・発達の検証に力点をおき、そのために可能なかぎりの通時的全体的考察を重視している点である。逆にいえば、時代貫通的観察のもとにいかなる事象・思想をも固定的にではなく、変化の相において究明・評価していくという姿勢がきわめて自覚的にとられていることである。この点は第三巻の「例言」につよく主張されてもおり、津田の思想史的研究に一貫する特色であるが、「陳言套語」におけるる「国民性」の固定的とらえ方への批判はこのような確たる方法的立場から導き出されてくるものであることは言うまでもなかろう。「日本主義また大勢順応主義ともいうべき世論についての僕の陳腐なまた極めて大ざっぱな意見である」とするこの「陳言套語」

には、「人間は、個人としても国民または民族としても、その生活を維持し開展してゆくために、……断えず生活そのものを改造してゆく。」「我々は現在の社会や政治の状態に対して大なる不満足を感じ、それを改革しようという強い要求を有っている」など、改造・改革への津田の積極姿勢が全体に漲《みなぎ》っているが、擱筆の翌二月一一日には東京で数万人規模の普選大示威行進がおこなわれるような時代情勢であった。

ところで、『全集』第二七巻に大正末年の日信が収録されている。昵懇《じっこん》であった鈴木拾五郎・佰子《ももこ》夫妻に宛てたもので、時代の転換期にあって円熟期を迎えつつあった津田がいかに思索していたかを知り、また昭和戦前期以後の津田思想史学の方向性を展望する上でも貴重な材料を提供してくれている。日信の世界は、草花や鳥の声などこまやかな自然観察に満たされた津田独自の繊細・鋭敏な感性、個性的心象風景をかたちづくっているが、まま政治・世相批判も散見する。「生活の芸術化」を志向して次のように記述するところなどに、日信当時の津田の「心生活」の核心部分をはっきりと窺える。

「生活は創造である。自己の開展である。人々は詩を作り画を作り彫像を作ると同じ意味において日常の生活を作り出すものである。そこには個性がある。人々の生活には、人々によって、他人の模倣し得ない、その人で無ければ作り出し得ない、特殊の気分と姿と色合いとがある。また、それが無ければならぬ。個性の無い生活は機械である。日本人は長い間、この機械的の生活をしつづけて来た。義理と因襲と世間体との生活がそれである。もうそろそろ個性のある生活をするようになってもよいではないか。因襲から解放せられることもよい。しかし「解放」は消極的である。今は積極的に「創造」を欲求する。そうして創造は、生活を芸術と観ずることによって実現せられる」(一九二六年三月一六日)

さらに、津田思想史学の課題と方法の観点から注目させられる日信も相当数見受けられるが、「純然たる芸術批評の立場から一転して文化史的研究の立場に移る必要」性を強調していること(二五年六月六日)、『我が国民思想の研究』に関して、「「国民思想の研究」を書いた時には、文学上の思想がどうして形づくられたか、いいかえると、思想が世に動かされた一面を説くを主としたので、思想が、どう世を動かしていったかの他の一面は、比較的、力が入らなかったようである。全く考えていなかったのでは無いが、その方に力を入れかたが足らなかったと思う。今度はその方をもっと説いて見たいと思う」(二六年一一月一五日)と述べていることなどは、津田が自己の方法的立場を持続的によりつよく押し出していこうとしているうちにも、その思想史研究の方法の微妙な転換の相が現われてきているのがはからずも看取でき、見逃しえないところであろう。

そして、「学究生活五十年」でいうところの一九〇〇年以来、六〇年に及んだ津田の研究生活のほぼ折り返し点にあたる一九二九(昭和四)年に、日信の世界とも接続しながら、歴史そのものについての思索を披瀝したのが**「歴史の矛盾性」**(九六ページ)である。この一篇は、同年二月一六日の立教大学史学会の史学講演会での同題の講演をすぐさま論文化したものであるが、津田の歴史観をめぐる最初のまとまった考察として注目される重要な論考であり、後掲の書誌に明らかなようにくり返し大幅な補訂をくわえつつ、戦後刊行の諸書に収録している。『必然・偶然・自由』(角川新書、一九五〇)の「あとがき」に、「この篇で考えたことの根本の思想は、二十年ほど前に書いた「歴史の矛盾性」のうちにほぼ含まれている。そこにいっておいたことを少しく変った方角から考え、なおそこではまだ明かになっていなかったことを明かにしたのが、この篇である」と記していることからもわかるように、以後くりひろげられた津田の歴史観・歴史論についての諸考察の母胎となった内容が提示されてあり、それだけに津田にとっても愛着のある論説であったと思われる。

「歴史の矛盾性」で述べようとするところは、必ずしも分明とばかりはいえない面があるものの、ここで津田が問題にしている「歴史の矛盾性」とは、実際の歴史過程にはらまれる矛盾ということではなく、歴史を見、記述する、すなわち歴史家の側、歴史叙述の方法においてかかえこまねばならない矛盾の謂である。すなわち、「過去の生活を超越して過去を過去として見る史家の態度と、過去の生活の中に沈潜するを要するそれとが、調和せられ得るかどうかが問題なのである。畢竟、余のいわゆる歴史の二つの任務の間には矛盾があるのであるが、それもまた、未来に向って進んでゆく生活を過去として見なければならぬ歴史の本質から生ずるものである」。つまりは津田における歴史成立のための問題の焦点は、「未来に向って進んでゆくのがその本質である」とする「生活」の把握の有り様、取扱い方そのもののなかにあり、この「生活」なるものをどうとらえなければならないかをめぐる多面的考察こそが、津田の歴史論の核心をなすものなのである。

四

「歴史の矛盾性」において、津田は「歴史の二つの任務の間に存する矛盾は、史家の全き心生活を以てその何れにも対することによって、おのずから融解せられるのであろう」とし、結語部分では「現在をいかに転化さすべきかの指導原理」に言及して、その提出は「史家の本務ではない」と断りながらも、「史家も、未来に向って生きんとするものである点において、それに関心を有することは勿論であり、あるいはおのずからそれを提出しそれを描き出さんとするに至るでもあろう」と記し、未来を展望しての現状改革に歴史家としての潑剌たる意欲を示していた。

このような津田にあって、昭和の戦前期、十五年戦争の時代は、自身の研究が成熟期に入るとともに、社会に対する働きかけを強めていき、時代状況と津田の学問とが切り結んで烈《はげ》しく軋《きし》めいた時であったといえよう。「Ⅲ」の論説はいずれもその有り様を示すものである。

まず、「**日本上代史の研究に関する二、三の傾向について**」(一一六ページ)であるが、この論考も、一九三〇(昭和五)年五月六日におこなった立教大学史学会史学講演会での「日本上代史研究について」と題した講演を活字化したもので、昭和初年の研究動向を批評した、津田のこの種の論説の最初のものである。ここで批評の対象になっているのは、一つは民俗学、もう一つは「社会史的考察」と表現しているが社会経済史学や唯物史観に基く日本原始・古代社会の研究であり、「ともすれば、歴史的変化を軽視し、民族生活の特異性を重んぜず、あるいは思想や信仰やその他の文化上の現象を全体の民族生活から遊離させて考えること、文献の誠実なる研究を力《つと》めないこと、また西人の学説を無批判に適用すること、などから来る欠陥の認められるものがある」と批判の要点がまとめられているが、その根本は「文献そのものの検討」がなおざりにされているという点に置かれている。

津田の記紀研究の初期に見られた文化人類学・比較神話学・民俗学等の成果の積極的活用は、大正末年以降には禁欲的態度へと変化してきていたのであったが、この講演の前月刊行の『日本上代史研究』の「まえがき」に自身の方法的立場とその意義について次のような言明がある。「種々の考え方から種々の見解の提供せられることは、全体として学問の進歩に貢献するものであるのみならず、また実際、上代研究に寄与したる、あるいはしつつある、民俗学の功績を見のがしてはならぬ。しかし、それがために文献上の、従ってまた文献そのものの、研究が忽《ゆるが》せにせらるべきものでないことは、明白であるにも拘《かか》わらず、この方面に却って沈滞の気があるように見えるのは、遺憾《いかん》であって、現時の上代研究における重大なる欠陥は、寧ろここにあるのでは無かろうかと思う。もし文献の研究が周密に行われるならば、従来の通説は到る処にその面目を改め、民俗学などの方面でも、あるいは却ってその影響を蒙《こうむ》るようになるかも知れぬ」。また、日本原始・古代の「社会史的考察」については、「上代の部の研究」や「大化改新の研究」がすでにそれへの批判を念頭においての厳密な文献批判的研究であった。ちなみに、「本来、他人の学説を批評するを好まず」とする津田にめずらしく、文中に伊波《いは》(普猷《ふゆう》)や金田一(京助)の名前を挙げているが、この津田論文を巻頭とした『思想』同号には、小松堅太郎「原始社会に於ける生産関係の決定力」、渡部義通《わたなべよしみち》「日本原始共産社会の生産及び生産力の発展」の二論文が併載されていた。

同年発表の「東洋文化、東洋思想、東洋史」(一三六ページ)は、主題についての津田の批判的見解を簡潔に述べた内容で、『支那思想と日本』に直接つながっている論説である。このようにまとめられたかたちでは最初のものであるが、その考え方は年来の持論であったといってよい。文中、「その文化の複雑さと深さとまた変化の程度とにおいて差異はあるが、ヨオロッパの歴史に比すべき歴史を日本民族は有っていたのである」との注目すべき記述があるが、これは、原勝郎《かつろう》(一八七一―一九二四)や内田銀蔵(一八七二―一九一九)、さらに中田薫(一八七七―一九六七)ら、一九〇〇年前後から本格的な研究生活に入った津田と同世代の歴史家たちに共通する認識・研究課題であった。

津田の場合、前述した『我が国民思想の研究』の歴史認識・歴史像の特色は、外来思想である「支那思想」、中でも儒教の持った「国民生活」への影響、その積極的意義を認めず、「国民思想」の形成・発展にとっての否定的要素であったと把握する徹底性において際立つものとなっていた。本論説で、「文字の上で儒教の思想は講説せられたけれども、日本人の道徳生活は儒教の教えるところとも、そういう教を生み出した支那人の道徳生活とも、まるで違っていた。(道徳に関する文字の上の知識は、道徳生活そのものではないことを知らねばならぬ。)日本人の造り出した文学も芸術も、またその根柢になっている精神生活も、支那人のとはすっかり違っている」と説かれている如くである。

「東洋史というものは、真実の意義においては、成立たないと思う」というのも、中学教師時代の歴史教育体験を踏まえつつ、その独自の構想をまとめたものと推定される未定稿「歴史教授法」(『全集』二八、一九〇六年末起筆)のなかですでに明確に記されていて、東洋史・西洋史の区別を廃しての「世界史」教育の必要性が積極的に説かれていた(付言すれば、記紀研究をはじめ津田の「国民思想」研究の成立要件を考察する際、その歴史教育体験をも重視すべきであろう。なかでもこの「歴史教授法」は、歴史教育の課題として「世界に対する日本」という観念の養成、換言するに、「東洋」とは異なる「立憲国民」意識の自覚を主張するもので、津田の思想や問題設定を検討する上で随所に注目すべき指摘が見られる)。

この「東洋文化、東洋思想、東洋史」掲載の『歴史教育』誌は、中山久四郎《きゅうしろう》ら東京高等師範学校関係者が中心になって一九二六(大正一五)年八月に設立した歴史教育研究会の発行になるが、同会「宣言」に「健全なる国民精神の涵養」を謳《うた》ってあるように、その背景には、一九二〇年代前半の国家主義的思潮の台頭、「国体」観念の浮上があった。そしてこの思潮は、「満州事変」を契機として国体論的な日本主義・日本精神論の流行現象となり、一九三三・三四年にはピークを迎えたとされる。まさしくその三四(昭和九)年五月の『思想』「日本精神」特集号の巻頭を、長谷川如是閑《にょぜかん》「国民的性格としての日本精神」とともに飾っているのが「**日本精神について**」(一五二ページ)である。「日本精神」なるものの固定的一面的とらえ方に対する津田の批判は、もとより「陳言套語」などにおける「国民性」論批判と変わりはないが、「日本精神」論の声高な昂揚とその抑圧性に比例して、状況への憂慮は深まっている。すなわち、独善的「日本精神」論が「国家の対外的態度の問題に適用せられると、自国の行動はすべて批判を超越するものとなり、あるいはそこから危険なるジンゴイズムの展開せられる虞《おそれ》さえもある」と、事変後の排外熱、好戦的な愛国主義を促進するものとしての批判、また、「日本精神は日本の民族生活の歴史的発展の全過程の上に求めらるべきものである」ことの「最も顕著なる表徴」として、万世一系の皇室ということについて、あえて明言することを控えつつ(『全集』第二一巻収録の補訂論文では、この部分は「最も顕著なる表徴とせられている政治形態、具体的にいうと皇室の恒久性ということ、について考えてみよう」となっている)、津田の持論を説述しているところなどに、それを窺うことが可能であろう。

「要するにすべてが歴史的であり、歴史的でないものはないのであ」り、「歴史の頂点」である「現代日本の民族生活そのものを直視しない」ままに、「過去の思想なり事象なりに何らかの解釈を加えて、そのものには存在せざる意義を附与する」ような「日本精神」論の盛行に対する批判が、特有の粘り強さで展開されているといえるだろう。なお、津田のこの時期の同様の論説として、同年八月に『史苑』に発表された「日本思想形成の過程」(これも前年一〇月の立教大学史学会史学講演会における同題の講演)がある。

ところでこの時期の津田は、一般社会への「精確な学問的知識の普及」「大学講義の公開」を目的として、一九二八(昭和三)年の第一次『世界思潮』(「支那思潮」一九二九・八)を嚆矢《こうし》として陸続と刊行を見た「岩波講座」の、『日本文学』(「日本書紀」三三・一)、「上代文学に於ける社会性」三二・八)、『哲学』(「日本に於ける支那思想移植史」三三・二、『東洋思潮』(「王道政治思想」三四・六、「儒教の起源」三五・八、「文化史上に於ける東洋の特殊性」三六・三、「日本文化と支那及び朝鮮の文化との交流」三六・七)、『日本歴史』(「上代史の研究法について」三四・一〇)に寄稿を求められるとともに(括弧内はそれぞれ論文名と発表年月)、『東洋思潮』(全一八巻、一九三四・六―三六・一二)では、池内宏・羽田亨《はねだとおる》・武内義雄と編集を担当し、指導的役割を果たしている。これらの「講座」論文は、主題についての概説的知識がその学問的成果に基いてまとめられてあって、津田の学問を平明なかたちで一般に提示することになっている(『全集』第二八巻「編集後記」に、津田生前の指示として、「その内容が他の著書あるいは主要論文の中で述べられていることによって、重複をさけ、正規の著作としては除外せられた」旨記されており、自己の学問的業績に対する津田の厳格な態度を知らされるのであるが、これらの論文が津田の主要業績の内容を理解する上での恰好《かっこう》の道案内となっていることにもまた意義を認めてよいであろう)。

そしてこの中の『哲学』『東洋思潮』の二つの論文をあわせて、一九三八(昭和一三)年一一月の岩波新書創刊に際して提供されたのが『**支那思想と日本**』であった(同年六月には『満鮮地理歴史研究報告』第一三の「儒教の実践道徳」を岩波全書としている)。参考までに目次を掲げておくと、

日本は支那思想を如何にうけ入れたか

一　緒言

二　支那思想の概観

三　支那思想のうけ入れかた

四　神道及び国学に於いて

五　日本人の生活と支那思想

六　結語

東洋文化とは何か

一　東洋という呼称

二　支那文化とインド文化
三　日本といわゆる東洋
四　現代生活といわゆる東洋

である。

解説の最初にも一言したように、『支那思想と日本』は津田思想史学のエッセンスをまことに見事に集約したものといってよい緻密な内容となっており、それだけに精読が求められるが、さらにその精髄と日中戦争全面化の時局認識、自己の学問が時勢とどう切り結ぶものであるかを津田自身主体的に書き添えたのが、長文の「まえがき」（一七七ページ）である。「別封のような「まえがき」を書いてみました。あまり長くて少し不体裁のようでもあり、時勢に関する議論めいたものともなってその点でもいかがと思われなくもありませんが、こういうことはいって置いた方がよくはないかとも存ぜられます」という、編集者吉野源三郎宛ての書簡（一九三八年一〇月一七日付、『全集』補巻二）が残っており、現実の中国情勢の進行に対して黙しておれなかった津田の深刻な憂慮のほどが反映した「まえがき」であったことがわかるのである。この『支那思想と日本』には、初版の他に、敗戦後の増刷時の「一九四七年一二月」付、『歴史学と歴史教育』収録時の「昭和三十四年三月」付、のあわせて三つの「まえがき」があって、それぞれの時点での日中関係の有り様に対する本書の意義づけが語られていて興味深い資料となっているので注意されたい。

「まえがき」のはじめに、「わたくしは、近ごろ、支那文字をつかうことをできるだけ少くするように心がけている」とあるが、読み進めると、日本文化の発達を妨げる「じゃまもののうちには、過去に支那からうけ入れたものが少なくないのであるが、支那文字の如きはその最も大なるものである」との津田独自の判断が示されており、その信念に基いて津田は、この前後から順次自己の著述においては、一読今日の私たちには奇異に感じられるような、固有名詞のカナ書きを実行していくことになっている。また『支那思想と日本』に関連して付言すると、一九三九年五月に中央公論社社長嶋中雄作の肝煎《きもい》りで「学派学閥を超越せる民間アカデミー」を標榜《ひょうぼう》して設立された財団法人国民学術協会に津田は会員として参加し、同年一二月七日には津田を中心に「支那思想と日本文化との交流の問題」についてのディスカッションの会が協会事業の一つとしてもたれていた。記録が公刊されなかったのは惜しまれるが、これも津田の社会に向けての積極姿勢の表れの一端であったろう。

「日本に於ける支那学の使命」(一八九ページ)は、国民学術協会発会式のふた月前の『中央公論』に掲載されたもので(これも巻頭論文)、総合雑誌への津田の初登場であった。津田を中心に福井康順《こうじゅん》、出石誠彦《いずしよしひこ》、栗田直躬《なおみ》ら門下生を室員として一九三四年に設立されていた早稲田大学東洋思想研究室の公開講演をもとにしたものであり、「支那学の使命」すなわち津田の斯学にこめる課題意識を、「純粋に学術としてのと、直接に実世間にかかわりのあるものとしてのと、二つの方面」に分けて、順序立てて明示した内容で、津田思想史学における「支那を知ること」の意味を理解する上で興味深いものがある。種々説き来たって最後に、「学術上の業績こそは、何らの摩擦もなく利害の衝突もなく、どの民族にもうけ入れられ世界に公認せられる」、また「日本人が支那人に対し漫然たる人種的優越感を以て臨むようなことはもとより避けねばならぬが、事実優越していることについては、それだけの自信をもつことは必要である」と憚《はばか》りなく言い放っている津田であるが、漢学や考証学から脱しきれない学界の現状や世上にかまびすしい非学問的な東洋文化論に対して、自らの存在をおのずから強く押し出すことになっていた。当時北京に留学していた愛弟子栗田直躬を思いやった書簡に次のような一節がある。「巡礼者のような態度で支那にゆく日本の学者は深く反省すべきだと思います。或る方面では支那を見くびりすぎて失敗しているようですが、学者はその反対では無いでしょうか、とにかくわれわれはしっかりした研究をして支那の学者の尊敬を得るようにしなければならぬと思います」(一九三七年六月二六日付、『全集』補巻二)。

『全集』補巻二所収「津田左右吉年譜」を確認すると、右の「支那思想」についてのディスカッションは、南原繁の懇請による東京帝国大学法学部での「東洋政治思想史」講座連続講義直後のことであり、津田はこの出講が直接の契機となって、蓑田《みのだ》胸喜《むねき》ら狂信的な『原理日本』グループからの烈しい弾劾・攻撃を受け、出版法違反事件への対応を余儀なくされる。この事件の突発によって刊行間際に削除され、戦後版で日の目を見ることになった河合栄治郎編『学生と歴史』所収の「**日本歴史の特性**」(二一六ページ)は、小論ではあるものの、津田思想史学の戦前期までにおける日本歴史像・認識の到達点、その重要論点を簡明にスケッチしたものとして注目でき、「Ⅲ」の最後に置くことにした。この論説で特に留意されるのは、「日本の歴史の特性は、全体としての日本の民族生活の歴史的発展の上にあらわれているものであり」とこれまでの津田の立場をくり返しながらも、津田が重視する「日本歴史の特性」を文化史の側面において大要三点にしぼって、それらを積極的に評価するかたちで説明していることであって、遡《さかのぼ》ると「芸術と国民性」以来一貫してきた「国民性」や「日本精神」の固定的とらえ方に対する批判にかえるに、津田自身がその「特性」をいかなるものとして認識し、意義づけていたかの回答文ともなっていると読めなくもなかろう。

なお、津田の歴史論・歴史観をたどる場合、掛川トミ子編『現代史資料42 思想統制』

(みすず書房、一九七六)に全文収録されている「津田事件公判速記録」の陳述(とくに第一八回の「歴史観」「学問観・学問と社会」など)も興味深い資料であり、さらには第一審判決直前に病没した終生の師白鳥庫吉の追悼評伝「白鳥博士小伝」(『東洋学報』一九四四年一月、『全集』二四)も、尊崇する白鳥史学を論じて日本近代史学史、そして津田自身をも実は語ることになっており、「学究生活五十年」と並んで重要な小伝である。

五

津田思想史学の「歴史論」を編年順に収める本文庫において、戦後発表の諸論考から何を採るかは、紙幅の制約もあってなかなかに難しい。『歴史学と歴史教育』(岩波書店、一九五九)が戦後の歴史教育批判も含めての歴史学に関する諸考察を集大成した論集であるし、さらに生前最後の著書となった『思想・文藝・日本語』(岩波書店、一九六一)にも関係論説の収録がある。また単行本としては前掲の角川新書『必然・偶然・自由』(一九五〇)が、津田の歴史観の表明として最もまとまっているものではあろう。

しかしここでは、敗戦翌年の『世界』の二論文と『心』からの一論文で「Ⅳ」を構成することにした。「日本歴史の研究に於ける科学的態度」「建国の事情と万世一系の思想」、そして「歴史の学に於ける「人」の回復」である。

まず、『世界』の二論文であるが、このうち一九四六(昭和二一)年四月号掲載の「**建国の事情と万世一系の思想**」(二七八ページ)は、編集者(吉野源三郎)の「津田博士「建国の事情と万世一系の思想」の発表について」(三段組八ページにわたる長文)を付載するという異例の措置をとった上で、折からの天皇制批判・憲法改正論議のたかまりのなかに投ぜられたこともあって、津田の諸論文中でも最も大きな反響を呼び起こすことになったものであり、戦後思想史を論じた諸書・論文でも言及が多い。しかし、にもかかわらず、津田論文と『世界』編集部の対応などについて、基礎的事実関係を無視した憶測や思い込み的発言・論評が現在に至っても後を絶たないこと、また、『全集』では『日本上代史の研究』所収の補訂論文を収録していること、などから本文庫では『世界』初出論文の史料的意義を重視したのである。

『世界』への執筆経緯と編集部の対応については、まずもって当事者吉野源三郎の回想「終戦直後の津田先生」(『みすず』一九六七年四、五、六月。のち岩波新書の吉野『職業としての編集者』に収録)をていねいに通読していただきたい。吉野の執筆依頼は、「日本史の研究における科学的方法」についてであって、「先生がこの需《もと》めに応じて原稿を二回に分けて送って下さったのは、一九四六年一月の末から二月にかけてであった。予め先生から手紙があって、原稿が予定の一回分より超過して二回分となったこと、その前半は

「日本歴史の研究に於ける科学的態度」、後半は「建国の事情と万世一系の思想」という表題にしてあるが、たがいに関連して一つの論述になっている、と伝えられてあった」という。すなわち、『世界』の二つの論文は一連のものとして論述されているのであって、まとめて検討されるべきものなのである。

前半の「**日本歴史の研究に於ける科学的態度**」(二四二ページ)は、津田の戦後第一声であり、戦前・戦中の「固陋な思想」、特に日本上代史、記紀に対する放恣《ほうし》な主張の数々を具体的に批判し、さらに学界においても見受けられた非学問的な解釈を列挙しながら、近代史学の史料批判に基く学問的方法による研究、すなわち「科学的研究」について説明したもので、適宜自身の関係著書・論文を紹介しつつ諄々《じゅんじゅん》と論を進めていることから、その学問を傾けての啓蒙的論説として執筆されていることがよく伝わってくる。その姿勢はもとより後半の「建国の事情と万世一系の思想」でも同様であり、前者における世上の「虚説妄説」の否定・払拭から翻《ひるがえ》って、今度はそれに代わる津田自身が抱懐する「私案」の積極的提示を試みたのが四月号論文なのであった。冒頭にあえて、「わたくしとしては、これを学界ならびに一般世間に提供するだけの自信はもっている」との一文を挿入していることに注意すれば、前述したように戦前の研究においては記紀の厳密な本文批判に精力を注いで、「上代史そのもの」の考説に慎重であった津田が、ここで初めて、「上代における国家統一の情勢」と「万世一系の皇室という観念の生じまた発達した歴史的事情」についての、換言すれば日本古代国家の形成過程と天皇制思想に対する津田思想史学のポジティブな史的構想を公開したことになるわけである(『日本上代史の研究』収録の際、「まえがき」に「上代史上のたいせつなことがらについての見解をこういう形で述べたことは、これがはじめてである」と書いている)。にもかかわらず、この論文をめぐる非常な反響のあり方といえば、「一般世間」にあっては、論文結尾で主張されている「国民的結合の中心であり国民的精神の生きた象徴」としての「われらの天皇」のくだりのみに関心が集中して、性急勝手な援用や非難がなされた。一方、「学界」においても、本論文を津田の「政論」だと見なすことで、「われらの天皇」論と戦前津田の記紀研究とをひとまず分離して、「われらの天皇」論を批判しつつも本論文に示されていた津田の史的構想そのものは等閑に付してしまった。つまりは正面から向き合うことを避けたのである。

このような反応は、立場を問わず、津田に則して言えば、津田の学問を尊重しているかに見えて、その実、学問を学問として認めないものと映じたであろう。端的に指摘すれば、この津田論文の検討・批判にあたっては、「われらの天皇」論すなわち津田の皇室観が、その記紀批判の達成をどのように促進させ、また制約するものとなっているか、の全面的検討が求められたはずだが、当時にあってはその用意がなかったというのが学界の力量であったろう。「建国の事情と万世一系の思想」の主要論点について、津田自身が次のように要約している一文があるので、参考までに引用しておこう。「「世界」の方でいったことのおもな点は、皇室はニホン民族の内部から起ってこの民族を政治的に統一せられるようになったので、外部から民族を征服せられたのではないということ、その統一のしかたは概して平和的であったということ、天皇は昔から御自身に政治の局に当られたことが殆ど無かったということ、大化改新の後の短い時期を除けば皇室の地位は直接に一般民衆に対するものではなかったということ、皇室は常に時勢の変化に順応してそのありかたとはたらきとを変えて来られたということ、政治上の実務に当られなくても精神的権威はおのずから具えていられたということ、上代においては皇室は文化の中心であったということ、皇室の存在は民主政治と矛盾するものでなく、皇室を愛することにおいて民主政治の精神が徹底するということ、などであります」(『学問の本質と現代の思想』、岩波書店、一九四八)。

ともかくも『世界』論文は、戦後思想史の展開における津田の位置を、その大枠において決定づける役割をもったが、三月号論文の冒頭部分に、「戦争によって国家の危機が来たされた今日」と述べられているように、津田にとって戦後、とりわけ被占領期は、

「変革」「解放」であるよりもむしろ、自らの一貫して探求してきた「日本の国家と日本民族との統一性・独立性及び純粋性」に対する深刻な「危機」の到来として受けとめられていたのである。その強烈な危機意識が、津田をして、『世界』論文を出発点ともして戦後「進歩」陣営の知識人の言動への厳しい拒否・対決姿勢をとらせることになり、当然にその矛先はマルクス主義史学の主導する戦後歴史学と歴史教育にも向けられることになった。「**歴史の学に於ける「人」の回復**」(三二三ページ)は、その中でも最もまとまった批判論説であり、津田も同人に名を連ね、晩年多くを寄稿した『心』に三回連載されたものである。

「一　歴史とは何か」では、「人の生活とはどういうものか」について、一〇点にわたる考察が示されてあって、津田思想史学の焦点としての「生活」把握のあり方の帰結点を考える上で重要な記述であるのだが、「社会として集団としてのはたらきとか民族の一般的な気風とか、また風俗習慣とか、そういうものは、人の行動についていう限りにおいては、抽象的な概念である」として考察の主対象から退けられ、「人は具体的には個人である。民族の動き社会の動きといっても、現実に行動し思惟し意欲するものは、どこまでも個人である」と、あくまでも「個人」を単位とした「生活」把握が強調されている。以下、「歴史の矛盾性」論文以来の「歴史を知ること書くこと」をめぐる津田の考え方が述べられ、それを前提として、「二　近ごろの歴史研究の一傾向」において、戦後歴史学の方法的問題点についての津田なりの包括的批判が展開され、それとの関連で「三　近代文明の欠陥とその補正」の必要に論及し、最後に「歴史の学においてまさに失われんとする「人」をとりもどすべき」こと、そのためにも「歴史家みずからが先ず自己自身において「人」を回復しなければならぬ」ことを力説して、結びとしている。

　このような痛烈な津田の批判をどのように意義づけるかは、そのまま戦後歴史学をどう批判的に再評価していくかの現代的課題につながるものである。その際、戦後歴史学の側における津田思想史学との対決・批判的摂取のあり方についても十分に目を凝らすことが求められるであろう。とりわけ、家永三郎（一九一三―二〇〇二）、石母《いしも》田《だ》正《しょう》（一九一二―八六）、井上光貞《みつさだ》（一九一七―八三）、さらには丸山眞男（一九一四―九六）など、戦後の歴史学と思想を大きく前進させた精鋭たちの、津田左右吉の人と学問との長期にわたる格闘、勁《つよ》き個と個との持続的なぶつかり合いに、それの頓に衰弱してしまった私たち後続世代は、深く学ぶところがなければならないであろう。

　それにしても、本文庫に収めた津田左右吉の「歴史論」の数々、その学問と思想は、今日を生きる私たちが、歴史学に何を求め、どういう学問として意義づけるのか、何のために歴史学を必要とし、歴史学研究の世界へと向かうのか、それぞれが真率に歴史学のあり方を見つめ直そうとする時に、その一人のすぐれた先達の思索として、豊かな刺激を与えてくれるものとしてあるだろう。

収録論説書誌

I

学究生活五十年　『思想』三一九、一九五一(昭和二六)年一月。『全集』二四。

史論の流行　『青年文学』一三、一八九二(明治二五)年一一月。筆名「八十八村草舎主人」。『全集』二一。

仏教史家に一言す　『密厳教報』一六六、一八九六(明治二九)年八月。筆名「小竹生」。『全集』二一。

芸術と社会　『みづゑ』一〇四、一九一三(大正二)年一〇月。筆名「津田黄昏」。『全集』二一。

偶言　『みづゑ』一一〇、一一五、一二四、一九一四(大正三)年四月、九月、一五年六月。筆名「津田黄昏」。『全集』二一。

芸術と国民性　『みづゑ』一二六、一九一五(大正四)年八月。筆名「津田黄昏」。『全集』二一二。

Ⅱ

神代史の研究法　『歴史と地理』四ノ三、一九一九(大正八)年九月。『全集』二八。

流れ行く歴史の動力　『青年雄辯』五ノ二、一九二〇(大正九)年二月。文末に「八年十一月早大史学会に於て」の添書きがある。『全集』二三。

陳言套語　『人間』二ノ四、一九二〇(大正九)年四月。文末に「二月一〇日」の添書きがある。『全集』別巻第五付録。『全集』補巻二。

歴史の矛盾性　『史苑』二ノ一、一九二九(昭和四)年四月。大幅に補訂して史苑叢書2『歴史の矛盾性』(太洋出版株式会社、一九四七年四月)に収録。さらに補訂の上、『歴史の扱ひ方――歴史教育と歴史学』(中央公論社、一九五三年七月)、同上新書版(同上、一九五五年一〇月)、『歴史学と歴史教育』(岩波書店、一九五九年一一月)に再録。『全集』二〇。

Ⅲ

日本上代史の研究に関する二、三の傾向について　『思想』一一〇、一九三一(昭和六)年七月。文末に「此の一篇は立教大学史学会に於ける講演の大意である」との「附記」がある。補訂の上、『日本上代史の研究』(岩波書店、一九四七年九月)に「附録」として収録。

『全集』三。

東洋文化、東洋思想、東洋史　歴史教育研究会発行『歴史教育』六ノ八、一九三一(昭和六)年一一月。『全集』二八。

日本精神について　『思想』(特輯　日本精神)一四四、一九三四(昭和九)年五月。『全集』二一。〔『支那思想と日本』初版〕まえがき　岩波新書、一九三八(昭和一三)年一一月。『全集』補巻二の「単行本著作目録」に採録。

日本に於ける支那学の使命　『中央公論』六一八、一九三九(昭和一四)年三月。文末に「此の一篇は早大東洋思想研究室の公開講演会に於いて述べたところを少しく修補したものである」との添書きがある。『思想・文藝・日本語』(岩波書店、一九六一年六月)に収録。『全集』二一。

日本歴史の特性　河合栄治郎編『学生と歴史』第二版(日本評論社、一九四六年一一月)。当初、同書第一版(同上、一九四〇年四月)に掲載予定のところ、出版法違反事件のため削除された。同書の「序文」(二月一五日)の後に、「昭和十五年三月十五日」付けで河合の次のようなことわりがある。「本書の印刷中に、津田左右吉氏は事情により担当の部分「日本歴史の特性」を削除することを求められた。既に印刷に着手した後であるので、他の執筆者を求めることが不可能であり、頁を変更することも出来なかった。本書の第二部の冒頭に頁の脱漏があるのはこのためである。茲に読者に対して陳謝する次第である」。『全集』二八。

IV

日本歴史の研究に於ける科学的態度　『世界』三、一九四六(昭和二一)年三月。『全集』二八。

建国の事情と万世一系の思想　『世界』四、一九四六(昭和二一)年四月。文末に「一九四六年一月」の添書きがある。補訂の上、「日本の国家形成の過程と皇室の恒久性に関する思想の由来」と改題して、『日本上代史の研究』(岩波書店、一九四七年九月)に「附録」として収録。『全集』三。

歴史の学に於ける「人」の回復　『心』五ノ三、四、五(三回連載)、一九五二(昭和二七)年三月、四月、五月。補訂の上、『歴史の扱ひ方——歴史教育と歴史学』(中央公論社、一九五三年七月)、同上新書版(同上、一九五五年一〇月)に収録。『歴史学と歴史教育』(岩波書店、一九五九年一一月)に再録。『全集』二〇。

付記。津田左右吉の旧蔵書(「津田文庫」)と日記・自筆稿本・資料抜き書き類およびその他遺品(「津田左右吉伝記資料」)は、早稲田大学図書館が所蔵し、郷里の美濃加茂市民ミュージアムも関係資料の所蔵と展示をおこなっている。

〔編集付記――底本にはそれぞれの発表初出誌を用いたが、『津田左右吉全集』(岩波書店、一九八六―八九)を参照して明らかな誤植は訂した。また、読みやすさを考慮して、漢字は新字体を用い、現代仮名遣いに改め(文語文については旧仮名遣いのままとした)、一部の漢字を平仮名に改めるなどの整理をおこなった。解説中の引用についても同様である。〕

津田左右吉歴史論集《つだそうきちれきしろんしゅう》

2006 年 8 月 17 日　第 1 刷発行
2021 年 7 月 13 日　第 3 刷発行

編　者　今《いま》井《い》　修《おさむ》

発行者　坂本政謙

発行所　株式会社 岩波書店
〒101-8002 東京都千代田区一ツ橋 2-5-5

案内 03-5210-4000　営業部 03-5210-4111
文庫編集部 03-5210-4051
https://www.iwanami.co.jp/

印刷・理想社　カバー・精興社　製本・中永製本

ISBN4-00-331409-3　Printed in Japan

読書子に寄す

――岩波文庫発刊に際して――

岩波茂雄

真理は万人によって求められることを自ら欲し、芸術は万人によって愛されることを自ら望む。かつては民を愚昧ならしめるために学芸が最も狭き堂宇に閉鎖されたことがあった。今や知識と美とを特権階級の独占より奪い返すことはつねに進取的なる民衆の切実なる要求である。岩波文庫はこの要求に応じそれに励まされて生まれた。それは生命ある不朽の書を少数者の書斎と研究室とより解放して街頭にくまなく立たしめ民衆に伍せしめるであろう。近時大量生産予約出版の流行を見る。その広告宣伝の狂態はしばらくおくも、後代にのこすと誇称する全集がその編集に万全の用意をなしたるか。千古の典籍の翻訳企図に敬虔の態度を欠かざりしか。さらに分売を許さず読者を繋縛して数十冊を強うるがごとき、はたしてその揚言する学芸解放のゆえんなりや。吾人は天下の名士の声に和してこれを推挙するに躊躇するものである。このときにあたって、岩波書店は自己の責務のいよいよ重大なるを思い、従来の方針の徹底を期するため、すでに十数年以前より志して来た計画を慎重審議この際断然実行することにした。吾人は範をかのレクラム文庫にとり、古今東西にわたって文芸・哲学・社会科学・自然科学等種類のいかんを問わず、いやしくも万人の必読すべき真に古典的価値ある書をきわめて簡易なる形式において逐次刊行し、あらゆる人間に須要なる生活向上の資料、生活批判の原理を提供せんと欲する。この文庫は予約出版の方法を排したるがゆえに、読者は自己の欲する時に自己の欲する書物を各個に自由に選択することができる。携帯に便にして価格の低きを最主とするがゆえに、外観を顧みざるも内容に至っては厳選最も力を尽くし、従来の岩波出版物の特色をますます発揮せしめようとする。この計画たるや世間の一時の投機的なるものと異なり、永遠の事業として吾人は微力を傾倒し、あらゆる犠牲を忍んで今後永久に継続発展せしめ、もって文庫の使命を遺憾なく果たさしめることを期する。芸術を愛し知識を求むる士の自ら進んでこの挙に参加し、希望と忠言とを寄せられることは吾人の熱望するところである。その性質上経済的には最も困難多きこの事業にあえて当たらんとする吾人の志を諒として、その達成のため世の読書子とのうるわしき共同を期待する。

昭和二年七月

《東洋文学》〔赤〕

王維詩集　小川環樹・都留春雄・入谷仙介選訳
杜甫詩選　黒川洋一編
李白詩選　松浦友久編訳
李賀詩選　黒川洋一編
陶淵明全集　全二冊　松枝茂夫・和田武司訳注
唐詩選　全三冊　前野直彬注解
完訳 三国志　全八冊　小川環樹・金田純一郎訳
西遊記　全十冊　中野美代子訳
菜根譚　洪自誠　今井宇三郎訳注
浮生六記 —浮生夢のごとし　沈復　松枝茂夫訳
阿Q正伝・狂人日記 他十二篇（吶喊）　魯迅　竹内好訳
魯迅評論集　竹内好編訳
家　全二冊　巴金　飯塚朗訳
寒い夜　巴金　立間祥介訳
新編 中国名詩選　全三冊　川合康三編訳
遊仙窟　張文成　今村与志雄訳
唐宋伝奇集　全二冊　今村与志雄訳
聊斎志異　全二冊　蒲松齢　立間祥介編訳
白楽天詩選　全二冊　川合康三訳注
文選　全六冊　川合康三・富永一登・釜谷武志・和田英信・浅見洋二・緑川英樹訳注
ケサル王物語 —チベットの英雄叙事詩　アレクサンドラ・ダヴィッド＝ネール　アプル・ユンテン　富樫瓔子訳
バガヴァッド・ギーター　上村勝彦訳
朝鮮民謡選　金素雲訳編
尹東柱詩集 空と風と星と詩　金時鐘編訳
アイヌ神謡集　知里幸惠編訳
アイヌ民譚集 付 えぞおばけ列伝　知里真志保編訳

《ギリシア・ラテン文学》〔赤〕

ホメロス イリアス　全二冊　松平千秋訳
ホメロス オデュッセイア　全二冊　松平千秋訳
イソップ寓話集　中務哲郎訳
アイスキュロス 縛られたプロメーテウス　呉茂一訳
アンティゴネー　ソポクレース　中務哲郎訳
バッカイ —バッコスに憑かれた女たち　エウリーピデース　逸身喜一郎訳
ヘシオドス 神統記　廣川洋一訳
アリストパネース 蜂　高津春繁訳
女の議会　アリストパネース　村川堅太郎訳
アポロドーロス ギリシア神話　高津春繁訳
ギリシア・ローマ抒情詩選 —花冠　呉茂一訳
黄金の驢馬　アープレーイユス　呉茂一・国原吉之助訳
オウィディウス 変身物語　全二冊　中村善也訳
ギリシア・ローマ神話 付 インド・北欧神話　ブルフィンチ　野上弥生子訳
ギリシア・ローマ名言集　柳沼重剛編
ローマ諷刺詩集　ペルシウス　ユウェナーリス　国原吉之助訳

《南北ヨーロッパ他文学》(赤)

- ダンテ 新生　山川丙三郎訳
- 抜目のない未亡人　ゴルドーニ 平川祐弘訳
- 珈琲店・恋人たち　ゴルドーニ 平川祐弘訳
- カヴァレリーア・ルスティカーナ 他十一篇　G・ヴェルガ 河島英昭訳
- カルヴィーノ イタリア民話集 全二冊　河島英昭編訳
- むずかしい愛　カルヴィーノ 和田忠彦訳
- パロマー　カルヴィーノ 和田忠彦訳
- カルヴィーノ アメリカ講義 —新たな千年紀のための六つのメモ　米川良夫 和田忠彦訳
- まっぷたつの子爵　カルヴィーノ 河島英昭訳
- 魔法の庭・空を見上げる部族 他十四篇　カルヴィーノ 和田忠彦訳
- 愛神の戯れ —牧歌劇『アミンタ』　トルクァート・タッソ 鷲平京子訳
- ペトラルカ ルネサンス書簡集　近藤恒一編訳
- ペトラルカ 無知について　近藤恒一訳
- 美しい夏　パヴェーゼ 河島英昭訳
- 流刑　パヴェーゼ 河島英昭訳
- 祭の夜　パヴェーゼ 河島英昭訳

- 月と篝火　パヴェーゼ 河島英昭訳
- 休戦　プリーモ・レーヴィ 竹山博英訳
- ウンベルト・エーコ 小説の森散策　和田忠彦訳
- バウドリーノ 全二冊　ウンベルト・エーコ 堤康徳訳
- タタール人の砂漠　ブッツァーティ 脇功訳
- 七人の使者・神を見た犬 他十三篇　ブッツァーティ 脇功訳
- ラサリーリョ・デ・トルメスの生涯　会田由訳
- ドン・キホーテ 前篇 全三冊　セルバンテス 牛島信明訳
- ドン・キホーテ 後篇 全三冊　セルバンテス 牛島信明訳
- セルバンテス短篇集　牛島信明編訳
- 恐ろしき媒　ホセ・エチェガライ 永田寛定訳
- 三大悲劇集 血の婚礼 他二篇　ガルシーア・ロルカ 牛島信明訳
- 娘たちの空返事 他一篇　モラティン 佐竹謙一訳
- プラテーロとわたし　J・R・ヒメーネス 長南実訳
- オルメードの騎士　ロペ・デ・ベガ 長南実訳
- サラマンカの学生 他六篇　エスプロンセーダ 佐竹謙一訳
- セビーリャの色事師と石の招客 他一篇　ティルソ・デ・モリーナ 佐竹謙一訳

- ティラン・ロ・ブラン 全四冊　J・マルトゥレイ M・J・ダ・ガルバ 田澤耕訳
- ダイヤモンド広場　マルセー・ルドゥレダ 田澤耕訳
- 完訳アンデルセン童話集 全七冊　大畑末吉訳
- 即興詩人 全二冊　アンデルセン 大畑末吉訳
- アンデルセン自伝　大畑末吉訳
- ここに薔薇ありせば 他五篇　ヤコブセン 矢崎源九郎訳
- ヴィクトリア　クヌート・ハムスン 冨原眞弓訳
- フィンランド叙事詩 カレワラ 全二冊　リョンロット編 小泉保訳
- イプセン 人形の家　原千代海訳
- イプセン 野鴨　原千代海訳
- 令嬢ユリェ　ストリントベルク 茅野蕭々訳
- ポルトガリヤの皇帝さん　ラーゲルレーヴ イシガオサム訳
- アミエルの日記 全四冊　河野与一訳
- クオ・ワディス 全三冊　シェンキェーヴィチ 木村彰一訳
- 山椒魚戦争　カレル・チャペック 栗栖継訳
- ロボット (R・U・R)　チャペック 千野栄一訳
- 白い病　カレル・チャペック 阿部賢一訳

- 牛乳屋テヴィエ　ショレム・アレイヘム　西成彦訳
- 完訳 千一夜物語 全十三冊　豊島与志雄・渡辺一夫・佐藤正彰・岡部正孝訳
- ルバイヤート　オマル・ハイヤーム　小川亮作訳
- ゴレスターン　サアディー　沢英三訳
- アブー・ヌワース アラブ飲酒詩選　塙治夫編訳
- 中世騎士物語　ブルフィンチ　野上弥生子訳
- コルタサル短篇集 悪魔の涎・追い求める男 他八篇　木村榮一訳
- 遊戯の終わり　コルタサル　木村榮一訳
- 秘密の武器　コルタサル　木村榮一訳
- ペドロ・パラモ　ファン・ルルフォ　杉山晃・増田義郎訳
- 燃える平原　ファン・ルルフォ　杉山晃訳
- 伝奇集　J・L・ボルヘス　鼓直訳
- 創造者　J・L・ボルヘス　鼓直訳
- 続審問　J・L・ボルヘス　中村健二訳
- 七つの夜　J・L・ボルヘス　野谷文昭訳
- 詩という仕事について　J・L・ボルヘス　鼓直訳
- 汚辱の世界史　J・L・ボルヘス　中村健二訳

- ブロディーの報告書　J・L・ボルヘス　鼓直訳
- アレフ　J・L・ボルヘス　鼓直訳
- 語るボルヘス ―書物・不死性・時間ほか　J・L・ボルヘス　木村榮一訳
- 20世紀ラテンアメリカ短篇選　野谷文昭編訳
- フエンテス短篇集 アウラ・純な魂 他四篇　木村榮一訳
- アルテミオ・クルスの死　フエンテス　木村榮一訳
- グアテマラ伝説集　M・A・アストゥリアス　牛島信明訳
- 緑の家 全二冊　バルガス＝リョサ　木村榮一訳
- 密林の語り部　バルガス＝リョサ　西村英一郎訳
- ラ・カテドラルでの対話　バルガス＝リョサ　旦敬介訳
- 弓と竪琴　オクタビオ・パス　牛島信明訳
- 失われた足跡　カルペンティエル　牛島信明訳
- ラテンアメリカ民話集　三原幸久編訳
- やし酒飲み　エイモス・チュツオーラ　土屋哲訳
- 薬草まじない　エイモス・チュツオーラ　土屋哲訳
- ジャンプ 他十一篇　ナディン・ゴーディマ　柳沢由実子訳
- マイケル・K　J・M・クッツェー　くぼたのぞみ訳

- ミゲル・ストリート　V・S・ナイポール　小野正嗣・小沢自然訳
- キリストはエボリで止まった　カルロ・レーヴィ　竹山博英訳
- クァジーモド全詩集　河島英昭訳
- ウンガレッティ全詩集　河島英昭訳
- クオーレ　デ・アミーチス　和田忠彦訳
- ゼーノの意識 全二冊　ズヴェーヴォ　堤康徳訳
- 冗談　ミラン・クンデラ　西永良成訳
- 小説の技法　ミラン・クンデラ　西永良成訳
- 世界イディッシュ短篇選　西成彦編訳

《ロシア文学》〔赤〕

オネーギン　プーシキン　池田健太郎訳
スペードの女王・ベールキン物語　プーシキン　神西清訳
狂人日記 他二篇　ゴーゴリ　横田瑞穂訳
外套・鼻　ゴーゴリ　平井肇訳
イワーン・イワーノヴィチとイワーン・ニキーフォロヴィチとが喧嘩をした話　ゴーゴリ　原久一郎訳
日本渡航記 ―フレガート「パルラダ」号より　ゴンチャロフ　井上満訳
平凡物語 全二冊　ゴンチャロフ　井上満訳
ルージン　ツルゲーネフ　中村融訳
オブローモフ主義とは何か? 他一篇　ドブロリューボフ　金子幸彦訳
貧しき人々　ドストイエフスキイ　原久一郎訳
二重人格　ドストエフスキー　小沼文彦訳
罪と罰 全三冊　ドストエフスキー　江川卓訳
白痴 全二冊　ドストエーフスキイ　米川正夫訳
カラマーゾフの兄弟 全四冊　ドストエーフスキイ　米川正夫訳
アンナ・カレーニナ 全三冊　トルストイ　中村融訳
幼年時代　トルストイ　藤沼貴訳

戦争と平和 全六冊　トルストイ　藤沼貴訳
トルストイ民話集 人はなんで生きるか 他四篇　中村白葉訳
トルストイ民話集 イワンのばか 他八篇　中村白葉訳
イワン・イリッチの死　トルストイ　米川正夫訳
復活 全二冊　トルストイ　藤沼貴訳
人生論　トルストイ　中村融訳
かもめ　チェーホフ　浦雅春訳
桜の園　チェーホフ　小野理子訳
チェーホフ 妻への手紙 全二冊　湯浅芳子訳
ともしび・谷間 他七篇　チェーホフ　松下裕訳
ゴーリキー短篇集　上田進・横田瑞穂訳編
どん底　ゴーリキイ　中村白葉訳
魅せられた旅人　レスコーフ　木村彰一訳
かくれんぼ・毒の園 他五篇　ソログープ　中山省三郎・昇曙夢訳
巨匠とマルガリータ 全二冊　ブルガーコフ　水野忠夫訳

《東洋思想》〔青〕

易経 全二冊 高田真治・後藤基巳訳
論語 金谷治訳注
孔子家語 藤原正校訳
孟子 全二冊 小林勝人訳注
老子 蜂屋邦夫訳注
荘子 全四冊 金谷治訳注
新訂 孫子 金谷治訳注
荀子 全二冊 金谷治訳注
韓非子 全四冊 金谷治訳注
史記列伝 全五冊 司馬遷 小川環樹・今鷹真・福島吉彦訳
春秋左氏伝 全三冊 小倉芳彦訳
塩鉄論 曾我部静雄訳註
千字文 小川環樹・木田章義注解
大学・中庸 金谷治訳注
孫文革命文集 深町英夫編訳
実践論・矛盾論 毛沢東 松村一人・竹内実訳
仁学 —清末の社会変革論 譚嗣同 西順蔵・坂元ひろ子訳注
章炳麟集 —清末の民族革命思想 西順蔵・近藤邦康編訳
梁啓超文集 岡本隆司・石川禎浩・高嶋航編訳
マヌの法典 田辺繁子訳
ガンディー獄中からの手紙 森本達雄訳
随園食単 袁枚 青木正児訳註
ウパデーシャ・サーハスリー —真実の自己の探求 シャンカラ 前田専学訳

《仏教》〔青〕

ブッダのことば —スッタニパータ 中村元訳
ブッダの真理のことば・感興のことば 中村元訳
般若心経・金剛般若経 中村元・紀野一義訳註
法華経 全三冊 坂本幸男・岩本裕訳注
日蓮文集 兜木正亨校注
浄土三部経 全二冊 中村元・早島鏡正・紀野一義訳註
大乗起信論 宇井伯寿・高崎直道訳注
天台小止観 —坐禅の作法 天台大師 関口真大訳注
臨済録 入矢義高訳注
碧巌録 全三冊 入矢義高・溝口雄三・末木文美士・伊藤文生訳注
無門関 西村恵信訳注
法華義疏 全二冊 聖徳太子 花山信勝校訳
往生要集 全二冊 源信 石田瑞麿訳注
教行信証 親鸞 金子大栄校訂
歎異抄 金子大栄校注
正法眼蔵 全四冊 道元 水野弥穂子校注
正法眼蔵随聞記 懐奘編 和辻哲郎校訂
道元禅師清規 大久保道舟訳注
一遍上人語録 —付 播州法語集 大橋俊雄校注
一遍聖絵 聖戒編 大橋俊雄校注
南無阿弥陀仏 —付 心偈 柳宗悦
蓮如文集 蓮如 笠原一男校注
蓮如上人御一代聞書 稲葉昌丸校訂
日本的霊性 鈴木大拙 篠田英雄校訂
新編 東洋的な見方 鈴木大拙 上田閑照編
禅堂生活 鈴木大拙 横川顕正訳

大乗仏教概論　鈴木大拙／佐々木閑訳
浄土系思想論　鈴木大拙
神秘主義 キリスト教と仏教　鈴木大拙／坂東性純／清水守拙訳
禅の思想　鈴木大拙
ブッダ最後の旅 —大パリニッバーナ経　中村元訳
仏弟子の告白 —テーラガーター—　中村元訳
尼僧の告白 —テーリーガーター—　中村元訳
ブッダ神々との対話 —サンユッタ・ニカーヤⅠ　中村元訳
ブッダ悪魔との対話 —サンユッタ・ニカーヤⅡ　中村元訳
驢鞍橋　鈴木正三／鈴木大拙校訂
禅林句集　足立大進校注
ブッダが説いたこと　ワールポラ・ラーフラ／今枝由郎訳
ブータンの瘋狂聖 ドゥクパ・クンレー伝　ゲンドゥン・リンチェン編／今枝由郎訳

《音楽・美術》〔青〕

ベートーヴェン音楽ノート　小松雄一郎訳編
ベートーヴェンの生涯　ロマン・ロラン／片山敏彦訳
音楽と音楽家　シューマン／吉田秀和訳
モーツァルトの手紙 —その生涯のロマン 全二冊　柴田治三郎編訳
レオナルド・ダ・ヴィンチの手記 全二冊　杉浦明平訳
ゴッホの手紙 全三冊　硲伊之助訳
ロダンの言葉抄　高村光太郎訳／高田博厚・菊池一雄編
ビゴー日本素描集　清水勲編
ワーグマン日本素描集　清水勲編
葛飾北斎伝　飯島虚心／鈴木重三校注
ヨーロッパのキリスト教美術 —十二世紀から十八世紀まで 全二冊　エミール・マール／柳宗玄・荒木成子訳
近代日本漫画百選　清水勲編
ドーミエ諷刺画の世界　喜安朗編
デューラー自伝と書簡　前川誠郎訳
蛇儀礼　ヴァールブルク／三島憲一訳
迷宮としての世界 —マニエリスム美術 全二冊　グスタフ・ルネ・ホッケ／種村季弘・矢川澄子訳
日本洋画の曙光　平福百穂
江戸東京実見画録　長谷川渓石画／進士慶幹・花咲一男注解
映画とは何か 全二冊　アンドレ・バザン／野崎歓・大原宣久・谷本道昭訳
漫画 坊っちゃん　近藤浩一路
漫画 吾輩は猫である　近藤浩一路
ロバート・キャパ写真集　ICPロバート・キャパ・アーカイブ編
北斎 富嶽三十六景　日野原健司編
日本漫画史 —鳥獣戯画から岡本一平まで　細木原青起
世紀末ウィーン文化評論集　ヘルマン・バール／西村雅樹編訳

岩波文庫の最新刊

梶山雄一・丹治昭義・津田真一・
田村智淳・桂紹隆 訳注
梵文和訳 **華厳経入法界品**（上）

大乗経典の精華。善財童子が良き師達を訪ね、悟りを求めて、遍歴する雄大な物語。梵語原典から初めての翻訳、上巻は序章から第十七章を収録。（全三冊）〔青三四五-一〕 **定価一〇六七円**

大髙保二郎・松原典子編訳
ゴヤの手紙（下）

近代へと向かう激流のなかで、画家は何を求めたか。本書に編んだゴヤ全生涯の手紙は、無類の肖像画家が遺した、文章による優れた自画像である。（全二冊）〔青五八四-二〕 **定価一一一一円**

マックス・プランク著／西尾成子訳
熱輻射論講義

量子論への端緒を開いた、プランクによるエネルギー要素の仮説。新たな理論の道筋を自らの思考の流れに沿って丁寧に解説した主著。〔青九四九-一〕 **定価一一七七円**

小南一郎訳注
楚辞

『詩経』と並ぶ中国文学の源流。戦国末の動乱の世に南方楚に生まれ、屈原伝説と結びついた楚辞文芸。今なお謎に満ちた歌謡群は、悲哀の中にも強靱な精神が息づく。〔赤一-一〕 **定価一三二〇円**

ヴァルター・ベンヤミン著／
今村仁司、三島憲一 他訳
パサージュ論（四）

産業と技術の進展はユートピアをもたらすか。「サン＝シモン、鉄道」「フーリエ」「マルクス」「写真」「社会運動」等の項目を収録。断片の伝えるベンヤミンの世界。（全五冊）〔赤四六三-六〕 **定価一一七七円**

……今月の重版再開……

イブン＝ハルドゥーン著／森本公誠訳
歴史序説（一）
〔青四八一-一〕 **定価一三八六円**

イブン＝ハルドゥーン著／森本公誠訳
歴史序説（二）
〔青四八一-二〕 **定価一三八六円**